굿모닝북스 투자의 고전 1

위대한 기업에 투자하라

Common Stocks and Uncommon Profits

위대한 기업에 투자하라

1판 1쇄 펴낸날 2005년 6월 10일
1판16쇄 펴낸날 2018년 9월 25일

지은이 필립 피셔
옮긴이 박정태
펴낸이 서정예
표지디자인 디자인 이유
펴낸곳 굿모닝북스

등록 제2002-27호
주소 (410-837) 경기도 고양시 일산동구 장항동 750-1 804호
전화 031-819-2569
FAX 031-819-2568
e-mail image84@dreamwiz.com

가격 12,000원
ISBN 89-91378-02-1 03320

굿모닝북스 투자의 고전 1

위대한 기업에 투자하라

Common Stocks and Uncommon Profits

필립 피셔 지음 | 박정태 옮김

굿모닝북스

차 례
●●●●●●●

Uncommon Profits

주식 투자 규모가 크건 작건
이런 철학에 집착하지 않는 모든
투자자들에게 이 책을 바치고자 한다:
"나는 이미 굳게 결심했으니 더 이상
어떤 사실을 제시하며 나를
혼란스럽게 만들지 말아주시오."

내가 이 책에서 배운 것

이 책은 여러분들을 키워줄 것이다. 내가 이렇게 말하는 것은 이 책이 나를 키워주었기 때문이다. 내가 이 책 《위대한 기업에 투자하라 Common Stocks and Uncommon Profits》를 이해하는 데는 15년 정도 걸렸다. 처음 이 책을 읽었을 때는 도무지 무슨 말인지 알 수 없었다. 여덟 살 때였으니까. 나는 처음 맞은 여름 방학의 즐거운 나날들을 이 책과 씨름하며 보내야 했다. 나로서는 이해할 수 없는 용어들이 너무 많이 튀어나와 사전을 뒤적거리며 한숨을 내쉬어야 했다. 하지만 이 책은 아버지가 쓴 것이었고, 나는 아버지가 자랑스러웠다. 나는 학교 에서, 또 이웃들로부터 아버지의 책이 큰 반향을 일으키고 있다는 말을 들었고, 신문에 난 기사도 읽었다. 주식 투자에 관한 책으로는 처음 으로 〈뉴욕타임스New York Times〉 베스트셀러 순위에 올랐다는 이 야기를 들었지만 당시 나는 그게 무슨 의미인지 알지 못했다. 어쨌든 나는 이 책을 읽어야 한다는 강렬한 의무감 같은 것을 느꼈다. 그래서 읽었다. 마침내 다 읽고 난 뒤 나는 끝을 냈다는 게 너무나 좋았고, 비로소 남은 여름 방학을 마음껏 즐길 수 있었다.

내가 나중에 수천 명의 고객을 상대로 하는 대형 투자관리 회사를 설립하고, 내 이름으로 주식 투자에 관한 책을 쓰고, 또 수십 년 동안 매년 그 해 최고의 투자 관련 서적을 선정해 서평을 쓰고 독자들에게 수십 권의 책을 권하게 되리라고 과연 누가 알았겠는가? 더구나 투자 전문지인 〈포브스Forbes〉에 기명 칼럼을 연재하고, 그것도 역사상 여섯 번째로 긴 8년 이상에 걸쳐 장기 집필하게 될 것이라고 누가 상상이나 했겠는가? 물론 여덟 살이라는 어린 나이에 처음으로 주식 투자에 관한 책을 읽었다고 말할 수 있으니, 비록 내가 그 내용을 이해하지 못했다 하더라도 어떤 식으로든 도움이 됐을지 모르겠다.

그 뒤로 이 책을 진지하게 마주하게 된 것은 대학교 졸업을 앞둔 스무 살 때였다. 아버지는 나에게 함께 일하자고 제안했다. 당시 큰 형도 아버지와 함께 일하고 있었다. 호기심은 있었지만 다소 회의적이었던 나는 아버지와 함께 일하는 것이 정말 좋은 기회가 될지 알아보고 싶었다. 그래서 이 책을 다시 읽게 된 것이다.(이번에는 이해할 수 없는 단어가 거의 없었다.)

이 책의 제 3장인 『투자 대상 기업을 찾는 15가지 포인트』를 읽고 난 뒤 나는 이 내용을 주변의 내가 잘 아는 기업의 주식을 사는 데 적용할 수 있는지 확인하고 싶었다. 제대로 들어맞는다면 아버지와 함께 일하는 것을 좋은 기회로 받아들여도 괜찮을 것이라고 생각했다.

하지만 그렇게 되지는 않았다. 내가 사는 지역에는 목재 회사로 주

8 　　　　　　　　　　　　　　　　　　　　위대한 기업에 투자하라

식시장에 상장돼 있는 패시픽 럼버라는 기업이 있었다. 내가 보기에 투자해볼 만한 기업 같았다. 그러나 아버지가 책에서 설명한 것처럼 몇 사람을 만나보았지만 별로 탐탁해 하지 않는 눈치였다. 그도 그럴 것이 제 딴에는 탐정 흉내를 내가며 뭔가 도움이 될 만한 것을 찾아내려고는 하지만 아직 분석을 한다거나 그것으로 무엇을 해야 할지도 모르는 애송이에게 마음이 움직일 리 없었다. 나는 솔직히 어떻게 질문을 해야 할지도 몰랐다. 이렇게 도움이 될 만한 사실들을 찾으러 다녔지만 겨우 만난 몇 사람으로부터 외면당하고 난 뒤 나는 두 손을 들어버리고 말았다. 하지만 이 때의 경험 덕분에 나는 좀 더 세련되어야 할 필요가 있다는 사실을 깨달을 수 있었다.

아버지와 함께 일했던 기간은 그야말로 고난의 연속이었다. 굳이 말하자면 내가 처음으로 매수했던 주식과 비슷했다. 이 주식은 "열 배짜리 대박주"와는 정반대였다: 10달러에서 1달러로 떨어졌으니 말이다. 내가 이런 이야기를 털어놓는 이유는 평생 학급에서도 1등 한번 해본 적 없고, 일류 대학에도 들어가지 못했으며, 드러내놓고 자랑할 만한 큰 업적 하나 이루지 못한 나 같은 사람이, 그것도 겨우 갓 스무 살짜리 애송이가 불과 몇 년 만에 이 책에 적혀있는 원칙들을 배울 수 있었고, 또 효과적으로 사용하게 되었다는 것을 알려주기 위함이다. 그러니 여러분들도 할 수 있다.

15가지 포인트

내가 그랬던 것처럼 여러분들도 젊은 나이에 주식 투자의 세계에 뛰어들고자 한다면, 또 아직 주식을 사본 경험이 없다면 어떤 주식을 살 것인가를 탐색하는 것이 어떤 주식을 팔 것인가를 연구하는 것보다 훨씬 더 중요하다. 다행히도 이 책에서는 이렇게 가르치고 있다. 주식을 살 때 올바르게 판단해서 찾아냈다면 여러분이 갖고 있는 주식을 장기간 보유할 것이므로 파는 것은 그리 중요하지 않을 수 있다고 말이다. 여기서 어떤 주식을 살 것인가는 바로 아버지가 지적한 15가지 포인트에서 도출할 수 있다.

15가지 포인트를 활용해 주식을 매수하기 위해서는 아버지가 표현한 대로 "사실 수집(Scuttlebutt)"과 관련된 실제 세계의 경험을 반복해야 한다. 한마디로 이 주식은 여기서 탐색해보고, 저 주식은 저기서 알아보는 식이다. 이 방식은 정말 잘 들어맞는다. 내가 투자 업계에서 경험을 쌓아나가던 젊은 시절 15가지 포인트 덕분에 거둘 수 있었던 성공적인 투자 사례를 여기서 자세히 언급하지는 않겠다. 다만 나에게는 그야말로 환상적이었던 몇 개의 위대한 기업을 찾아내 이 분야에서 천재일우의 기회를 잡을 수 있었다. 15가지 포인트를 잣대로 해서 나는 어떤 기업의 존재 가치가 어디에 있는지, 또 이 기업이 앞으로 계속 번창해나갈 것인지를 헤아려볼 수 있었다. 번창하지 못한다면 그 기업의 주가는 추락하지 않을까? 나는 곧 앞서 대학 졸업반 시절 15가지 포인트를 시험해보려고 했다가 실패한 이유를 이해할 수 있었다. 핵심적인 기술은 사실 수집에 있었다. 그리고 다른 모든 기술처럼 이것 역시 배우는 데 시간이 필요했다. 사실 수집은 어떤 기업이 강한지, 혹은 약한지에 대해 "현실 세계의 사람들"로부터 답을 구하는 것이다. 대부분의 사람들은 이런 방식을 쓰지 않는다. 이들은 그저 떠도는 루

위대한 기업에 투자하라

머에 몸이 달거나, 자신들에게 뭔가를 팔고자 하는 월 스트리트의 온 갖 추측들에 매달린다.

　한 세기가 끝나고 새로운 세기가 시작되면 대중들도 사실 수집이 얼마나 중요한지 알 것 같았지만 전혀 그렇지 않았다. 이 책에 나오는 15가지 포인트를 제대로 적용하고, 월 스트리트가 아닌 현실 세계의 사람들로부터 정보를 구했다면 2000~2002년 사이의 약세장에서 불명예스럽게 뉴스를 장식했던 주식들을 매수하지는 않았을 것이다. 엔론, 타이코, 월드컴 같은 종목은 쉽게 피해갔을 것이다. 이런 주식에 빠져들었던 사람들은 그 기업이 얼마나 괜찮은지 현실 세계의 사람들로부터 검증하기 보다는 떠도는 풍문과 월 스트리트의 의견을 좇았다. 15가지 포인트는 결코 속일 수 없는 기업의 본질적인 모습에 대한 것이다. 사실 수집이란 온갖 허황된 루머는 무시한 채 우리가 분석하고자 하는 기업과 이해관계를 갖고 있는 경쟁업체 및 고객, 원재료 납품업체, 심지어 색다른 시각으로 그 기업을 바라보는 외부 전문가를 상대로 정보를 구하는 것이다. 분석 대상 기업의 경쟁업체에서 판매담당 간부로 일하는 사람을 만나보면 당연히 그 기업에 대해 부정적인 시각을 갖고 이야기하겠지만 만약 자신의 경쟁 상대가 정말 위대한 기업이라면 그렇지 않을 것이다. 경쟁업체의 연구개발 부서 사람들이나 관리직 간부도 만나서 이야기해봐야 한다. 만약 이들이 전부 우리가 분석 대상으로 하는 기업의 영업 활동이 강력하다는 사실을 알고 있고, 또 이 회사를 대단하게 여기며, 심지어 두려워할 정도라면 한마디로 말해 이런 기업은 엔론이나 월드컴 같은 회사는 아니다. 이 점은 믿어도 좋다.

사실 수집 그 자체는 15가지 포인트가 어떤 것인지를 보여주는 일종의 예술과도 같은 것이라고 할 수 있다. 피아노를 연주하는 것(기술)과 작곡하는 것(예술), 이 두 가지에는 차이가 있다. 피아노를 훌륭하게 연주하지 못한다면 아마 작곡하기도 어려울 것이다. 어느 분야든 기술은 반복을 통해서만 배울 수 있다. 다른 방법은 없다. 그런데 예술은 그것을 창조할 만한 능력이 없는 사람도 감상할 수 있다. 물론 연주하는 기술을 충분히 익히면 예술가가 될 수 있다. 그러나 이 책에서는 예술을 느낄 수 있도록 해준다. 더구나 그것을 배우는 데는 오랜 시간이 걸리지도 않는다. 상당수가 상식적인 것이기 때문이다. 대부분의 사람들이 갖고 있는 문제는 이 같은 상식이 실제로 적용될 수 있다는 사실조차 모른다는 데 있다. 이들은 그래서 시도조차 하지 않는다. 그러나 이 책에서는 여러분들에게 그 방법을 알려줄 것이다.

　잠시 15가지 포인트에 대해 생각해보자. 아직 그 내용을 읽지 않았을지도 모르겠다. 15가지 포인트에서 어떤 것을 지적하고 있는지에 대해 내가 간략하게 설명하면 여러분들도 그것이 시간과 공간을 초월해 얼마나 큰 도움이 되는지를 금세 알 수 있을 것이다. 그리고 보다 자세한 내용은 아버지가 직접 쓴 글을 읽으면서 그 향기에 취해보기 바란다.

　아버지가 정리한 15가지 포인트는 어떤 기업의 주식을 살 것인지에 대한 원칙이다. 15가지 포인트에서 이야기하는 기업은 넓은 시장과 강력한 제품을 갖고 있으면서, 동시에 현재의 제품 영역을 훨씬 뛰어넘는 잠재력을 끊임없이 개발하고자 하는 결단력 있는 경영진이 이끌어가는 회사다. 이런 기업은 미래의 신제품을 창출해낼 수 있는 생산

　　　　　　　　　　　　　　위대한 기업에 투자하라

적인 연구개발 부서를 갖고 있다. 또 효율적이며 규모를 갖춘 강력한 판매 조직을 통해 현재와 미래의 제품이 시장에서 부딪칠 수 있는 모든 장애물들을 제거할 수 있다. 그런 점에서 이 원칙은 매우 미래 지향적이다. 이런 기업은 제품의 판매단가에서 제조원가를 뺀 판매 마진율이 상당히 높다. 판매관리비를 비롯한 회사의 온갖 비용을 다 합쳐봐야 매출총이익에 훨씬 못 미치므로 충분한 순이익을 확보할 수 있다. 이 원칙은 또한 제품의 수익성을 유지하고 더 개선하기 위한 현실적이고 빈틈없는 계획을 의미한다. 모든 계층의 임직원들이 행복을 느낄 수 있게 해줌으로써 이들이 회사에 보다 충성하고 생산적이 되도록 한다. 이 역시 미래 지향적이고, 개방적이며, 영원히 지속되는 것이다. 이런 기업은 엄격하면서도 과학적인 원가 관리를 수행하며, 해당 업종의 다른 경쟁 업체들보다 훨씬 높은 목표를 지향한다. 마지막으로 누구도 넘볼 수 없는 성실성과 개방성을 가진 차별화된 경영진이 이 같은 모든 특징들을 하나로 결합하고, 회사를 이끌어나가야 한다.

불명예스러운 스캔들을 일으켰던 종목이나 주가가 과도하게 고평가됐던 기업들을 한번 생각해보라. 이런 기업들 가운데 사실 수집의 시험을 통과한 경우는 단 하나도 없었을 것이다. 경쟁업체의 사람들과 이야기를 나눠보았다면 겉보기만 번지르르한 이들 기업을 전혀 두려워하지 않았을 것이니 말이다. 이들 기업의 고객이나 납품업체 사람들과 만나보았더라도 역시 별다른 인상을 갖고 있지 않았을 것이다. 고객 입장에서는 이들 기업이 생산하는 제품이 경쟁업체의 제품에 비해 그리 뛰어나지 않으므로 전혀 감흥이 없었을 것이다. 납품업체나 유통업체 사람들 역시 다른 거래 업체에서 더 많은 원재료를 주문하거나 더 나은 제품을 만들어주기 때문에, 즉 실제로 중요한 매출이 일어나는 거래처는 다른 곳이므로 이들 기업에 별로 신경을 쓰지 않았을 것이다. 경쟁업체들도 이들 기업을 전혀 두려움의 대상으로 여기지 않았을 것이다. 왜냐하면 이런 기업과 경쟁하면서 손해 본 일이 없었을 것이기 때문이다.

이처럼 15가지 포인트는 2000년부터 2002년까지 이어진 약세장에서 주가가 급락했던 스캔들 종목들을 전부 아주 쉽게 피해갈 수 있게 해주었을 것이다. 뿐만 아니라 15가지 포인트는 소위 "95% 클럽"이라고 불렸던 종목들, 즉 1990년대 말의 인터넷 거품에 편승해 실체도 없이 천정부지로 치솟았다가 결국 약세장에서 95% 이상의 주가 하락률을 기록했던 기술주들도 투자 대상에서 제외시켜주었을 것이다. 얼마나 많은 인터넷 기업들이 실제 판매 조직도 없었는지 떠올려보라.(따라서 경쟁자 입장에서는 두려움의 대상이 전혀 아니었다) 이들은 판매 마진도 없었고, 수익성을 개선시킬 어떤 계획도 없었으며, 기본적인 연구개발 부서도 없었다. 오로지 외부에서 자본을 끌어들이지 않으면 생존할 능력조차 없었다. 이밖에도 지적할 것은 수없이 많다. 이런 기업은 15가지 포인트를 전혀 충족시키지 못한다. 15가지 포인트는 이들 외에도 수많은 다른 기업들을 걸러낼 것이다. 그러나 지난 수십 년 동안 이처럼 엄격한 15가지 포인트를 적용해도 제외시킬 수 없었던 기업들을 생각해보라. 이런 기업들이야말로 주가가 싸건 비싸건 관계없이 진정으로 위대한 기업이 무엇인지를 여러분에게 알려줄 것이다. 이런 기업들은 개인적으로 성장주를 좋아하든 가치주를 선호하든, 혹은 대형주를 좋아하든 소형주를 선호하든 자신의 성향과는 관계

위대한 기업에 투자하라

없이 주식시장의 급변하는 흐름 속에서도 방향을 잃지 않고 안전하게 헤쳐나갈 수 있도록 길잡이가 되어줄 것이다.

사실 수집과 목표

아버지의 목표와 나의 목표가 일치한 적은 단 한 번도 없었다. 하지만 이 책은 아버지와 나의 목표를 이루는 데 모두 큰 역할을 했다. 여러분들에게도 그럴 것이다. 아버지는 거의 언제나 성장주 투자자였다. 거의 언제나 그랬다. 그 분은 그런 분이었다. 젊은 시절 나는 여러 가지 이유로 가치 투자를 선호했다. 요즘 나는 가치 투자자도 아니고 성장주 투자자도 아니다. 그렇다고 대형주나 소형주를 특별히 선호하지도 않는다. 나는 단지 내가 하고 싶은 대로 하는 스타일이지만 이건 좀 다른 이야기이므로 이 책에서는 쓰지 않겠다. 어쨌든 젊은 시절 가치 투자자였던 나에게도 15가지 포인트는 정말 멋지게 들어맞았다. 나는 덕분에 주가가 싸면서도 본질적으로는 아주 뛰어난 주식을 매수할 수 있었다. 이런 기업들은 마치 1970년대 중반 오일 쇼크 직후의 주식시장처럼 실적은 놀라울 정도로 좋았지만 철저히 외면 당하는 상황이었다. 아버지는 계속해서 성장하고, 성장하고, 또 성장하는 기업의 주식을 찾았고, 합리적인 가격으로 매수하려 했다. 또 한번 사면 웬만해서는 팔려고 하지 않았다. 나는 아주 대단한 기업이지만 월 스트리트에서 좋게 보지 않아 주가가 형편없는 주식을 찾으려 했다. 기업의 펀더멘털 측면에서 볼 때 충분히 성장할 수 있고, 또 5~10년 안에 주가가 몇 배로 뛸 수 있는 상승 잠재력이 큰 주식을 사려고 한 것이다.

요점을 말하겠다: 사실 수집과 15가지 포인트는 성장주건 가치주건, 혹은 대형주건 소형주건 모두 유용하다. 네 번째 포인트를 한번 보자: 평균적인 기업 이상의 영업 조직은 회사의 매출을 크게 끌어올릴 결정적인 요인이 없는 가치주에도 중요하다. 이것은 마치 등 뒤에서 불어오는 순풍과 비슷하다. 또한 평균 이상의 영업 조직은 대기업 경쟁자와 상대하는 소규모 기업에게 매우 중요하다. 대기업도 평균 이상의 영업 조직을 구축하기는 어렵지만 벤처 캐피털로부터 자금 지원을 받아 장차 시장을 잠식해 들어올 수많은 잠재적인 소규모 경쟁자들을 밀어내는 데 반드시 필요하다. 영업 이익률이 얼마나 중요한지를 지적하고 있는 다섯 번째 포인트를 인용해보자. 가령 기업 자체의 힘으로는 수요를 크게 늘릴 수 없는 원자재를 생산하는 기업의 경우 시장 점유율과 생산 원가, 장기적인 영업 이익률 등은 모두 밀접하게 연관돼 있다. 훌륭한 경영진을 가진 기업은 시장 점유율을 늘리면서도 더욱 능률적인 생산기술을 도입함으로써(새로운 기술을 만들어내는 것이 아니라 새로운 기술을 응용함으로써) 경쟁업체에 비해 생산 원가를 낮출 수 있다. 반면 뒤떨어진 경영진을 가진 기업은 시간이 지날수록 자신도 모르게 영업 이익률이 낮아지다가 결국은 시장에서 사라져버리고 만다. 그렇게 해서 나는 1976년에 누코르라는 기업을 발견했다. 소규모의 철강 유통업체였던 이 회사는 훌륭한 경영진과 혁신적인 기술, 낮은 생산 원가, 철강재 틈새 시장에서의 높은 시장 점유율이라는 특징을 갖고 있었다. 더구나 누코르는 시장 점유율을 계속 늘려나가고 있었고, 새로운 틈새 시장을 끊임없이 창출했다. 나는 가치 투자자로서 이 기업의 주식을 매수했다; 내가 산 다음에 아버지도 곧 이어 성

위대한 기업에 투자하라

장주 투자자로서 누코르의 주식을 매수했다. 똑같이 15가지 포인트에 따라 판단한 것이다. 나는 몇 해 뒤 이 주식을 팔아 꽤 큰 이익을 거두었다. 아버지는 10년 이상 이 주식을 보유했고, 누코르가 미국 내에서 두 번째로 큰 철강 제조업체로 성장한 다음에야 주식을 팔았는데, 나보다 훨씬 더 큰 투자 수익을 올렸다.

이 책이 처음 출간됐을 때 아버지는 51세였다. 그 분은 어느 한쪽으로 치우치지 않는 성격의 천재 스타일로 이미 대단한 성공을 거둔 상태였다. 그러다 보니 앞서 말한 것처럼 기술을 이해하고, 또 적어도 수년간에 걸쳐 천천히 직관을 동원해 그것을 예술로 변화시키는 작업이 초심자에게는 상당한 시간이 필요하다는 사실을 간과했던 것 같다. 아버지는 평생 동안 어떤 주제에 대해 처음에 설명했던 것과는 다른 방식으로 생각하곤 했다. 그 분의 두뇌는 늘 그런 식으로 움직였다. 지금 이 글을 쓰고 있는 내 나이가 52세다. 아버지가 이 책을 집필했을 무렵의 나이와 비슷하다; 나는 아버지처럼 위대한 기업을 고르는 일련의 과정을 새로 만들어내는 것이 아니라 배워야 하는 입장이기 때문에 그 과정에는 시간이 필요하다는 사실을 잘 알고 있다.

나는 아버지보다 직선적이고, 여러 면에서 더 내성적인 성격이다. 나는 여러분들이 주식 투자를 계속 하는 동안 이 책을 몇 번이고 읽으라고 당부하고 싶다. 사실 수집을 다시 읽어보라. 사실 수집에 관해 설명한 제 2장은 몇 페이지에 불과하다. 그러나 이 내용은 이 책에서 가장 중요한 부분이다. 뒤돌아보면 아버지는 이 책에 포함되었을지도 모를 기술에 관한 부분을 일부러 누락시킨 게 분명하다. 그 분은 다들 이미 이해하고 있다고 생각했던 것이다.

오랜 세월에 걸쳐 나는 개인적인 차원에서 이 책에 나오는 투자의 기술을 수많은 주식들에 적용해보았고, 깊은 통찰력을 터득할 수 있었다. 그 핵심은? 고객과 경쟁업체, 납품업체를 주목하라는 것이다. 나는 1984년에 쓴 나의 첫 번째 저작《수퍼 스톡스Super Stocks》에서 이 기술에 대해 설명했고, 또 이 기술을 적용한 실제 주식 투자 사례도 덧붙였다. 내가 쓴 책은 1984~1985년도에 가장 많이 팔린 주식 투자 서적으로 선정됐을 정도로 괜찮은 책이었다. 내 책에 대해서는 나름대로의 자부심도 갖고 있다. 하지만 아버지가 쓴 이 책 만큼 좋은 책이라고는 할 수 없다. 내가 쓴 책과 비교하자면 이 책《위대한 기업에 투자하라》는 시간이 지나도 전혀 낡은 내용이 될 책이 아니다; 아버지와 나의 책 모두 새로운 개념을 처음 소개했지만 아버지가 소개한 새로운 개념이 당시 상황에서 훨씬 더 혁명적이었고, 시간과 공간을 초월해 적용할 수 있는 것이었다. 바로 이런 점이 이 책을 위대한 저작으로 만든 것이다. 나의 책은 대부분 기술에 관한 것이지 예술에 관한 것은 아니다. 기술이 있으면 언제든 질문을 통해 답을 구할 수 있다. 그런데 예술은 앞서의 질문을 통해 얻은 대답을 듣고서 더 많은 질문, 그것도 올바른 질문을 할 수 있게 하는 것이다. 나는 자신이 듣게 될 대답과는 관계없이 무조건 틀에 박힌 질문 항목들을 나열하는 사람들을 수없이 봤다. 그런 것은 예술이 아니다: 이쪽에서 물어보면 저쪽에서 대답할 뿐이다. 그러나 저쪽의 대답으로부터 집어낼 수 있는 최선의 질문은 무엇일까? 질문이 이어질수록 더욱 그렇다. 실제 상황에서 이런 식의 질문을 잘 해나갈 수 있을 때 당신은 비로소 작곡가가 되고, 예술가가 되고, 창조적이며 탐구적인 투자자가 되는 것이다. 한창 시절의 아버

위대한 기업에 투자하라

지가 바로 이것을 최고로 잘 했다.

　나는 1972년부터 1982년까지 아버지와 함께 셀 수 없을 정도로 많은 기업체들을 방문했다. 내가 아버지 회사에서 일한 것은 불과 1년이었지만 그 이후에도 나는 아버지와 많은 작업을 함께 했다. 회사를 방문할 때면 아버지는 늘 질문 내용을 미리 준비해 노란 종이에 타자로 쳐 놓았는데, 각각의 질문 문항과 문항 사이에는 메모를 할 수 있도록 사이를 띄어놓았다. 아버지는 항상 만반의 준비를 갖추고자 했고, 방문할 회사에서도 당신께 감사해 할 정도로 철저히 준비했다는 점을 알아주기를 바랐다. 아버지는 준비해간 질문은 그날 대화를 이끌어갈 개략적인 주제 정도로만 활용했다. 대화 도중에는 가끔 썰렁한 상황이 벌어지기도 하는데, 그럴 경우에도 아버지는 능숙하게 준비해간 질문으로 되돌아갔다. 그러나 아버지가 던지는 최고의 질문은 늘 그 분의 마음속에서 나왔다. 최고의 질문은 전혀 준비하지도, 또 미리 써놓지도 않은 것이었다. 이런 질문은 앞서 물어본 그리 중요하지 않은 질문에 대한 답을 듣고서 아버지가 마치 하늘 위에서 낚아채듯이 던진 질문들이었으니 말이다. 이렇게 독창적이고 상상력이 풍부한 질문이야말로 예술이다. 내가 생각하기에 바로 이런 점이 사실 수집을 위한 아버지의 탐사 활동을 대단한 것으로 만든 것 같다.

　아버지는 완전히 기력이 쇠할 정도로 연로해지기 전까지 투자 문제에 관해 무척 자유로운 영혼을 갖고 있었다. 여기서 아버지가 던졌던 최고의 질문 가운데 하나를 소개하는 게 좋겠다. 사실 이 질문은 아버지로부터 직접 들은 것이 아니라 나중에 제임스 마이클스로부터 들은 것이다. 아버지가 쓴 어느 책에도 나와있지 않지만 어느 부분에 추가

해도 멋진 구절이 될 것이다.

　제임스 워커 마이클스는 의심할 나위 없는 미국 최고의 비즈니스 저널리스트로 1998년에 〈포브스〉의 편집인을 그만두었는데, 그가 은퇴하기 전 15년 동안 개인적으로 내가 〈포브스〉에 쓴 칼럼을 편집해주었다는 것은 나에게 일생의 영광이 아닐 수 없다. 그는 나에게 〈포브스〉의 칼럼을 쓰도록 주선해주었고, 인간적으로 관심을 가져주었으며, 편집인을 그만둘 때까지 내가 쓴 모든 칼럼을 직접 편집해주었다.(그처럼 완벽한 문장을 쓰는 편집자에게 이런 일은 매우 드문 것이었다.) 그는 또한 나의 아버지를 대단히 존경했다. 한 번, 정확히 딱 한 차례 짐(제임스의 약칭-옮긴이)과 나는 서부 해안 지방에서 주말을 함께 보내기로 한 적이 있었다. 그는 예정보다 몇 시간 일찍 이곳에 도착해 아버지와 자리를 함께 하고 싶어했다. 당시 아버지는 여든아홉이었고, 말수도 무척 적은 편이었다.

　아버지와 짐은 캘리포니아 주 킹스마운틴의 꼭대기에 있는 내 회사의 본사 회의실에서 몇 시간 동안 만났다. 그리고 나서 짐과 나는 러시아리버를 지나 우리의 목적지를 향해 북쪽으로 차를 몰았다; 차를 타고 가는 동안 짐은 나에게 "그 질문"에 대해 물어보았다. 나는 그가 무슨 말을 하는지 전혀 감을 잡지 못했지만, 어쨌든 나는 이 세상 누구보다 아버지에 대해 잘 알고 있다고 생각하고 있었다. 그런데도 그가 나에게 무엇을 물어보고 있는지조차 모르다니 당혹스러울 수밖에 없었다. 짐은 한 시간 가까이 어떻게 하든 무언가를 짜맞추려고 애썼지만 결국은 포기해버리고 말았다. 기억을 되살리다 보면 가끔 그런 일이 벌어지듯이 그 역시 애써 찾으려 하다가 포기하자 갑자기 기억이 살아

　　　　　　　　　　　　위대한 기업에 투자하라

낳고, 이렇게 외쳤다. "경쟁업체에서는 아직 하지 않고 있지만 당신 회사에서는 하고 있는 게 무엇입니까?" 세상에 정말 너무나 멋진 질문이었다! 이 질문의 핵심은 아직이라는 단어에 있다. 뒤통수를 얻어맞은 느낌이 들 것이다. 당신이 만약 이 질문을 던졌다면 사실 대부분의 경우 경쟁업체들이 아직 하지 않고 있는 어떤 중요한 사업을 단 하나도 하지 않고 있을 것이고, 이들은 자신들조차 생각하지 못했던 이 질문을 당신이 물어보았다는 데 대해 충격과 함께 두려움마저 느낄 것이다.

이 질문을 늘 스스로 던져보는 기업이라면 절대 자만에 빠지지 않을 것이다. 경쟁에서 뒤처지지도 않을 것이다. 더 나은 미래를 향해 나아가는 데 필요한 지적 역량이 고갈될 리도 없을 것이다. 완전무결한 경영 지식과 함께 15가지 포인트가 그대로 살아있는 회사가 바로 위대한 기업이다. "경쟁업체에서는 아직 하지 않고 있지만 당신 회사에서는 하고 있는 게 무엇입니까?"라는 물음은 제품의 시장 점유율을 높이고, 다른 업체들로 하여금 따라오도록 선도하고, 고객과 임직원, 주주들에게 더 나은 것을 제공한다는 것을 의미한다. 이것이야말로 위대함 그 자체다. 짐이 인용한 질문은 아버지가 평생에 걸쳐 찾고자 했던 열망과 아버지가 정리한 15가지 포인트의 핵심을 한마디로 요약한 것이었다. 그가 어디서 이 질문을 들었는지 나는 아직도 알지 못한다. 그러나 이 질문은 정말 충격적일 정도로 폐부를 찌르는 질문이다.

언제나 멋진 이야기를 엮어내는 대단한 감각의 소유자인 짐은 함께 주말을 보낸 뒤 뉴욕으로 돌아가자마자 이 질문을 주제로 한 칼럼을 〈포브스〉에 실었다. 그 칼럼은 짐과 아버지의 가장 멋진 면을 결합한 것이었다. 그리고 나는 그 칼럼을 읽으며 어느 쪽에도 치우치지 않는 아버지의 성격과 천재성의 주변에서 내가 그 동안 얼마나 자주 서성거리며 맴돌았는가를 반추할 수 있었다. 그렇다고 해서 나 자신을 깎아내리려는 것은 아니다. 나 역시 아주 괜찮은 삶을 살아왔다; 하지만 나는 아버지에 비해 좀 더 직선적이고, 목표 지향적이며, 추론하기를 좋아하고, 일에 몰두하는 스타일이며, 추진력이 강한 편이다. 반면 아버지는 나보다 훨씬 더 자유로운 영혼을 가진 천재다.

내가 운영하는 회사에서는 15가지 포인트와 사실 수집을 다양한 기업들, 주로 소규모의 오래된 기업들을 대상으로 적용해보았다. 여러 분야의 첨단 기술 기업과 소매 업체, 서비스 기업, 콘크리트 제조업체, 철강 제조업체, 특수 화학 업체, 소비재 생산기업, 도박 업체 등 온갖 기업들을 전부 적용 대상으로 했다. 15가지 포인트는 언제나 최종적인 판단 기준을 제공해주지는 못했지만 대부분의 경우 상당히 큰 도움이 됐다. 나는 늘 우리 회사의 일은 내가 하고 싶은 대로 처리해왔다. 매년 수백 개의 종목에 대해 숙고하고 나름대로의 결론을 내리고자 노력하면서 우리 회사에서는 내부적으로 "열두 번 전화 걸기(Twelve-Call)"라고 이름 붙인 과정을 오랫동안 수행해왔다. 열두 번 전화 걸기란 본사에서 멀리 떨어져서 근무하는 직원들의 업무 지침에 적혀 있는 말인데, 이 직원들은 고객, 경쟁업체, 납품업체 등에게 전화를 걸어 인터뷰하는 일을 했다. 물론 이렇게 할 경우 단 하나의 주식을 대상으로 혼자서 물어보는 것보다는 효과가 떨어지지만 수많은 기업들을 검토하는 데는 도움이 된다. 지금은 금융시장에도 보다 현대적인 기술이 도입돼 이 같은 방식은 구식이 됐다; 하지만 이에 대한 자세한 설명은

위대한 기업에 투자하라

내가 여기서 하려는 이야기와 다르고, 이 책의 목적과도 어긋나므로 그만두겠다.

요즘 우리 회사에는 500명이 넘는 임직원들이 있다. 이들은 전세계 주식시장을 무대로 수십 억 달러의 자산을 운용하고 있다. 웬만한 개인 투자자들은 이렇게 하지 못할 것이다. 개인 투자자들은 우리처럼 해서는 안되고, 우리도 개인 투자자들처럼 해서는 안된다. 개인 투자자들은 15가지 포인트를 모두 활용할 수 있다. 전술적인 차원에서 말하자면 지금처럼 현대적인 기기들을 갖고 있지 않았던 젊은 시절의 내가 했던 것처럼 15가지 포인트를 그대로 적용할 수 있다. 물론 내가 지금 하는 것만큼 많은 종목들을 다 관리할 수는 없겠지만, 개인 투자자가 그렇게 하는 것은 필요하지도 않고 바람직하지도 않다. 내가 말하고자 하는 요점은 15가지 포인트는 아버지가 처음에 구상했던 대로 활용하든, 혹은 약간 변형시켜서 수많은 종목을 대상으로 기본적인 면만 적용하든, 또 국내 주식이든 외국 주식이든, 성장주든 가치주든, 심지어 주식시장에 상장되어 있지 않은 개인 기업체에 투자하든, 당신이 오너 경영자로 경영하고자 하는 회사에 투자하든 투자 대상에 관계없이 매우 유용하다는 것이다. 모두 똑같은 원칙이 적용된다는 말이다.

활용할 부분은 훨씬 더 많다

그렇다고 해서 15가지 포인트와 사실 수집 부분만이 이 책《위대한 기업에 투자하라》에서 읽을 만한 대목이라는 말은 아니다. 이 책에서는 매우 잘 짜여진, 번뜩이는 지혜를 수없이 발견할 수 있다. 한 가지 예를 들겠다. 1990년 무렵 나는 주식 투자 분야에서 18년간 전문가로 일했고, 꽤 성공한 편이었다. 당시 나는 〈포브스〉의 칼럼니스트로 6년째 글을 쓰고 있었다. 그런데 사담 후세인이라는 변수가 나타났다. 전쟁의 두려움이 커져 갔고, 투자자들은 움츠러들었다. 시장은 약세로 돌아섰다. 나는 역사에 대해 어느 정도 공부했고, 금융시장의 역사에 대한 책을 두 권 쓰기도 했다. 내가 아는 역사는 "사라"고 얘기했다. 하지만 나는 그렇게 역사에 충실한 사람은 아니었다. 그러던 중 어느 주말에 이 책의 제 8장 『투자자들이 저지르지 말아야 할 다섯 가지 잘못』과 제 9장 『투자자들이 저지르지 말아야 할 다섯 가지 잘못-추가』를 다시 읽은 뒤 결심을 굳히게 됐다. 비로소 나는 전쟁의 두려움이 주식시장에서 좋은 매수 기회를 제공한다는 사실을 알게 된 것이다. 덕분에 나는 1990년 말에 나름대로의 경제적인 전망과 함께 "사라"는 칼럼을 쓸 수 있었다. 이 칼럼은 대부분의 투자자들이 시장의 약세를 예상하고 있을 때 쓰여진 것으로 매우 시의적절 했고, 내가 〈포브스〉에 장기 칼럼니스트로 남아있을 수 있도록 해준 결정적인 칼럼이 되었다. 나는 이 점에 대해 늘 감사하게 생각한다. 아마도 2000년부터 2002년까지 이어진 최근의 약세장을 겪은 다음에 맞이한 제 2의 사담 후세인 변수에 대해서도 이와 비슷한 생각을 할 수 있었을 것이다.

내가 2002년에 쓴 칼럼에서 밝혔듯이 당시 미국 주식시장은 내가 이 분야에 처음 발을 들여놓았던 1974년이나 1930년대의 대공황 시절 이래 최악의 약세장에 빠져있었다. 많은 투자자들이 앞서 견지했던 투자에 대한 믿음이 산산조각 나는 것을 경험해야 했다. 이들은 그래서 자꾸만 새로운 믿음에 의지하게 됐지만, 이런 믿음은 진실과는 거리가

위대한 기업에 투자하라

먼, 공허하고, 의미도 없고, 깊이도 없는 것이라는 사실을 알게 됐다. 영원한 생명을 갖는 진실이란 바로 아버지가 가졌던 미래에 대한 전망에서 찾을 수 있을 것이다. 아버지는 자본주의가 전세계로 퍼져나갈 것이며, 미국과 서방 국가들은 더 발전할 것이라고 말할 것이다. 물론 그렇다면 주식시장이 어디까지 떨어질 것이냐고 물을 수도 있겠지만, 아버지는 그런 식의 예측은 여간해서는 하지 않았다.(그 분이 주식시장 전체를 예측한 것은 평생에 걸쳐 손으로 꼽을 정도로 드물었다.) 당신이 보유하고 있는 주식이 15가지 포인트를 충족시키고, 또 아버지의 표현대로 "일시적인 유행"을 좇아 매수한 것이 아니라면 아무리 힘든 약세장도 무난히 넘어갈 수 있을 것이라고 아버지는 이야기할 것이다. 만약 2002년에 당신이 주식을 갖고 있지 않았다면 15가지 포인트를 충족시키는 기업의 주식을 살 수 있는 완벽한 타이밍이라고 말할 것이다. 아버지는 2000년부터 2002년까지 이어졌던 약세장을 그렇게 보았을 것이다. 혹시 상승세로 반전하기 전에 더 떨어지지 않겠느냐고? 아버지는 그렇게 될 가능성이 있다는 점을 늘 인정했다. 하지만 적어도 몇 년 정도는 크게 문제 될 게 없다고 덧붙일 것이다. 그 분이 주식시장에서 빠져나가기 위해 손절매를 하거나 무조건 주식을 내다 판 적은 없었느냐고? 그런 적은 단 한 번도 없었다. 아버지는 그렇게 행동할 분이 전혀 아니다. 물론 아버지도 남들보다 훨씬 더 긴 생애를 살아오는 동안 몇 차례 주식보유 비중을 줄였던 적이 있다. 하지만 그 분이 주식을 팔았을 때는 시장이 아직 떨어지기 이전이었고, 또 떨어질 것으로 예상되는 시점이었지 결코 이미 떨어진 다음은 아니었다.

아버지는 과연 사담 후세인이나 오사마 빈 라덴, 혹은 테러리스트

집단을 두려워할까? 아니다. 그렇다면 전쟁은 두려워할까? 이 책을 읽어보면 그렇지 않다는 그 분의 대답을 들을 수 있을 것이다. 미국을 전쟁으로 내몰고 있는 조지 W. 부시 대통령에 대해서는 좋게 생각할까? 역시 아니다. 그 분은 대통령을 좋아한 적이 거의 없다. 아버지는 대통령도 정치인의 한 명일 뿐이라고 여겼고, 정치인에 대해서는 별다른 관심을 보이지 않았다; 가끔 언급할 때도 그리 대단한 평가는 내리지 않았다. 아버지는 이렇게 말했다. "정치인이란 더 높이 올라갈수록 더 많은 거짓말을 하는 사람들이야." 아버지는 전쟁을 싫어했고, 어떤 논리로도 전쟁은 정당화될 수 없다고 생각했다. 그렇다면 아버지는 요즘 신문과 방송에 자주 등장하는 온갖 부정적인 뉴스들, 즉 기업의 진실성 문제라든가, 더블딥(double-dip) 경기 후퇴의 가능성, 높은 주가 수익 비율(PER), 브라질의 디폴트 위험 등에 대해서는 걱정할까? 아니다. 별로 걱정하지 않을 것이다. 그 분은 이런 데 신경을 쓸 시간이 있으면 현재 주식을 보유하고 있는 기업의 펀더멘털을 다시 집중해서 분석하고, 계속 보유할 것인지를 살펴볼 것이다. 보유하고 있는 종목 가운데 수익률이 가장 떨어지는 종목을 지켜보다가 혹시 이 주식을 대체할 만한 다른 좋은 주식이 없는지 찾아볼지도 모른다. 아버지는 늘 시장의 변동성이 커지고 하락세로 돌아선 시기를 몇 종목 되지도 않는 보유 주식들을 더 나은 종목으로 업그레이드할 최적의 기회로 활용했다. 많은 사람들이 주식시장 전체의 흐름에 대해 초조해 할수록 아버지는 현재 보유하고 있거나 아직 보유하지 않고 있는 종목들에 대해 더 많이 고민했다.

아버지는 언젠가 주식시장의 타이밍과 업종 분석 등에 대해 어떻게

　　　　　　　　　　　위대한 기업에 투자하라

생각하는지를 묻는 질문을 받은 적이 있다. 아버지는 당시 투자 업계에서 누구 못지않은 오랜 경력을 쌓은 분이었지만 이렇게 대답했다. "그 문제에 대해서는 내가 지금까지 해온 것보다 훨씬 더 나은 해결책을 내 아들이 제시한 것으로 알고 있습니다. 아들이 말한 내용은 이렇습니다. 하지만 나는 아들의 말을 믿지는 않습니다." 아버지는 스스로 내려야 할 결정을 앞에 놓고 절대 누구의 말도 믿지 않았다. 그 분은 오로지 자신이 관심을 쏟고있는 15가지 포인트를 모두 충족시키는 기업의 주식만 신뢰했다. 아버지는 지금도 여전할 것이다.

내가 투자 사업 분야에서 지나온 날들을 뒤돌아보면 수많은 사람들이 나를 향해 내가 틀렸으며(실제로 그런 말이 언제나 맞는 것이었을 수도 있다), 아버지였다면 나처럼 하지 않았을 것이라고 말했을 것 같다. 이런 사람들은 분명히 아버지의 머리 속에 무엇이 들어있는지 내가 아는 것만큼도 모를 것이며, 틀림없이 아버지가 쓴 책을 나만큼 자주 읽지 않았을 것이다. 그래서 나는 아버지였다면 어떻게 판단하고 행동했을 것이며, 또 그렇게 하지 않았을 것이라고 이런 사람들이 내리는 평가에 그리 귀를 기울이지 않는다. 내가 여기서 말하고자 하는 요점은 사업적인 측면에서 아버지를 가장 잘 알고 있는 사람들과 비교해서도 내가 아버지가 쓴 책을 더 많이 읽었다는 점이다. 아버지가 쓴 책의 내용을 충분히 이해했다 해도 투자 경험을 쌓아나가면서 몇 번이고 이 책을 다시 읽으면 큰 도움이 될 것이다. 그냥 한번 읽고 얻어낸 가르침에 만족해 한다면 스스로 화를 자초할지도 모른다. 처음에는 책의 내용이 마음속에 새겨진 것처럼 희미하게 떠오를 것이다. 그 다음부터 한 차례씩 이 책을 더 읽어갈수록 책의 내용으로부터 더 자유로워질 것이다. 종교적 의미를 무시한다면 이 책은 투자의 바이블과 같다. 두껍지는 않지만 몇 번이고 다시 읽어야 할 책이고, 그 내용의 유용성이 결코 마지막 페이지를 덮는다고 해서 끝나지 않는다는 의미에서 그렇다.

이 책의 한 페이지 한 페이지를 읽어가다 보면 내가 이 책을 읽으면서 그랬던 것처럼 정말 주옥 같은 구절들을 수없이 발견하게 될 것이다. 그러나 이 책《위대한 기업에 투자하라》를 고전의 반열에 올려놓은 중요한 요소는 펀더멘털 그 자체에 주목하고 있다는 점이다. 이 책은 투자의 기본이 되는 펀더멘털이 진정으로 무엇인가를 가르쳐주고 있을 뿐만 아니라 많은 일류급 투자 전문가들이 훈련을 쌓는 데 핵심적인 역할을 해왔다. 이미 오래 전부터 스탠포드 대학교 비즈니스 스쿨에서는 고급 투자론 과정의 정식 커리큘럼 교재로 이 책을 사용해왔다. 스탠포드 비즈니스 스쿨을 거쳐간 모든 졸업생들은 이 책을 읽었을 것이며, 지금 미국의 이름있는 투자 전문가로 활동하고 있을 것이다. 하지만 이 책이 미치는 범위는 이보다 훨씬 더 넓다. 가령 워렌 버핏은 아버지와 이 책《위대한 기업에 투자하라》가 자신의 투자철학을 형성하는 데 밑거름이 되었다는 점을 오래 전부터 밝혀왔다. 이 책의 제 9장『투자자들이 저지르지 말아야 할 다섯 가지 잘못-추가』중 처음에 나오는 "과도한 분산 투자를 삼가라"는 이야기를 읽어보면 다름 아닌 "버피티즘(Buffettism)"으로 일컬어지는 워렌 버핏의 투자철학 가운데서도 핵심이 바로 이것이라는 사실을 금방 알 수 있을 것이다. 그리고 당신도 버핏이 맨 처음에 그랬던 것처럼 이것을 가장 중요한 자리에 놓아둘 수 있을 것이다.

아버지가 이 책을 처음 썼을 때와 그 분의 다음 책인《보수적인 투자자는 마음이 편하다Conservative Investors Sleeps Well》가 출간된 시점 사이에 주식시장의 기본적인 모습은 크게 변하지 않았다. 그러나 투자의 다리 아래로 엄청난 강물이 흘러 지나갔다: 1958년에서 1974년까지 그야말로 폭발적인 강세장과 최악의 약세장이 나타났고, 수많은 유행과 환상이 쏟아졌다.《보수적인 투자자는 마음이 편하다》가 출간되었을 때 아버지는 예순일곱이었다. 이 책 역시 매우 훌륭한 내용이지만《위대한 기업에 투자하라》에는 미치지 못하는 것 같다. 첫 번째 책이 워낙 뛰어나다 보니 그 이후의 책들은 그 빛에 가려버린 느낌이다. 어쨌든 아버지가 쓴 저작물 가운데 딱 하나만 골라서 읽겠다면 첫 번째 책을 권하고 싶다. 그것이 그 분 최고의 작품이기 때문이다. 물론 아버지의 저작물을 좀 더 읽고 싶다면 그 다음으로 추천하고 싶은 책은 당연히《보수적인 투자자는 마음이 편하다》가 될 것이다. 이 책 역시 투자의 기본을 생각하는 데 큰 도움을 준다. 처음 출간됐을 때는 다소 원칙론적이라는 평을 듣기도 했지만 여전히 시대를 넘어서는 고전으로 평가 받고 있다.

《보수적인 투자자는 마음이 편하다》가운데 제 6장에 나오는 모토로라 부분은 아버지 필립 피셔의 진면목을 보여주는 대목이라는 게 내 생각이다. 이 부분에서 아버지는 당시 다른 투자자들로부터는 외면받았던 모토로라가 왜 위대한 기업이며, 왜 자신이 개인적으로 머리를 치켜들고서라도 이 회사의 먼 미래를 내다볼 준비가 되어있는지를 설명하고 있다. 물론 이 부분은 읽기가 다소 힘들고, 무조건 모토로라가 최고의 우량주라고 극찬하지도 않는다. 그러나 그 후에 어떤 일이 벌어졌는지 한번 보라. 모토로라의 주가는 그로부터 25년 동안 35배나 올랐다. 그것도 배당금 수입은 제외하고 말이다. 무엇보다 가장 안전했고, 뛰어난 경영을 지속한 회사였다. 또 교체 매매를 하지 않았으니 매매 수수료도 없었고, 뮤추얼 펀드의 운용 수수료도 줄 필요가 없었으며, 회사에 대한 믿음만 있었다면 크게 신경 쓸 일도 없었을 것이다. 과연 누가 당신에게 이처럼 몇 십 년에 걸친 장기적인 성공 투자의 전망을 알려주겠는가? 절대 없을 것이다. 과연 누가 실제로 한 종목을 그렇게 25년간이나 투자 목적으로 보유하겠는가? 그렇다. 여기서 분명히 말하건대 단 한 사람 필립 피셔가 그렇게 했다. 모토로라는 아버지가 개인적으로 보유했던 종목 가운데 비중이 가장 컸으며, 보유 기간 중의 수익률은 스탠다드 앤 푸어스(S&P) 500지수의 상승률을 훨씬 뛰어넘었다. 그리고 바로 이런 점이 필립 피셔에 대한 모든 것을 말해 준다. 아버지가 진정으로 잘 알 수 있는, 아주 적은 숫자의 위대한 기업을 찾아내 그 주식이 정말 환상적으로 상승하는 동안 길고도 긴 세월을 참고 보유하는 것이다. 아버지의 두 번째 책 《보수적인 투자자는 마음이 편하다》는 내가 아는 한 어떻게 큰 리스크를 부담하지 않고서 성장주를 매수하고 보유할 수 있는지에 관해 쓴 것이다. 아버지의 두 책 《위대한 기업에 투자하라》와 《보수적인 투자자는 마음이 편하다》 가운데 어느 것을 읽어도 이런 내용을 접할 수 있다. 사실 두 책은 저술 시점에서는 16년이라는 간격이 있지만 함축하고 있는 지식이라는 측면에서는 많은 점이 연관돼 있다. 그래도 굳이 단 한 권만 읽어야 한다면 첫 번째 책을 읽어야 하겠지만 말이다. 첫 번째 책이 시사하는 바가 더 많고, 출간 당시 전혀 새로운 개념으로 훨씬 더 큰 반향을 일으

위대한 기업에 투자하라

컸으며, 더 잘 쓰여졌고, 포괄하는 범위가 더 넓고, 더 많은 지식을 얻을 수 있고, 시대를 뛰어넘는 고전의 반열에 올랐다는 점에서도 그렇다. 그러나 할 수만 있다면 두 권을 다 읽어야 한다.

　이 책의 말미에서는 그 동안 잘 알려지지 않았던 나의 아버지에 대한 이야기를 쓸 것이다. 꽤 오래 전부터 사람들은 나에게 아버지와의 관계가 어떤지, 또 아버지와 아들이 같은 분야에서 일하는 게 어떤지 등등에 관해 자주 물어왔다. 그런데 아버지도 무뚝뚝한 분이고, 나도 무뚝뚝한 편이고, 때로는 묻는 사람도 무뚝뚝한 경우도 있어 나는 가끔 무뚝뚝하게 대답하고는 했다. 가령 내가 자주 듣는 질문 가운데 하나는 아버지와 함께 했던 경험 가운데 가장 기억에 남는 게 무엇이냐는 것이다. 나는 이런 물음에 대개 "다음 번이지요"라고 대답한다. 더 이상 아무 말도 하지 않으면 한동안 긴 침묵이 흐른다. 그러면 상대방은 뭔가를 나에게서 끄집어내려고 시도한다. "좋습니다, 혹시 어린 시절에 즐거웠던 기억은 없습니까?" 나는 당연히 "있었다"고 대답한다. 아버지는 아마도 아이들 잠자리에서 이야기를 들려주는 데는 이 세상에서 최고였을 것이다. 그 분의 이야기는 주식시장과 아무런 관계도 없는 것들이었고, 상당수는 아버지가 극적인 상상력을 동원해 창작한 것이었다. 어린 시절 나는 이런 이야기를 듣는 시간이 너무나 좋았다. 하지만 갈수록 워렌 버핏 류의 생각을 따라가는 사람들은 나의 이런 대답을 싫어한다. 이들은 괜찮은 주식을 찾는 데 도움이 될 만한 것을 원한다. 그러나 이런 사람들에게는 정말 별로 마음이 내키지 않는다. 그건 사실 고역이다. 그러면 이들은 다시 서먹서먹해 하다가 나에게 이런 질문을 던진다. "좋습니다, 아버지로부터 받은 가르침을 그 정수만 한 문장으로 요약해서 말한다면 어떤 것이겠습니까?" 나는 이렇게 대답한다. "그 분이 쓴 책을 읽으십시오. 그리고 그 책에서 벗어날 수 있도록 노력하십시오." 바로 당신이 지금부터 그렇게 해야 할 차례다. 그러면 이 책을 즐겁게 읽기 바란다.

케네스 L. 피셔

캘리포니아 주 킹스마운틴
2003년 7월

위대한 기업에 투자하라

서 문

주식 투자에 관한 또 한 권의 새로운 책을 내놓는 저자의 입장에서 먼저 왜 이런 책을 쓰게 되었는지에 대해 설명하는 게 좋을 것 같다. 따라서 이 서문에서는 주식 투자를 하는 일반 투자자들에게 내가 왜 이런 주제로 책을 쓰게 되었는지에 대한 적절한 설명을 하기 위해 어쩔 수 없이 다소 개인적인 이야기를 하게 될 것이다.

나는 스탠포드 대학교의 당시 설립된 지 얼마 되지 않은 비즈니스 스쿨을 1년 다닌 뒤 1928년 5월 사회로 진출했다. 나는 크로커-앵글로 내셔널 뱅크 오브 샌프란시스코에 들어가 20개월 만에 이 은행의 주력 부서 가운데 하나인 통계 부서의 책임자가 됐다. 오늘날의 명칭으로 말하자면 증권 분석가로 일한 것이다.

나는 이곳에서 1929년 가을 대단원의 막을 내린 폭풍과도 같았던 주식시장의 광기와 그 이후 이어졌던 대폭락의 기간을 맨 앞자리에 앉아

지켜볼 수 있었다. 이때의 경험을 통해 미국 서부 지역에서도 특화된 투자자문회사라면 충분히 성공할 수 있는 기회가 있다고 확신하게 됐다. 당시 주식 중개인에 대한 평판은 시대에 뒤떨어졌으면서도 아주 건방지고, 모든 주식의 가격은 알지만 가치는 전혀 모르는 사람들이라는 식이었다. 이런 평가와 완전히 반대되는 투자자문회사라면 성공할 수 있다고 생각했다.

1931년 3월 1일 나는 피셔 앤드 컴퍼니를 출범시켰다. 내가 세운 투자자문회사는 다수의 일반 투자자를 상대로 사업을 했지만 가장 핵심적인 투자 대상은 소수의 성장 기업에 집중했다. 나의 사업은 번창했다. 그러다 제 2차 세계대전이 발발했다. 나는 3년 반 동안 육군 항공대에서 행정장교로 일하면서 여러 부대를 옮겨 다녔다. 군에서 복무하는 동안 나는 시간이 날 때마다 지난 10년 동안 내가 실제로 했거나 혹은 내가 본 다른 사람의 경우에서 성공적인 투자와 특히 성공하지 못한 투자가 어떤 것이었는지 자세히 연구해보았다. 나는 이 같은 연구를 통해 특별한 투자 원칙들을 발견할 수 있었는데, 이런 원칙들은 주식 투자와 관련된 사람들이 복음처럼 받아들이는 상식들과는 전혀 달랐다.

군에서 제대한 뒤 나는 다른 이슈들에 대해서는 가능한 한 신경을 적게 쓰고 이 원칙들을 실제 투자 사업에 적용해보기로 마음 먹었다. 피셔 앤드 컴퍼니는 그 이전까지 11년 동안 그리 많은 투자자들을 상대로 사업을 했던 것이 아니라 한번에 많아야 12명의 고객 자산만 관리했다. 이들 고객은 거의 대부분 처음부터 계속 남아있었다. 피셔 앤드 컴퍼니는 또 투자한 주식의 가격 상승에 주력한 정도가 아니라 사

위대한 기업에 투자하라

업 목표를 전적으로 그 한 가지에 집중했다. 물론 내가 피션 앤드 컴퍼니의 사업을 재개한 후 지난 11년 동안 주식시장 전반이 오름세를 탔고, 주식에 투자한 사람이라면 누구나 괜찮은 수익을 올렸을 것이라는 점을 나는 잘 알고 있다. 그렇지만 전체적인 주식시장 상승률보다 계속해서 더 높은 투자 수익률을 올린다는 문제는 다르다. 제 2차 세계대전 발발 이전에는 이런 원칙들을 부분적으로 활용하는 데 그쳤다. 그러나 전후 기간에는 시장 수익률을 상회하기 위해서는 이 원칙들을 더욱 철저하게 지켜야 한다는 사실을 알게 됐다. 아마도 더욱 중요한 점은 주식시장이 급등할 때보다 오히려 정체돼 있거나 하락할 때 이 원칙들이 더욱 빛을 발한다는 사실이었다.

나 자신과 다른 사람들이 투자한 기록들을 연구하다 보니 두 가지 문제를 발견하게 되었고, 이것이 내가 이 책을 쓰는 데 결정적인 영향을 미쳤다. 하나는 내가 기회 있을 때마다 지적했듯이 주식 투자를 통해 큰 이익을 얻기 위해서는 인내가 필요하다는 점이다. 주가가 앞으로 어떻게 될 것인지를 이야기하는 편이 앞으로 정확히 얼마 후에 주가가 그렇게 될 것인지를 이야기하는 것보다 훨씬 쉽다고 말한다면 이해가 더 빠를 것이다. 또 하나는 주식시장이란 원래 사람을 현혹시키는 속성을 갖고 있다는 점이다. 어느 순간 다른 모든 사람이 하는 것을 따라 하고, 그래서 자신의 행동에 아무런 잘못도 없다고 느낄 때가 바로 가장 위험한 경우일 수 있다.

이런 이유들 때문에 나는 오랜 세월 동안 나에게 투자 자금을 맡긴 고객들에게 내가 내리는 이런 저런 투자 판단의 근거가 되는 원칙들을 자세히 설명해주어야 했다. 그렇게 함으로써 고객들은 내가 왜 전혀 알려지지 않은 기업의 주식을 매수했는지, 또 충분한 시간이 흘러 주가가 그 주식을 매수할 때의 목적을 정당화 시킬 정도로 오르기 전까지는 전혀 처분할 생각을 하지 않는지를 비로소 이해했다.

이런 투자의 원칙들을 한데 모으고, 필요할 때면 누구에게든 보여줄 수 있도록 인쇄해 두어야겠다는 바람이 점차 고개를 들기 시작했다. 이렇게 해서 더듬더듬 한걸음씩 옮기다 보니 이 책을 구성하기에 이른 것이다. 그리고 나는 몇 안되는 피셔 앤드 컴퍼니의 고객들보다 훨씬 적은 소액의 투자 자금을 운용하는 수많은 사람들을 생각하기 시작했다. 이들은 나를 만나기만 하면 자신들 같은 소액 투자자가 올바른 길을 찾기 위해서는 어떻게 해야 하는지 물어왔다.

나는 이들 소액 투자자들이 겪고 있는 어려움에 대해 생각했다. 일부러 그런 것은 아니지만 이들이 온갖 종류의 투자 아이디어와 방법론을 믿고 따랐다가 오랫동안 혹독한 대가를 치렀다는 사실도 나는 잘 알고 있었다. 이들의 믿음은 보다 기본적인 개념들에 의해 검증된 적이 없었기 때문이라고 나는 생각했다. 나는 이런 문제들에 대해 상당한 관심을 갖고 있지만 나와는 입장이 다른 여러 사람들과 나누었던 대화들을 떠올려보았다. 이들 가운데는 기업체 사장과 재무담당 부사장, 국영기업의 재무 책임자 등이 있었고, 한결같이 깊은 관심을 갖고서 이런 문제들을 최대한 많이 배우고 싶어했다.

결국 나는 이런 종류의 책이 필요하다는 결론을 내리게 됐다. 이런 책은 지금 이 책을 읽는 독자에게 내가 1인칭의 화자(話者)가 되어 격식에 얽매이지 않고 내용을 서술하는 게 좋을 것이라고 생각했다. 나는 이 책에서 그동안 고객들을 상대로 설명했던 똑같은 개념을 똑같은 사례와 똑같은 비유를 들어 똑같은 언어로 설명할 것이다. 표현이 너무 솔직해서 때로는 다소 거칠더라도 심하다고 질책하지 않았으면 좋겠다. 특히 내가 이 책에서 제시하는 아이디어들의 장점이 글재주의 모자람을 채워주고도 남는다고 생각해주었으면 하는 바람이다.

필립 A. 피셔

캘리포니아주 샌머테이오
1957년 9월

1

과거로부터의 단서들

당신이 은행에 돈을 예금해두고 있다고 하자. 그런데 주식시장에서 거래되는 주식을 좀 사보는 게 좋겠다는 결정을 내렸다. 이런 결정을 내리게 된 것은 당신이 갖고 있는 자금을 다른 방식으로 운용하는 것보다 더 많은 수입을 올리고 싶기 때문일 것이다. 어쩌면 기업의 성장과 함께 당신의 경제력도 성장하기를 바라기 때문일 수도 있다. 헨리 포드가 창업한 포드자동차나 앤드류 멜론이 일군 알코아와 같이 작은 기업에서 출발해 세계적인 기업으로 성장한 사례를 떠올리면서 오늘날에도 이런 기업들처럼 당신에게 엄청난 부를 안겨줄 젊은 기업을 찾아낼 수 있을까 궁금해 할지도 모르겠다. 그런가 하면 앞날에 대한 기대보다는 걱정이 앞설 수도 있고, 그래서 불확실한 미래를 대비해 자금을 따로 떼어놓으려고 할 수도 있다. 더구나 인플레이션과 관련된 이야기를 들을수록 보다 안전하면서도 당신이 갖고 있는 재산의 구매

위대한 기업에 투자하라

력이 추가로 하락하는 것을 막을 수 있는 저축 수단을 강구하게 될 것이다.

아마도 당신이 주식시장에 관심을 갖게 된 데는 이 같은 여러 가지 이유를 종합적으로 고려했기 때문일 것이다. 게다가 어떤 이웃이 주식시장에 투자해 돈을 벌었다는 이야기를 듣거나, 이런저런 기업의 주식이 지금 무척 싸다는 내용의 기사를 보면서 마음이 더욱 움직였을 것이다. 그러나 이 모든 이유의 이면에는 단 하나의 진짜 동기가 숨어 있다. 어떤 이유로 주식시장에 관심을 갖게 됐든, 어떤 방식으로 주식시장에 투자하게 됐든 당신이 주식을 사는 이유는 돈을 벌기 위한 것이다.

따라서 맨 처음에 어떤 주식을 사겠다고 생각하기 이전에 우선 과거에는 어떻게 해서 주식시장에서 돈을 벌었는지 살펴보는 게 합리적일 것이다. 미국 주식시장의 역사를 잠깐만 돌아보면 엄청난 부를 모으는 데는 전혀 다른 두 가지 방법이 사용됐음을 쉽게 알 수 있다. 19세기와 20세기 초에는 크건 작건 주식시장에서 돈을 번 사람들은 주로 경기 변동 국면을 이용해서 투자했다. 당시에는 불안정한 은행 시스템으로 인해 호황기와 불황기가 반복됐는데, 경기가 좋지 않을 때 주식을 사서 경기가 좋을 때 주식을 파는 게 투자 수익을 올리는 열쇠였다. 이런 방식은 특히 은행 시스템에 이상 징후가 나타날 때 금융계의 인맥을 통해 미리 그런 정보를 얻을 수 있는 사람들이 많이 사용했다.

그러나 주식시장의 이 같은 시대는 1913년 연방준비제도이사회가 설립되고, 루즈벨트 행정부 초기 시절에 증권거래 및 감독 법안이 통과되면서 종말을 고했다. 이제 새로운 주식시장의 시대로 접어들게 된 것이다. 이 시기에는 이전과는 완전히 다른 방식을 사용한 사람들이 훨씬 더 큰 투자 수익을 올렸고, 훨씬 더 적은 리스크를 부담했다. 예전과는 달리 정말로 뛰어난 기업을 발굴했다면 주식시장이 천정과 바닥을 오가며 출렁거리는 동안에도 계속 보유하는 것이 쌀 때 사서 비쌀 때 팔기 위해 분주하게 온갖 주식을 매매하는 것보다 훨씬 더 많은 사람들에게 훨씬 더 큰 투자수익을 가져다 주었다.

이런 이야기가 놀랍게 느껴진다면 좀더 쉽게 이해할 수 있도록 부연해서 설명하겠다. 그리고 이것은 성공적인 투자로 들어서는 첫 관문을 여는 열쇠가 될 수 있다. 25~50년 전에 뉴욕증권거래소와 같은 여러 주식시장에 상장돼 있는 기업의 주식에 1만 달러를 투자했다면 지금 투자 원금이 25만 달러를 훨씬 넘는 경우가 적지 않을 것이다. 투자자에게 이처럼 높은 투자 수익을 올려준 기업의 숫자가 적지 않았다는 말이다. 대부분의 투자자들이 지금까지 살아온 기간 동안, 혹은 부모님 세대가 지나온 기간 동안 자신은 물론 자녀에게도 줄 수 있는 상당한 재산을 모을 수 있는 기회가 꽤 있었다는 것이다. 주식시장의 대폭락기에 바닥을 친 바로 그 날 주식을 매수해야만 이런 기회를 얻을 수 있는 것은 아니다. 이들 기업의 주식을 어느 해에 매수했든 이 같은 높은 투자 수익을 올릴 수 있었을 것이다. 물론 이렇게 하는 데는 특별한 능력이 필요하다. 투자 잠재력이 뛰어난 걸출한 기업의 숫자는 비교적 적었는데, 이런 기업을 그저 그런 성공을 이어갔거나 아니면 완전히 망해버린 수많은 기업들과 구별해낼 수 있는 능력이 바로 그것이다.

그렇다면 지금도 이런 탁월한 기업이 제공해준 것과 같은 높은 투자

　　　　　　　　　　　　　위대한 기업에 투자하라

수익을 올릴 수 있는 기회를 찾을 수 있을까? 이 질문에 대한 답이야말로 정말로 궁금할 것이다. 만약 긍정적이라면 주식시장에 투자해 진정한 수익을 올릴 수 있는 길이 눈앞에 보이기 시작할 것이다. 다행히도 오늘날 주식시장에서 얻을 수 있는 기회는 20세기 초에 비해 전혀 뒤지지 않으며, 실제로 훨씬 더 좋다는 점을 강력히 시사하는 증거들은 많이 있다.

한 가지 이유는 이 기간 중 기업 경영진의 역할에 대한 근본적인 변화가 있었다는 것이다. 이 같은 변화에 따라 기업 경영진이 회사 업무를 처리하는 방식도 크게 바뀌었다. 한 세대 이전만 해도 대기업의 고위 경영진은 그 회사를 소유한 집안의 가족 구성원에 불과했다. 이들은 기업을 사유 재산으로 여겼다. 외부 주주의 이익은 거의 무시됐다. 기업 경영진의 일관성 유지를 위해 어떤 문제를 고려하는 게 있다면 기껏해야 아주 젊은 인물을 그 나이에는 전혀 어울리지 않는 자리에 앉히기 위해 훈련시키는 정도였으며, 이것은 회사를 물려받을 아들이나 조카를 배려하려는 게 가장 큰 목적이었다. 회사에 투자한 일반 주주들의 재산을 지키는 데 최고의 능력을 갖춘 인재를 영입한다는 것은 경영진에게 최우선 과제가 아니었다. 개인이 독단적으로 기업을 지배했던 이런 시대에는 나이든 경영진이 혁신과 진보를 막아버리는 경향이 강했고, 심지어는 건전한 제안이나 비판을 듣는 것조차 거부하는 경우도 많았다. 오늘날 기업들이 경쟁적으로 더 나은 방법을 찾아 개선해 나가는 것과는 전혀 달랐다. 요즘 기업의 최고 경영진은 끊임없이 자기분석을 해나가면서 진보를 위한 부단한 탐색을 추구한다. 한 걸음 더 나아가 조직 외부에서 훌륭한 조언을 얻으려는 노력의 일환으로 각 분야의 외부 전문가들로부터 자문을 받기도 한다.

과거에는 한때 가장 매력적이었던 기업이 그 분야의 선두 자리를 지켜내지 못하고 무너져내릴 위험이 상존해 있었다. 설사 그런 위치를 유지하더라도 기업 내부의 인물들이 그에 따른 이득을 독차지했다. 물론 이런 위험이 전적으로 과거의 일이 되어버렸다고 말할 수는 없지만 이제 신중한 투자자들은 이 같은 위험을 훨씬 덜 무서운 것으로 받아들인다.

기업 경영진의 역할이 바뀐 것보다 더욱 주의 깊게 지켜봐야 할 또 다른 변화가 있다. 기업의 기술 개발 및 연구 능력이 급신장하고 있다는 점이다. 이런 분야에 대한 투자가 주주들에게 이익이 되기 위해서는 기업 경영진이 해당 기술에 대한 지식을 잘 알고 있고, 연구개발 (R&D)을 통해 주주들에게 꾸준히 더 많은 이익을 돌려줄 수 있도록 황금알을 만드는 토대를 제공해야 한다. 하지만 오늘날에도 많은 투자자들은 기술 개발이 얼마나 빨리 이뤄지고 있고, 어디까지 뻗어나갈 것이며, 기본적인 투자 원칙에 얼마나 큰 영향을 미칠 것인지에 대해 제대로 인식하지 못하고 있다.

실제로 1920년대 말까지만 해도 나름대로 의미있는 연구개발 조직을 갖고 있는 기업은 손가락으로 꼽을 정도에 불과했다. 그나마도 오늘날의 기준으로 보자면 그 규모는 매우 작았다. 아돌프 히틀러가 군사적인 목적으로 연구개발 분야에 한층 힘을 쏟자 이에 대한 두려움이 증폭되면서 비로소 미국 기업들의 연구개발 투자는 실질적으로 늘어나기 시작했다.

그 이후 연구개발 투자는 계속해서 늘어났다. 〈비즈니스위크

위대한 기업에 투자하라

Business Week〉가 1956년 봄에 발표한 조사 결과에 따르면 1953년에 민간 기업들이 연구개발비로 지출한 금액은 37억 달러에 달했으며, 1956년에는 55억 달러로 늘어났다. 민간 기업들은 올해(1957년) 63억 달러가 넘는 금액을 연구개발 분야에 투자할 계획이다. 이번 조사에서 밝혀진 더욱 놀라운 사실은 주요 산업의 수많은 기업들이 불과 3년 뒤인 1959년에는 전체 매출액 가운데 15~20% 이상을 1956년까지 상업적으로 전혀 생산하지 않았던 제품에서 얻을 것이라고 예상하고 있다는 점이다.

〈비즈니스위크〉는 1957년 봄에도 이와 비슷한 조사 결과를 발표했다. 1956년도의 전체적인 수치가 그 중요성이라는 측면에서 상당히 놀라웠다면 1년 만에 이뤄진 이번 조사 결과는 가히 충격적이라고 말할 수 있다. 연구개발비 지출은 전년도보다 무려 30% 이상 늘어난 73억 달러에 달했다! 이 같은 금액은 불과 4년 만에 100% 가까이 증가한 것이다. 또 12개월 전에 예상했던 전체 연구개발비 지출액보다 실제 투자액은 10억 달러나 늘어난 셈이다. 특히 민간 기업들이 예상하는 1960년도의 연구개발비 투자액은 90억 달러에 이른다! 더구나 앞서 몇 개 주요 산업에서 나타났던 현상이 이번에는 전체 제조업 기업으로 확산됐다. 이들 기업은 1960년도의 매출액 가운데 10%가 불과 3년 전까지도 존재하지 않았던 제품에서 나올 것이라고 예상했다. 일부 업종에서는 이 같은 비율이-단순히 새로운 모델이나 외형만 바꾼 제품의 매출은 제외하고도-몇 배나 더 높았다.

물론 주식 투자를 하면서 이런 변화가 미치는 영향을 너무 과도하게 받아들여서는 안된다. 연구개발 비용은 기업이 상업적인 입장에서 현명하게 통제하지 못하면 일반관리비로는 도저히 감당할 수 없을 정도로 엄청난 부담이 될 수 있다. 더구나 경영진이나 투자자 모두 연구개발 투자의 수익성 여부를 조기에 손쉽게 가늠할 수 있는 수단이 없다. 아무리 뛰어난 프로 야구 선수도 타석에 들어서면 4할대 이상의 타율을 기대할 수 없듯이 평균적으로 보면 상당수의 연구개발 프로젝트가 아무런 이익도 내지 못한 채 끝나버리고 만다. 우연한 일일 수도 있지만 심지어 세계 최고로 손꼽히는 기업 연구소조차 일정 기간 동안은 전혀 수익성 없는 프로젝트를 양산하기도 한다. 마지막으로 지적해야 할 것은 한 기업이 어떤 프로젝트를 처음 시작해 이익으로 반영될 만큼 중요한 성과를 얻기까지는 통상 7~11년이 걸린다는 사실이다. 따라서 아무리 수익성 있는 연구개발 프로젝트라 하더라도 최종적으로 주주들에게 더 많은 이익으로 돌아오기 이전에 먼저 재정적인 부담이 될 수밖에 없는 것이다.

그러나 효율적으로 쓰이지 않은 연구개발 비용은 부담도 클 뿐만 아니라 찾아내기도 어렵지만 연구개발을 게을리 하는 데 따르는 비용은 이보다 훨씬 더 크다. 앞으로 몇 년 동안 새로 선보일 수많은 신상품과 신형 기계장치의 도입은 거의 전산업에 걸쳐 시대의 변화 속도를 따라잡지 못한 수천 개 기업들의 시장을 서서히 잠식해갈 것이다. 가령 기업들이 컴퓨터와 복사기 등을 도입했을 때 생산 공정과 사무처리 과정에서 일어나는 근본적인 변화 만큼이나 큰 변화가 나타날 것이다. 성공적인 기업은 늘 변화의 속도에 민감하게 반응하고, 새로운 변화를 빨리 인식해 엄청난 판매 증가 효과를 거두려고 노력한다. 이런 기업의 경영진은 매일매일의 일상적인 업무를 가장 효율적으로 처리할 뿐

위대한 기업에 투자하라

만 아니라 해당 분야에서 장기적으로 선두를 지켜나가기 위해 훌륭한 의사결정력을 계속해서 유지해나갈 것이다. 이런 기업의 주주는 속된 말로 복을 타고났다고 할 수 있을 것이다.

　기업 경영진의 역할이 변화하고 연구개발 투자의 중요성이 부각되고 있다는 것 외에 과거에는 찾아볼 수 없었지만 오늘날에는 훌륭한 투자 기회를 제공하는 데 결정적인 영향을 미치는 제 3의 요소가 있다. 이 책의 제 5장과 제 6장에서는 언제 주식을 사야 하고, 언제 주식을 팔아야 할 것인지에 대해 자세히 설명하면서 경기 변동이 경우에 따라 투자 원칙의 실행에 어떤 영향을 미치는지 논의할 것이다. 하지만 여기서 이 주제를 부분적으로 살펴보는 것도 필요할 것 같다. 이것은 사실상 1932년 이후에 나타난 연방정부의 근본적인 기능 변화와 이를 뒷받침하는 연방정부의 기본적인 정책 틀에서 비롯된 것으로, 주식을 보유하고 있는 투자자들에게 매우 유리하게 작용하고 있다.

　물론 1932년 이전이나 그 이후나 공화당과 민주당은 자신들이 기여했든 기여하지 않았든 관계없이 그들의 집권 기간 중에 누린 경제적 번영에 대해 신뢰와 지지를 받았다. 마찬가지로 집권 기간 중에 경제가 침체에 빠지면 상대당과 국민으로부터 비난을 받았다. 그러나 1932년 이전까지는 어느 당이 집권하든 침체된 경제를 살리기 위해 자의적으로 막대한 예산 적자를 발생시키는 것이 도덕적으로 정당한 것인지, 심지어 정치적으로 올바른 판단인지에 관해 매우 심각한 의문이 제기됐다. 실업 문제를 해결하기 위해 단순히 무료 배식소를 여는 것보다 훨씬 더 많은 비용이 드는 재정적 수단을 동원한다는 것은 어느 정당이 집권하고 있을 때였든 도저히 정책적으로 고려할 수 없는 방안이었다.

1932년 이후부터는 이 모든 것이 완전히 역전됐다. 민주당이 공화당에 비해 연방정부의 균형 예산에 더 관심을 가졌을 수도 있고, 그렇지 않았을 수도 있다. 하지만 아이젠하워 대통령이 취임한 뒤에도 굳이 예외가 있다면 험프리 전 재무장관이 유일할 수는 있겠지만 공화당의 정책 입안자들은 경기가 정말로 가라앉는다면 경제적 번영을 회복하고, 실업자를 구제하기 위해 주저하지 않고 세율을 인하하든지, 아니면 예산 적자를 야기하는 다른 정책이라도 동원할 것이라고 기회 있을 때마다 공언해왔다. 이런 분위기는 과거 대공황 이전의 정책 원칙과는 달라도 엄청나게 다른 것이다.

이 같은 정부 정책의 변화가 일반 국민들이 피부로 느낄 만큼 와닿지는 않는다 하더라도 이런 변화와 마찬가지의 결과를 가져오는 또 다른 변화가 점진적으로 이루어지고 있었다. 연방정부가 소득세를 법제화한 것은 윌슨 행정부가 들어선 다음이었다. 1930년대 이전까지 소득세는 경제에 그리 큰 영향을 미치지 못했다. 과거에는 연방정부의 세입 가운데 상당 부분이 관세나 이와 유사한 재정수입으로 충당됐다. 이렇게 거둬들이는 세입은 경제가 번영을 누리든 그렇지 않든 크게 변동하지 않았고, 전체적으로 일정한 수준을 유지했다. 이와는 대조적으로 오늘날 연방정부의 세입 가운데 약 80%는 법인세와 개인소득세로 충당된다. 따라서 경기가 급격히 나빠지게 되면 연방정부의 세입도 이에 비례해 줄어들게 되는 것이다.

더구나 농산물 가격 보조금과 실업 수당 같은 여러 제도적 장치들이 그 사이에 법제화됐다. 이제 경기 하강기에는 연방정부의 세입이 크

위대한 기업에 투자하라

게 줄어들 뿐만 아니라 법으로 강제한 이런 분야의 사업들로 인해 정부의 지출은 크게 늘어난다. 이와 함께 추락하는 경제를 살려내기 위해 세율을 인하하고, 공공 건설사업을 벌이고, 가장 심각한 고통을 받고 있는 여러 업종의 기업들에게 자금을 융자해준다든지 하게 되면 실제로 불황이 닥쳤을 때 연방정부의 예산 적자는 한해 몇 백 억 달러씩 눈덩이처럼 불어나는 게 예사일 것이다. 이런 식으로 예산 적자가 쌓이면 마치 전시에 전쟁 자금을 조달하느라 발생했던 예산 적자가 전후에 물가 상승의 주범이 됐듯이 결국 인플레이션을 더욱 가중시킬 수 있다.

다시 말해 앞으로는 경기 침체가 오더라도 과거의 심각했던 공황 때보다 그 기간이 짧아질 것이다. 또 경기 침체에 이어 상당한 수준의 인플레이션이 뒤따를 것이며, 전반적인 물가 상승은 과거에 그랬던 것처럼 어떤 기업에게는 이익이 되고, 다른 기업에게는 손실을 초래할 것이다. 전반적인 경제 환경이 이렇게 변했다는 점을 고려해도 경기 순환 과정에서 심각한 침체가 나타나게 되면 재무상태가 취약한 기업이나 한계 상황에 놓여있는 기업의 주식을 갖고 있는 투자자들은 여전히 큰 충격을 받을 것이다. 하지만 재무구조가 아주 튼튼하고, 또 아무리 어려워도 외부 차입으로 1~2년 정도는 버틸 수 있는 성장 기업의 주식을 보유한 투자자들은 다르다. 오늘날의 경제 환경 아래서는 경기 하강 국면이 찾아오더라도 진정한 성장주의 시장 가치는 일시적으로 하락하는 데 그친다. 성장주를 보유한 투자자는 그런 점에서 과거 1932년 이전까지 주식 투자에 수반되는 기본적인 리스크라고 간주됐던 기업 파산에 따른 위험을 짊어지지 않아도 되는 셈이다.

인플레이션 기대가 고착화되면서 금융시장에서 나타난 또 하나의 기본적인 흐름은 정부의 경제적 의무라고 믿고 있는 우리의 인식 속에, 그리고 이미 제도화된 법률 안에 깊이 뿌리내려 있다. 대개의 개인 투자자들은 채권을 장기적으로 보유하기에 그리 좋지 않은 투자 대상이라고 생각하고 있다. 지난 몇 년 동안 이어져왔던 금리의 상승은 1956년 가을 결정적인 분기점을 맞았다. 우량 채권의 가격이 25년만의 최저치로 떨어지자 금융시장에서는 사상 최고 수준으로 오른 주식을 팔고 채권과 같이 이자가 확정된 유가증권을 사야 한다는 목소리가 높아졌다. 과거의 두 가지 수익률 차이와 비교할 때 주식의 배당 수익률에 비해 월등히 높아진 채권 수익률은 이 같은 투자 판단의 타당성을 강력히 뒷받침해주었다. 단기적으로 보면 이런 식으로 투자하는 게 더 이익이 될 수도 있을 것이다. 그런 점에서 단기적인 투자 이익을 추구하는 사람들, 즉 그때그때의 시장 흐름에 맞춰 정확한 타이밍을 잡을 수 있는 감이 있는 "트레이더들"에게는 특히 설득력 있게 다가왔을 것이다. 경기 후퇴 국면으로 접어들게 되면 주가는 절대로 오를 수 없는 상황에서도 정부의 금리 인하에 따라 채권 가격은 오를 것이 거의 확실시되기 때문이다. 그래서 우량 채권에 대한 투자는 단기 투기를 하는 사람들에게는 좋을 수 있지만 장기 투자자에게는 좋지 않다는 결론을 내릴 수 있다. 이렇게 이야기하면 많은 사람들이 통상적으로 받아들이는 상식과 완전히 배치되는 것처럼 들릴지도 모르겠다. 그러나 인플레이션이 미치는 영향을 분명히 이해하고 있다면 내가 왜 이런 이야기를 하는지 납득할 수 있을 것이다.

퍼스트 내셔널 시티 뱅크 오브 뉴욕은 1956년 12월에 발표한 보고서

위대한 기업에 투자하라

에서 1946년부터 1956년까지 10년간 세계 각국 통화의 구매력이 얼마나 떨어졌는지 조사한 표를 보여주었다. 이 표에는 16개 주요 서방 국가들이 포함돼 있었는데, 모든 나라의 통화가치가 엄청나게 평가절하돼 있었다. 통화가치 하락폭이 가장 작았던 스위스의 경우 10년 전에 비해 같은 금액으로 85%밖에 구매하지 못했고, 하락폭이 가장 컸던 칠레에서는 구매력이 무려 95%나 떨어졌다. 미국과 캐나다의 경우에도 10년 사이 통화가치가 각각 29%와 35% 하락했다. 이 같은 수치는 미국의 통화가치가 이 기간 중 연평균 3.4%, 캐나다는 4.2%씩 하락했다는 것을 의미한다. 반면 미국 정부가 발행한 국채를 조사 시작 시점의 가격-당시는 금리가 상당히 낮은 편이었다-으로 매수했다면 연평균 수익률은 2.19%에 그쳤다. 이 말은 통화의 실질적인 가치를 고려할 경우 우량 채권을 보유한 투자자들이 실제로는 매년 1%포인트가 넘는 마이너스 이자 수입을 받았다는 이야기다.

그러나 조사 기간의 처음 시점처럼 금리가 매우 낮았을 때 채권을 매수한 것이 아니라 10년 뒤, 즉 조사 기간의 마지막 시점처럼 금리가 높아졌을 때 채권을 매수했다고 가정해보자. 퍼스트 내셔널 시티 뱅크 오브 뉴욕은 같은 보고서에서 이 문제에 대해 언급했다. 조사 기간의 마지막 시점에서 미국 정부가 발행한 국채의 수익률은 3.27%였다. 하지만 그래도 여전히 채권 투자에 따른 실질 수익률은 마이너스가 된다. 이 보고서가 발표되고 6개월이 지난 뒤 금리는 더욱 높아져 3.5%를 웃돌았다. 그렇다면 이때처럼 금리가 25년 만에 가장 높은 수준으로 상승한 시점에 채권을 매수한 투자자는 실질적으로 어느 정도의 수익률을 올릴 수 있을까? 그래도 대다수의 경우 실질 투자 수익률이 여전히 마이너스 상태일 것이다. 더구나 거의 대부분의 채권 투자자는 이자 수입에 대해 최소한 20%의 소득세를 내야하기 때문에 실제 투자 수익률은 더욱 떨어진다. 심지어 소득세가 면제되는 지방채를 금리가 가장 높을 때 매수했다고 해도 지방채는 원래 표면 금리가 낮기 때문에 역시 실질 투자 수익률은 기대할 수 없다.

물론 여기서 설명한 수치는 10년이라는 조사 대상 기간에 국한된 것이다. 그러나 이런 여건은 전세계 어느 나라나 마찬가지며, 따라서 한 나라의 정치적 상황에 따라 바뀌지 않는다. 채권이 과연 장기 투자자에게 매력적인 투자 대상인가의 여부를 고려할 때 정말로 중요한 것은 앞으로 채권 쪽이 더 유리한 여건을 조성할 수 있는가 하는 점이다. 내가 보기에는 인플레이션이 고착화된 현재의 경제 메커니즘을 깊이 연구해보면 정부의 과도한 예산 적자는 통화 공급을 늘려 경제 전반의 유동성을 확대하고, 이는 인플레이션을 자극하는 주요 요인으로 작용할 것이라는 게 분명하다. 제 2차 세계대전 승전과 함께 떠안게 된 엄청난 예산 적자도 이런 토대를 만들었다. 그 결과 전쟁 이전에 확정 금리 채권을 매수했던 투자자들은 실질적인 화폐 가치로 평가하면 투자 원금의 절반 이상을 잃어버렸다.

이미 설명한 것처럼 경제가 침체 국면으로 접어들었을 때 정부가 어떻게 해야 하는지에 대한 현행 법제도는 물론, 이보다 더욱 중요한 일반 국민들의 믿음은 투자자가 선택할 수 있는 방안이 두 가지뿐이라는 사실을 알려준다. 경기가 좋은 상황을 유지한다면 뛰어난 기업의 주식을 보유하는 게 채권을 갖고 있는 것보다 더 나은 수익률을 올려줄 것이다. 또 한 가지 상황은 심각한 불황이 찾아오는 것이다. 경기 침체기에는 일시적으로 채권이 최고의 주식보다도 더 나은 수익률을 올려 줄 수 있다. 하지만 정부가 계속해서 예산 적자를 감수하고 경기 부양 정책을 내놓게 되면 채권 투자자의 실질 구매력은 빠른 속도로 떨어지 게 된다. 경기 불황이 인플레이션을 더욱 가속화할 것은 분명하다; 이 렇게 혼란스러운 시기에 정확한 타이밍을 잡아 채권을 매매한다는 것 은 너무나 어렵고, 따라서 이런 확정 금리 채권은 지금처럼 복잡한 경 제 환경 아래서는 기본적으로 은행이나 보험회사처럼 예금 가입자와 보험 가입자에게 예금과 보험금을 명목 가치로 돌려줘야 할 금융기관 에게나 적합하다. 또 단기적인 목적으로 투자하는 개인에게도 적합할 수 있다. 그러나 장기적인 투자자에게는 채권 투자로 얻는 수익이 장 래의 구매력 하락 가능성을 상쇄하기에 충분하지 않을 것이다.

　다음 장으로 넘어가기 전에 지나간 역사를 통해 배울 수 있는 투자 의 단서와 투자자의 입장에서 볼 때 과거와 현재의 가장 큰 차이점으 로부터 얻을 수 있는 시사점들을 간단히 요약해보는 게 좋을 것 같다. 역사적으로 보면 최고의 수익을 올린 투자자는 행운이 따라 주었든, 혹은 뛰어난 감각을 갖고 있었든 오랜 기간에 걸쳐 매출액과 순이익이 전체 산업 평균보다 훨씬 높게 성장한 소수의 기업들을 찾아낸 사람들 이었다. 더구나 이런 기업을 발굴했다고 믿게 되면 장기적으로 이 종 목을 보유하는 게 더 낫다는 사실도 알려준다. 이런 기업은 반드시 설 립된 지 얼마 안된 작은 기업일 필요는 없다. 오히려 규모와 관계없이 이런 기업에게 중요한 것은 더욱 강력한 성장을 이루어내고자 하는 결 의와 성장 계획을 최종적으로 완성해낼 수 있는 실행 능력을 갖춘 경 영진이다. 이 같은 성장 기업은 또 다양한 자연과학 분야의 연구진을 조직화해 경제적으로 가치 있는 제품을 시장에 내놓고, 생산 라인을 발전시켜나가는 방법을 알고 있다. 이런 기업의 일반적인 특성은 경영진이 광범위한 성장 계획을 갖고 있으면서도 끊임없는 열정을 발휘해 일상적인 회사 업무를 아주 탁월하게 처리해나간다는 점이다. 끝으로 수십 년 전에도 가히 환상적인 투자 기회가 수없이 존재했지만 오늘날에는 그런 기회가 훨씬 더 많을 것이라는 강한 확신을 갖게 된다는 점을 밝혀둔다.

위대한 기업에 투자하라

2

사실 수집을 활용하라

지금까지의 내용은 어떤 투자 대상을 찾을 것인가에 대한 일반적인 설명으로는 어느 정도 도움이 됐을 것이다. 하지만 아주 뛰어난 투자 대상을 발굴하는 데 실질적인 도움을 주는 지침으로는 그다지 큰 도움이 되지 않았을 것이다. 그래도 반드시 찾아내야 하는 투자 대상의 윤곽을 개략적으로나마 그려보는 데 도움이 됐다면 이제 주가가 크게 올라 대단한 평가 차익을 얻게 해줄 위대한 기업을 어떻게 발굴할 것인가에 대해 논의해야 할 차례다.

쉽게 떠오르는 한 가지 방법은 논리적으로는 타당하지만 실제로 적용하기는 매우 어렵다. 기업 조직의 각 부분을 정확하게 파악하고, 기업 경영의 다양한 측면에 정통한 사람을 찾아내는 것이다. 이 사람을 통해 그 회사의 경영진과 생산 및 판매, 연구개발 조직에 대한 소상한 정보는 물론 다른 주요 활동들까지 전부 파악함으로써 이 기업이 정말 뛰어난 성장 잠재력과 발전 가능성이 있는지 여부를 확실하게 판단하는 방법이다.

이런 방법은 언뜻 보기에 그럴 듯 하다. 그러나 안타깝게도 보통의 투자자들이 이런 방식을 제대로 활용할 수 없는 이유는 너무나 많다. 우선 이런 정보를 제공해줄 만한 사람은 최고 경영자 수준의 경력을 가져야 하는데 그 숫자가 너무 적다. 더구나 대부분의 경우 이미 최고 경영자로 일하면서 너무 바쁘고, 급여도 상당히 많이 받는다. 이런 사람들은 시간도 없지만 일반 투자자들에게 소상한 정보를 제공하고 싶어하지도 않는다. 설혹 정보를 제공한다 해도 뛰어난 성장 기업이 자기 조직에 속하지도 않은 외부인이 정확한 투자 판단을 할 수 있도록 필요한 모든 정보를 내놓을지는 의문이다. 또 일부 정보는 현재나 장래의 경쟁자들에게 너무나 결정적인 것이어서, 회사 내에서도 책임이 있는 부서 이외에는 알려주지도 않는다.

그러나 다행히 투자자가 탐색해볼 수 있는 또 다른 길이 있다. 이 방법은 적절하게 활용하기만 한다면 뛰어난 투자 대상을 발굴하는 데 필요한 훌륭한 단서를 제공해 줄 것이다. 이 방법을 한 마디로 표현할 더 이상의 좋은 단어가 없어 나는 "사실 수집(Scuttlebutt)"이라는 표현을 쓰도록 하겠다.

지금부터 자세히 설명하겠지만 대개의 투자자들은 사실 수집이라는 방법을 처음 접하면 십중팔구 이런 반응을 보일 것이다. 사실 수집이 다른 사람들에게는 얼마나 도움이 될지 몰라도 자신은 이 방법을 적용할 기회가 많지 않아 별로 도움이 될 것 같지 않다고 말이다. 물론 대부분의 개인 투자자들이 투자 수익을 극대화하는 데 필요한 충분한 요소를 가진 입장은 아니라는 점을 나는 잘 알고 있다. 하지만 그렇다 하더라도 자신에게 필요한 것이 무엇이며, 왜 필요한지는 철저하게 이해하고 있어야만 한다고 나는 생각한다. 가령 개인 투자자들은 이 방법을 통해서만 자신에게 가장 필요한 최고의 투자 자문가를 구할 수 있다. 어떤 투자 자문가의 실적을 제대로 평가할 수 있는 유일한 방법이기 때문이다. 한걸음 더 나아가 이 방법을 통해 자신이 무엇을 할 수 있으며, 또 어떻게 해서 그런 성과를 얻을 수 있는지 이해하게 되면 자신의 돈을 맡긴 투자 자문가가 이루어놓은 값진 성과를 자신의 더욱 큰 투자 수익으로 만들 수 있다는 데 놀라게 될 것이다.

기업 세계의 "정보망"은 상상을 초월한다. 어떤 기업이 해당 업종의 경쟁업체와 비교했을 때 갖고 있는 강점과 약점은 이 기업과 한두 가지 경로로 관련을 맺고 있는 몇 사람의 대표적인 의견을 서로 대조해보면 정말 놀랍도록 정확하게 파악할 수 있다. 특히 자신의 의견이 노출되는 것을 꺼려하지 않는 대부분의 사람들은 자신이 몸담고 있는 분야의 상황에 대해 말하고 싶어하고, 또 경쟁업체에 대해서도 자유롭게 이야기할 것이다. 가령 한 가지 업종에 속해 있는 다섯 개의 기업을 선정해 각각의 기업 관계자에게 다른 네 회사의 강점과 약점에 대해 적절한 질문을 던져보라. 그러면 열 번 가운데 아홉 번은 다섯 개 기업에 대한 정확하면서도 자세한 그림을 그려낼 수 있을 것이다.

하지만 경쟁업체는 필요한 의견을 구하는 데 단지 하나의 정보원에 불과하고, 또 반드시 최선의 정보원도 아니다. 그 기업이 생산하는 제품의 유통업체와 고객들로부터도 그들이 거래하는 상대방에 대해 놀라운 사실들을 들을 수 있다. 대학교와 공공 연구소, 혹은 경쟁업체에서 일하는 연구원들도 값진 정보를 얻을 수 있는 귀중한 원천이다. 해당 업종의 협회나 조합 간부들도 마찬가지다.

다른 정보원들의 경우에도 그렇지만 특히 협회나 조합 간부들로부터 얻은 정보의 중요성에 대해서는 너무 과도하게 평가하지 말아야 한다. 질문을 하는 투자자는 정보원의 신분이 결코 드러나지 않을 것이라는 점을 분명하게 보여주어야 한다. 그래야만 이 방법을 계속해서 활용할 수 있다. 그렇게 하지 않으면 정보를 구하는 것 자체가 너무 어려워져 잘못된 의견마저도 쉽게 버리지 못하는 경우가 생기게 된다.

위대한 기업을 찾는 투자자에게 큰 도움을 줄 수 있는 또 하나의 정보원이 있다. 이들은 그러나 투자자가 자신의 판단을 내리는 데 제대로 활용하지 못하거나 자신이 들은 사실의 신뢰성에 대해 다른 사람들로부터 수집한 사실과 서로 검증해보는 절차를 거치지 않는다면 도움이 되기보다 오히려 해가 될 수 있다. 과거에 해당 기업에서 일했던 임직원들이다. 이들은 전에 일했던 회사의 강점과 약점에 관해 내부자로서 아주 정확한 의견을 갖고 있다. 더욱 중요한 사실은 이런 견해를 자유롭게 이야기하고자 한다는 점이다. 그러나 이들은 그것이 옳건 그르건 정당한 사유로 스스로 회사를 그만두었다거나, 아니면 말도 되지 않는 이유로 인해 해고됐다고 느낄 수 있다. 따라서 이들이 왜 그 기업을 떠나게 됐는지를 신중하게 조사해보는 것 역시 중요하다. 그래야만 이들의 이야기 속에 들어있을 편견의 정도를 판단하고, 이들이 말한 내용 가운데 무엇을 취하고 무엇을 버려야 할지 결정할 수 있다.

어떤 기업에 대한 사실을 수집하면서 충분한 분야의 정보원을 확보했다면 들은 내용이 반드시 전부 서로 일치해야만 할 필요는 없다. 실제로 그런 일이 일어나기를 바랄 필요도 없다. 진정으로 위대한 기업의 경우에는 거의 대부분의 정보들이 너무나 명백하게 눈에 보인다. 그래서 투자 대상 기업을 찾는 데 어느 정도의 경험을 갖고 있는 투자자라면 이런 기업은 좀 더 관심을 기울여서 다음 단계의 탐색 작업을 밟아야 하겠다고 판단할 수 있을 것이다. 다음 단계는 지금까지의 조사를 통해 그려낸 투자자의 그림 속에 여전히 존재하는 몇 가지 공란들을 채울 수 있도록 그 기업의 간부들과 접촉하는 것이다.

3

어떤 주식을 살 것인가:

투자 대상 기업을 찾는 15가지 포인트

앞으로 몇 년 안에 수백 퍼센트의 투자 수익률을 올릴 수 있거나, 혹은 좀 더 장기적으로 이보다 더 큰 엄청난 주가 상승을 기록할 기업의 주식을 매수하기 위해 투자자들이 반드시 배워야 할 내용은 무엇인가? 다시 말해 주주들에게 이런 놀라운 투자 성과를 얻게 해줄 위대한 기업은 어떤 특성들을 갖고 있어야 하는가?

　나는 투자자들이 꼭 마음속에 새겨두어야 할 15가지 포인트가 있다고 믿는다. 물론 15가지 포인트 가운데 몇 가지 정도를 완전히 충족시키지 못하는 기업이라 하더라도 대단한 투자 수익을 올려줄 수 있다. 하지만 여러 가지를 제대로 충족시키지 못한다면 내가 정의한 "투자할 만한 가치가 있는 기업"에 들어가지 못할 것이다. 15가지 포인트 가운데 일부는 기업의 정책과 관련된 문제들이다; 다른 것들은 이런 정책이 얼마나 효율적으로 수행되고 있는가에 관한 것이다. 또 조사

　　　　　　　　　　　　　　위대한 기업에 투자하라

대상 기업의 외부에 있는 정보원으로부터 수집한 사실들에 기초해 결정을 내려야 하는 것들도 있고, 그 기업의 내부 인사로부터 직접 답을 구하는 게 가장 좋은 것들도 있다. 15가지 포인트는 다음과 같다:

포인트 1. 적어도 향후 몇 년간 매출액이 상당히 늘어날 수 있는 충분한 시장 잠재력을 가진 제품이나 서비스를 갖고 있는가?

전체 매출액의 추이가 정체돼 있거나 감소하고 있더라도 갑자기 그 기업의 순이익이 일시적으로 호전되는 것은 불가능한 일이 아니다. 원가 관리를 개선해 영업 비용을 줄이게 되면 단기적으로 순이익이 증가하는 효과가 나타나고, 이에 따라 그 기업의 주가가 상승할 수 있다. 투기를 목적으로 하거나 단기적인 시세차익을 노리는 투자자들은 이같은 일시적인 실적 호전 기업을 열심히 뒤진다. 그러나 정말로 최고의 투자 수익을 얻고자 하는 투자자에게 이런 기업은 결코 좋은 기회를 제공할 수 없다.

상당히 큰 폭의 순이익 증가가 나타나는 또 다른 상황도 있다. 이런 경우는 매출액 성장이 멈춘 뒤 갑자기 상황이 바뀌어 한두 해 정도 매출액이 크게 증가할 때 나타난다. 라디오를 만들던 제조업체들이 텔레비전의 상품화에 따라 매출액이 급증한 경우가 대표적인 사례다. 이들 업체의 매출액 증가는 몇 년 동안이나 이어졌다. 이제는 전기가 들어가는 미국 가정의 거의 대부분이 텔레비전을 갖고 있고, 매출액은 다시 정체되고 있다. 이들 기업의 경우 주가 상승 초기에 주식을 매수한 투자자들만이 큰 투자 수익을 올릴 수 있었다. 매출액이 다시 정체

흐름을 보이면서 이들 기업의 주식 역시 매력을 잃었다.

아무리 뛰어난 성장 기업이라 해도 반드시 해마다 매출액이 전년도보다 늘어나기를 기대할 수는 없다. 신상품이나 신기술을 개발하기 위한 연구개발은 대개 매우 복잡하고, 신상품의 마케팅에도 해결해야 할 문제가 많기 때문에 매출액 증가는 매년 점진적으로 늘어나기 보다는 불규칙적으로 들쭉날쭉하면서 증가하게 된다. 그 이유는 다음 장에서 설명할 것이다. 예측할 수 없는 경기 변동 사이클도 연도별 매출액 비교를 어렵게 하는 주요인이다. 그런 점에서 매출액 성장률은 한 해 단위로 끊어서 판단해서는 안되며, 여러 해를 하나의 단위로 묶어서 분석해야 한다. 향후 몇 년간 뿐만 아니라 그 이상의 상당한 기간 동안 평균적인 기업의 성장률보다 훨씬 더 높은 성장률을 기록할 것이 확실한 기업이 눈에 띌 것이다.

지난 수십 년 동안 이처럼 폭발적인 성장률을 계속해서 보여준 기업들은 두 가지 그룹으로 나눌 수 있다. 적절한 표현을 찾을 수 없어 나는 한 그룹은 "운이 좋으면서도 능력이 있는" 기업으로, 또 한 그룹은 "능력이 있기 때문에 운이 좋은" 기업으로 부르도록 하겠다. 탁월한 기업 경영 능력은 두 그룹 모두에게 필수적이다. 어떤 기업도 단순히 운만 좋아서는 오랜 기간 동안 꾸준히 성장하지 못한다. 반드시 뛰어난 비즈니스 기술을 갖고 있어야 하고, 또 계속 유지해야만 한다. 그렇지 않으면 그 기업은 운이 좋았다 하더라도 이를 기업 자산으로 연결하지 못하고, 경쟁력 있는 지위를 다른 업체들에게 빼앗겨버리고 말 것이다.

"운이 좋으면서도 능력이 있는" 기업의 대표적인 예가 알코아다. 이 회사의 초창기 창업자들은 원대한 비전을 가진 인물이었다. 이들은 자신들이 만들어낸 신제품이 상업적으로 중요하게 쓰일 것이라고 내다보았다. 하지만 당시는 이들을 포함한 누구도 알루미늄 제품 시장의 규모가 그 뒤 75년간이나 계속해서 성장할 것이라고 예상하지 못했다. 기술의 발전과 경제 규모의 확대는 누구도 예상하지 못한 알코아의 성장 동력이 되어주었다. 알코아는 이 같은 흐름을 더욱 유리하게 활용할 줄 아는 높은 수준의 기술력을 가졌고, 또 계속해서 보여주었다. 그러나 항공 운송업이 폭발적으로 성장하면서 알코아에게 새로운 무궁무진한 시장을 가져다 주지 않았다면 이 회사는 그래도 성장하기는 했겠지만 그 속도는 훨씬 느렸을 것이다.

알코아는 초창기 창업자들이 가졌던 비전보다 더욱 매력적인 기업으로 성장한 아주 운이 좋았던 기업이다. 이 회사의 설립 초기부터 주식을 계속 보유했던 주주들이 얻은 부는 이미 인구에 회자되고 있다. 그러나 비교적 최근에 이 회사 주식을 매수한 투자자들이 얼마나 많은 수익을 올렸는지에 대해서는 별로 관심을 두지 않는 것 같다. 내가 이 책의 초판을 쓰고 있을 무렵 알코아의 주가는 1956년에 기록했던 사상 최고가에 비해 40% 가까이 하락한 상태였다. 하지만 이렇게 "낮은" 주가도 불과 10년 전인 1947년에 매수했다면 지불했을 가격, 즉 그 해의 평균 주가-사상 최저가가 아니다-에 비해 무려 500%나 높았다.

이제 내가 "능력이 있기 때문에 운이 좋은" 기업이라고 이름 붙인 또 다른 성장주 그룹의 대표적인 기업 듀폰을 예로 들어보자. 듀폰이라고 하면 나일론, 셀로판, 루사이트, 올론과 같이 대중들의 뇌리에 깊이 새겨져 있는 획기적인 신제품들을 처음으로 생산했고, 그래서 투자자들에게 엄청난 투자 수익을 안겨준 기업이라고 생각되지만, 이 회사는 처음부터 이런 초일류 제품만을 생산했던 게 아니다. 듀폰은 오랫동안 폭약을 제조해왔다. 그래서 전쟁이 없는 평시에는 광산업 경기에 따라 회사의 매출액이 좌우됐다. 그러다가 도로 건설 사업이 늘어나면서 새로운 매출이 추가됐고, 덕분에 매출액도 좀 더 증가할 수 있었다. 그러나 이 정도의 매출은 지금 이 회사의 사업 규모와 비교하면 그야말로 아무것도 아니다. 듀폰은 탁월한 기술적 능력과 뛰어난 사업 전략, 안정적인 재무구조 등을 바탕으로 현재 20억 달러 이상의 연간 매출액을 기록하는 회사로 성장했다. 원래의 폭약 제조 사업에서 터득한 기술과 지식을 활용해 이 회사는 성공적인 신제품을 잇달아 내놓았고, 미국 최고의 기업 성공 신화를 일궈냈다.

주식 투자를 처음 시작한 초보자라면 화학 업종의 기업들을 언뜻 보고는 이렇게 생각할지도 모르겠다. 영업력이나 재무구조 같은 여러 면에서 가장 높은 투자 등급을 받고 있는 기업들은 하나같이 화학 제품 가운데서도 성장성이 가장 뛰어난 매력적인 제품들을 생산하고 있는 기업들이라고 말이다. 이런 투자자는 인과관계를 혼동하고 있는 것이다. 마치 세상 물정에 어두운 젊은 처녀가 유럽 여행을 처음 다녀온 뒤 대도시의 중심부마다 하나같이 드넓은 강물이 흐르고 있더라고 친구에게 말하는 것이나 마찬가지다. 듀폰이나 다우 케미칼, 유니온 카바이드 같은 기업들의 역사를 연구해보면 적어도 매출액 성장성 면에서 이 회사들이 어떻게 "능력이 있기 때문에 운이 좋은" 기업이 될 수 있었는지 분명히 알 수 있다.

"능력이 있기 때문에 운이 좋은" 기업 가운데 가장 눈에 띄는 사례로는 제네럴 아메리칸 트렌스포테이션을 들 수 있다. 이 회사가 설립된 50여 년 전까지만 해도 철도 장비 산업은 성장 전망이 무척 밝은 분야였다. 하지만 최근에 들어와서는 어떤 산업보다도 성장성이 떨어지는 분야가 됐다. 철도 장비 산업의 전망 악화로 인해 화차 제조업체로서의 매력이 떨어지는 동안에도 이 회사의 최고 경영진은 돋보이는 사업 수완과 뛰어난 감각으로 꾸준한 매출액 성장세를 이어왔다. 더구나 이 회사의 최고 경영진은 여기에 만족하지 않고 철도 장비 산업에서 터득한 기술과 지식을 십분 활용해 사업 다각화에 나섰고, 더 높은 성장 가능성을 열어놓았다.

　향후 몇 년 동안 매출액이 급증할 것으로 보이는 기업은 "운이 좋으면서도 능력이 있는" 그룹에 속하든, 혹은 "능력이 있기 때문에 운이 좋은" 그룹에 속하든 모두 투자자에게 황금알을 낳는 거위가 될 수 있다. 그렇지만 제네럴 아메리칸 트렌스포테이션의 사례가 극명하게 보여주듯이 한 가지 명심해야 할 것이 있다. 어떤 경우든 현재는 물론 앞으로도 기업 경영진은 최고의 능력을 계속해서 발휘해야만 한다는 점이다; 그렇지 않으면 매출액 성장세는 지속될 수 없다.

　어떤 기업의 장기적인 매출액 추이를 정확하게 전망하는 것은 투자자에게 너무나 중요하다. 섣부른 전망은 그릇된 투자 결정으로 이어질 수 있다. 가령 앞에서도 언급했듯이 라디오와 텔레비전을 생산하는 기업은 미국의 거의 모든 가정이 텔레비전을 보유하게 되면서 장기적인 성장 가능성은 더 이상 가질 수 없게 됐지만, 이런 회사의 주가는 아직도 큰 폭의 상승 요인을 갖고 있다. 최근 들어 일부 라디오-텔레비전 제조업체들은 새로운 흐름을 만들어가고 있다. 자신들이 보유하고 있는 전자 기술을 활용해 통신 장비나 자동화 설비와 같은 다른 전자 산업 분야에서 새로운 시장을 창출해내고 있는 것이다. 군사용 전자 장비를 포함한 이런 새로운 시장은 향후 상당한 기간 동안 꾸준히 성장할 것이 확실하다. 이 가운데 일부 회사들은 이미 기존의 텔레비전 시장보다 더욱 중요해진 새로운 시장으로 진출했는데, 모토로라가 대표적인 경우다. 더구나 빠르게 이뤄지고 있는 기술적 발전에 힘입어 과거 L자형의 벽걸이 전화기가 가정에서 사라진 것처럼 1960년대 초에는 지금과 같은 텔레비전 모델도 유행에 밀려 없어질 것이다.

컬러 텔레비전과 같이 발전 가능성이 큰 시장조차 일반 투자자들은 과도할 정도로 무시하고 있다. 트랜지스터와 집적 회로 분야의 개발 역시 또 다른 성장 잠재력으로 곧장 연결될 수 있다. 이런 부품을 사용하게 되면 지금 가정에서 쓰고 있는 캐비닛 스타일의 덩치 큰 텔레비전 수상기와는 크기는 물론 모양도 완전히 다른 스크린 타입의 새로운 텔레비전 세트를 만들 수 있다. 그렇게 되면 진공관을 사용한 요즘 텔레비전은 과거의 유물로 전락하게 될 것이다. 이런 발전이 상업적으로 성공할 만큼 대중들의 관심을 모으게 된다면 현재의 텔레비전 제조업체 가운데 기술적으로 가장 뛰어난 기업 몇 군데는 얼마 전까지 전혀 예상하지 못했던, 폭발적이면서도 지속적인 매출액 성장세를 구가할 수 있을 것이다. 이들 기업은 여기에 덧붙여 군사용 전자 장비 산업과 같이 꾸준히 성장하는 분야의 매출액 증가 혜택도 함께 누리게 될 것이다. 이런 기업은 매출액이 계속해서 큰 폭으로 증가하게 될 것이고, 그런 점에서 최고의 투자 수익률을 기대하는 투자자라면 반드시 검증해야 할 첫 번째 기준을 통과하게 될 것이다.

　내가 이 같은 사례를 든 이유는 반드시 그런 일이 벌어질 것이라고 단정짓기 위해서가 아니라 그렇게 되기가 쉽다는 점을 이야기하고자 한 것이다. 어떤 기업의 장래 매출액 추이와 관련해서 꼭 명심해두어야 할 것이 한 가지 있다. 그 회사의 경영진이 아주 탁월하며, 또 기술적인 변화와 연구개발이 활발히 이루어지는 업종에 속해있는 기업이라 하더라도 빈틈없는 투자자라면 맨 처음에 이 기업의 주식을 뛰어난 투자 대상으로 선정했을 때 고려했던 첫 번째 사항인 매출액 성장률이 당초 예측치와 부합할 수 있도록 최고 경영진이 회사 업무를 잘 처리하고 있는지 늘 예의주시 해야만 한다.

　내가 이 책의 초판에서 이런 설명을 한 뒤에 모토로라에서 어떤 일이 벌어졌는지 지적해두는 게 좋을 것 같다. "어떤 일이 벌어질 것이 확실하다"거나 "벌어질 수도 있다"는 게 아니라 "실제로 벌어진" 일에 관한 이야기다. 1960년대가 아직 시작되지 않았지만 이제 내가 앞에서 언급했던 새로운 텔레비전 모델의 개발 가능성이 한층 높아졌고, 따라서 1950년대의 모델들이 사라질 날도 얼마 남지 않았다. 물론 현재까지는 이런 일이 일어나지 않았고, 내일 당장 그렇게 될 리도 없다. 하지만 이런 시점에서도 늘 앞날을 준비하는 기업 경영진은 바로 내가 최고의 투자 대상이 지녀야 할 첫 번째 덕목이라고 지적한 매출액 성장률을 계속 높은 수준으로 유지하기 위해 기술 변화의 이점을 어떻게 활용하는지 살펴볼 필요가 있다.

　모토로라는 양방향 전자 통신장비 시장에서 독보적인 선두 주자로 부상했다. 양방향 전자 통신장비는 처음에 경찰과 택시 회사용으로 수요가 한정됐으나 이제는 무궁무진한 시장 확대가 예상되고 있다. 트럭 회사와 온갖 종류의 배달 용역 업체, 대형 건설 회사, 송유관 회사, 전력 및 수도 회사 등 헤아릴 수 없이 많은 수요처에서 이제 겨우 초기 단계의 통신장비를 사용하고 있다. 더구나 모토로라는 몇 년 동안 막대한 자금을 투자한 끝에 흑자 기조의 반도체 생산부문을 새로 만들었고, 폭발적으로 성장할 반도체 시장에서 강력한 시장 점유율을 차지할 것으로 보인다. 또 스테레오 음향기기 시장에도 새로 진출했고, 이 분야에서의 매출액 역시 빠르게 증가하는 추세다. 그런가 하면 전국적인 지명도를 갖고 있는 가구 제조업체와 제휴해 고가의 고급 텔레비전 수상기 판매량을 획기적으로 늘려나가고 있다. 마지막으로 최근에는 중소기업 몇 곳을 인수해 보청기 사업에도 뛰어들었으며, 반도체를 활용할 수 있는 신제품을 꾸준히 개발하고 있다. 간단히 말해 1960년대에는 라디오와 텔레비전을 생산하는 기존 업체들에게 꽤 의미 있는 충격이 가해지겠지만 현재까지는 이런 일이 벌어지지 않고 있고, 또 빠른 시일 안에 이루어지지도 않을 것이다. 그러나 기업 경영진은 조직 내부의 기술과 자원을 최대한 활용해 회사가 성장할 수 있도록 만들어 나가야 한다. 그렇게 하게 되면 주식시장은 어떻게 반응할까? 내가 초판의 원고를 마무리 지었을 무렵 모토로라의 주가는 45.50달러였다. 오늘 이 회사의 주가는 122달러를 기록했다.

늘 긴장한 자세로 이런 기회를 찾는 투자자는 과연 얼마나 높은 투자 수익을 올릴 수 있을까? 지금까지 설명한 텔레비전 산업에서 벌어졌던 실제 사례를 갖고 이야기해보자. 1947년의 일이다. 월 스트리트에서 활동하는 내 친구 한 명이 당시 막 발아하는 단계에 있던 텔레비

위대한 기업에 투자하라

전 업계를 점검했다. 이 친구가 1년 가까이 조사한 결과 텔레비전 산업에는 10개 정도의 메이저 업체가 있는 것으로 파악됐다. 그는 텔레비전 시장의 경쟁이 매우 치열해질 것이며, 따라서 선두 자리를 놓고 업체간의 순위 다툼이 치열하게 벌어질 것이고, 일부 기업의 주식은 매우 투기적인 흐름을 보일 것이라는 결론을 내렸다. 그런데 이런 조사를 하는 과정에서 텔레비전용 브라운관을 만드는 데 필요한 유리 벌브가 크게 부족하다는 사실을 발견했다. 이 분야에서 최고로 손꼽히는 기업은 코닝 글라스 웍스였다. 이 회사의 기술력과 연구개발 수준을 좀 더 자세히 살펴본 결과 코닝 글라스 웍스야말로 텔레비전용 유리 벌브를 생산하는 데 딱 맞는 기업이었다. 잠재적인 시장 수요를 예측해보니 이 회사에게는 획기적인 새로운 사업 원천이 될 것으로 보였다. 물론 이 회사의 다른 제품 분야도 전반적으로 전망이 밝았기 때문에 애널리스트였던 내 친구는 개인 및 기관 투자가들에게 이 종목을 추천했다. 당시 코닝 글라스 웍스의 주가는 20달러 정도였다. 10년 뒤 이 회사의 주가는 그 사이 1주를 2.5주로 주식 분할했음에도 불구하고 100달러를 웃돌았다. 주식 분할 전의 주가로 환산하면 250달러를 넘어선 셈이다.

포인트 2. 최고 경영진은 현재의 매력적인 성장 잠재력을 가진 제품 생산라인이 더 이상 확대되기 어려워졌을 때에도 회사의 전체 매출액을 추가로 늘릴 수 있는 신제품이나 신기술을 개발하고자 하는 결의를 갖고 있는가?

현재 생산하고 있는 제품의 수요는 계속 늘어나 앞으로 몇 년간의 성장 전망은 매우 좋지만 이 제품을 넘어서는 새로운 제품의 개발 계획이나 정책이 수립되어 있지 않다면 이런 회사의 순이익은 반짝 급증하는 정도에 그칠 것이다. 이런 기업은 주식시장에서 성공을 거두는 가장 확실한 길인 10~25년간에 걸친 꾸준한 주가 상승을 기대하기 어렵다. 과학적인 연구개발 능력과 기술력이 고려되어야 하는 것은 바로 이 때문이다. 그래야만 기업은 기존의 제품을 더욱 개선하고 신제품을 개발할 수 있다. 단 하나의 성장 동력에 만족하지 않는 최고 경영진은 일련의 계속적인 성장 동력이 있어야만 기업이 성장할 수 있다는 사실을 잘 알고 있다.

투자자들이 최고의 투자 수익을 얻을 수 있는 기업이란 대개 이미 사업을 벌이고 있는 제품과 연관을 갖고 있는 분야에 회사의 기술력과 연구개발 능력을 충분히 쏟고 있는 회사다. 그렇다고 해서 너무 많은 사업 부문을 갖고 있거나, 전혀 연관성 없는 제품들을 생산하는 기업은 피해야 한다는 말이 아니다. 기존의 제품과는 전혀 관련 없는 수많은 신제품을 만들어내는 기업은 제품 개발에 성공한다 해도 현재의 사업 활동과 연관 없는 여러 시장으로 뛰어들어야 한다. 그보다는 마치 하나의 나무 줄기에서 여러 개의 가지가 자라나듯이 회사의 핵심적인 연구개발 역량을 중심으로 각각의 사업 부문이 뻗어나가도록 하는 기업이 더 낫다는 말이다.

포인트 2를 언뜻 보면 포인트 1을 새삼 다시 반복한 것처럼 느껴질 것이다. 그렇지 않다. 포인트 1은 사실에 관한 문제로, 기업이 현재 생산하고 있는 제품의 잠재적인 성장 가능성에 주목하라는 것이다. 포인트 2는 최고 경영진이 갖고 있는 자세의 문제다. 언젠가는 현재의 시장 잠재력이 소진하게 될 것이고, 기존의 제품 시장은 그 수준까지만 성장하게 될 것이다. 따라서 가까운 장래에 더 큰 시장을 가진 신제품을 개발해야 성장을 계속할 수 있다는 점을 최고 경영진이 인식하고 있는가 하는 것이다. 최고의 투자 성과를 얻기 위해서는 포인트 1에서도 훌륭한 점수를 받고, 동시에 포인트 2가 요구하는 자세를 확실히 갖추고 있는 기업이라야 한다.

포인트 3. 기업의 연구개발 노력은 회사 규모를 감안할 때 얼마나 생산적인가?

주식시장에 상장돼 있는 수많은 기업들의 경우 매년 어느 정도의 금액을 연구개발 분야에 지출하고 있는지 어렵지 않게 파악할 수 있다. 또 이들 기업은 연간 매출액도 함께 발표하므로 연구개발 투자액을 전체 매출액으로 나누기만 하면 이 회사가 매출액의 몇 퍼센트를 연구개발 분야에 쓰고 있는지 쉽게 알 수 있다. 전문적인 투자 분석가들은 이렇게 계산한 연구개발 투자 비율을 같은 업종 내의 다른 기업들과 비교하기를 좋아한다. 때로는 업종 평균과 비교하기도 하고, 유사 업종의 다른 기업들까지 포함해서 비교하기도 한다. 이렇게 해서 그 기업의 연구개발 노력이 경쟁업체들과 비교할 때 얼마나 비중이 있는지, 또 투자하고자 하는 기업의 1주 당 연구개발비가 어느 정도인지 판단하게 된다.

이 수치를 통해 어떤 기업의 연구개발 투자가 다른 업체들이 도저히 따라올 수 없을 정도로 많다는 사실을 확인할 수 있다. 하지만 좀 더 자세히 살펴보지 않으면 자칫 잘못된 판단을 내릴 수 있다. 기업들마다 연구개발 비용에 포함시키거나 포함시키지 않는 기준이 매우 다양하다는 점이 한 가지 이유다. 대부분의 기업에서는 연구개발 비용으로 간주하지 않는 기술료를 어떤 기업은 연구개발 비용으로 계상할 수 있다. 가령 특별 주문용으로 제품을 별도 가공하는 데 투입된 비용은 판촉비에 가깝지만 이를 연구개발 비용에 포함시키는 기업도 있다. 이와는 반대로 어떤 기업은 새로운 제품의 연구개발이 아니라 시제품 생산을 위한 시험 공장 건설 비용은 그냥 일반 관리비로 계상하기도 한다. 시험 공장 건설 비용은 신제품을 만드는 데 필요한 노하우를 얻기 위한 것이므로 대부분의 전문가들은 아마 이런 비용을 순수한 연구개발 비용이라고 생각할 것이다. 만약 모든 기업들이 동일한 회계 기준에 따라 연구개발비를 계상하고 발표한다면, 증권가에서 입에 자주 오르내리는 유명 기업들의 연구개발 비용은 지금과 상당히 달라질 것이다.

연구개발 비용은 어느 기업에게는 그냥 비용으로 끝나고 말고, 다른 기업에게는 상당한 이익으로 귀결되기도 한다. 그런 점에서 연구개발 비용의 기업별 편차는 어떤 기업 활동 분야보다도 클 것이다. 심지어 경영 성과가 가장 뛰어난 기업들 가운데서도 그냥 비용 처리되고 마는 연구개발비와 이익을 내는 연구개발비 투자의 비율이 두 배나 차이 나기도 한다. 다시 말해 경영 실적이 우수한 기업들 중에도 일부는 연구개발비 1달러 당 벌어들이는 궁극적인 이익 규모가 다른 기업의 두 배에 이른다는 말이다. 만약 경영 성과가 평균적인 수준의 기업들까지

위대한 기업에 투자하라

포함한다면 연구개발비의 이익 기여도 편차는 더욱 벌어질 것이다. 기업별로 이렇게 큰 편차를 보이는 이유는 신제품이나 신기술의 획기적인 진보가 이제 더 이상 한 명의 천재에 의해 이루어지지 않기 때문이다. 이 같은 진보는 고도의 훈련을 받고, 각자 저마다의 전문성을 가진 팀에 의해 만들어진다. 팀원 가운데는 화학자와 물리학자, 금속학자, 수학자 등이 포함될 수 있을 것이다. 각각의 전문가들이 갖고 있는 기술 수준은 뛰어난 연구개발 성과를 낳는 데 필요한 일부분일 뿐이다. 다양한 전공 분야에서 공부한 이들이 협력해서 하나의 공통된 목표를 향해 일할 수 있도록 이끌어가는 리더도 필요하다. 그런 점에서 한 회사의 연구개발 직원이 몇 명이나 되고, 얼마나 대단한 능력을 가졌는가 보다는 이들이 하나의 팀으로서 얼마나 생산적으로 협력하는가의 여부가 더 중요할 수 있다.

다양한 분야의 전문 기술을 가진 연구개발 부서의 구성원들을 하나의 팀으로 긴밀히 협력해서 일할 수 있도록 만들고, 또 이들이 최고의 생산성을 발휘해 최적의 연구 개발 성과를 도출해낼 수 있도록 하는 것은 단순히 경영진의 능력에 의해 좌우되지 않는다. 각각의 개발 프로젝트에 투입된 연구개발 인력간에 구체적이며 상세한 협력 관계가 유지되고, 생산 및 판매와 관련된 문제까지 철저하게 고려하는 것 역시 중요하다. 연구개발 부서와 생산 및 판매 부서 간의 긴밀한 협력 관계를 조성하는 것은 경영진에게 결코 간단한 일이 아니다. 하지만 이렇게 하지 않으면 최종적으로 만들어진 신제품의 생산 단가를 최대한 낮추지 못할 수 있고, 싸게 생산했다 하더라도 최대의 판매 목표를 달성하지 못할 수 있다. 이렇게 개발된 신제품은 보다 생산적인 경쟁업체의 제품에 비해 취약하게 된다.

연구개발 비용이 최대의 생산적인 성과를 낳기 위해 꼭 필요한 또 하나의 협력 과제가 있다. 최고 경영진의 협력이 그것이다. 상업적인 연구개발이 기본적으로 무엇을 의미하는지 최고 경영진이 충분히 이해해야 한다는 말이다. 연구개발 프로젝트는 경기가 좋다고 해서 무조건 확장한다거나, 소기의 목적을 달성할 수 있을 만큼 연구개발비를 제대로 투입하지도 않고서 단지 경기가 좋지 않다는 이유만으로 비용을 대폭 삭감해서는 안된다. 일부 최고 경영자들은 "목표를 초과 달성하는" 연구개발 프로젝트를 상당히 선호하는데, 이런 프로젝트는 때로는 필요할 수 있지만 너무 큰 비용을 초래하는 경우가 많다. 목표를 초과 달성하는 프로젝트를 너무 중시하다 보면 연구개발 부서의 중요한 인력이 지금까지 진행하고 있던 프로젝트를 갑자기 중단시키고 새로운 프로젝트를 지원하도록 한다. 당장은 이런 프로젝트가 엄청나게 중요해 보일 수 있지만 대개는 그런 갑작스러운 변동을 초래할 만큼 귀중한 것은 아니다. 상업적인 연구개발에서는 투입된 비용보다 몇배 더 많은 보상이 약속될 때 비로소 성공했다고 말할 수 있다. 그러나 일단 프로젝트가 시작되면 이미 배정된 예산 외에도 이런 프로젝트를 더욱 가속화하거나 혹은 아예 프로젝트를 없애버리는 다양한 외부 요인이 발생할 수 있기 때문에 연구개발을 통해 얻을 수 있는 이익에 비해 전체 비용은 어떤 식으로든 늘어나게 된다.

일부 최고 경영자는 이런 점을 이해하지 않으려 한다. 한번은 이와 유사한 경우를 보고 놀란 적이 있다. 작지만 아주 잘 나가는 전자 기업의 최고 경영자들이 같은 업종에서 경쟁하는 한 대기업을 전혀 두렵게

위대한 기업에 투자하라

생각하지 않는다는 것이다. 경쟁 제품을 생산하며 규모도 훨씬 더 큰 거대 기업의 역량을 이처럼 무서워하지 않는 이유는 단순히 이 대기업에서 일하는 연구개발진의 능력이 모자라서도 아니었고, 막대한 연구개발비를 투자하는 이 대기업이 일궈낼 성과물을 전혀 예상하지 못해서도 아니었다. 오히려 이 대기업이 그동안 정상적인 연구개발 프로젝트를 자주 중단시키고, 최고 경영자가 설정한 단기적인 목표를 하루빨리 얻기 위해 "목표를 초과 달성하는" 프로젝트로 방향을 전환한 전례들이 많았기 때문이다. 몇 해 전에는 이와 비슷한 이야기를 다른 곳에서 듣기도 했다. 기술 분야에서 일류 수준의 한 대학교에서 바깥으로는 알리고 싶어하지 않았지만 내부적으로 졸업생들에게 특정 정유회사에 들어가지 말도록 권하고 있었다. 이 회사는 통상 5년 정도 걸리는 프로젝트를 진행할 고급 기술 인력을 고용해왔다. 그런데 3년쯤 지나서 최고 경영자가 이런 프로젝트에 대한 흥미를 잃어버리면 프로젝트를 중단시켜버렸다. 그렇게 해서 회사의 비용만 낭비하는 것이 아니라 연구개발 인력이 그 프로젝트를 끝까지 수행했더라면 얻을 수 있었던 기술적인 명성마저 날려버리게 만들었다.

투자자가 기업의 연구개발 분야를 적절하게 평가하는 과정에서 겪는 또 하나의 복잡한 문제는 군사장비 납품 계약과 관련된 거액의 연구개발비를 어떻게 평가하느냐 하는 데서 찾을 수 있다. 이런 연구개발비는 거의 대부분 그 기업의 비용으로 계상되는 것이 아니라 군사장비를 발주한 정부의 비용으로 처리된다. 방위 산업 분야의 하청 업체들도 그들이 납품하는 업체의 비용으로 연구개발비를 처리한다. 그렇다면 투자자의 입장에서 이런 연구개발비를 기업의 자체 비용으로 계상하는 연구개발비만큼 중요하게 인식해야 할까? 만약 그렇지 않다면 이런 연구개발비의 가치 평가는 어떻게 해야 할까? 투자 분야의 다른 수많은 문제들과 마찬가지로 이런 문제 역시 수학적인 공식처럼 일률적으로 답할 수 없다. 각각의 사안마다 다르기 때문이다.

군사장비 납품 계약의 이익률은 민간 사업보다 적은 게 일반적이고, 신무기의 경우에는 원래 정부가 미리 정한 입찰 방식에 따라 수주가 이뤄져 경쟁이 매우 치열하다. 따라서 민간 기업이 연구개발 비용을 직접 투자해 필요한 특허권과 영업권을 따낼 수 있는 제품을 정부의 지원을 받아 개발했다 하더라도 꾸준히 반복적인 매출을 일으키기가 불가능한 경우가 종종 있다. 이런 이유로 인해 정부가 지원하는 연구개발 프로젝트는 각각의 사안이 가져다 주는 이익 규모는 같다고 할지라도 실제로 투자자의 입장에서는 경제적 가치의 편차가 상당히 차이가 날 수 있다. 다음에 설명하는 사례들은 이 같은 세 가지 프로젝트가 투자자에게 얼마나 상이한 가치를 가지는지를 이론적으로 잘 보여줄 것이다:

하나는 아주 대단한 신무기를 개발하는 것이지만 비군사적인 용도는 전혀 없는 프로젝트다. 이 신무기에 대한 모든 권리는 정부에 귀속되고, 일단 발명이 마무리되면 제조 과정은 매우 단순하기 때문에 연구개발을 수행한 회사라 하더라도 신무기의 수주 입찰에서 유리할 게 없다. 이런 연구개발 활동은 투자자에게 사실상 아무런 가치도 없다.

또 하나는 앞의 경우와 똑같이 신무기를 개발하는 것이지만 제조 기술이 상당히 복잡해 연구개발 단계부터 참여하지 않은 업체는 신무기를 만드는 데 큰 어려움이 따르는 프로젝트다. 이런 연구개발 프로젝트는 정부 발주 사업이므로 비록 이익률이 높지는 않겠지만 계속적인 사업이 확실시된다는 점에서 투자자에게 어느 정도의 가치는 있다.

　마지막으로는 이런 신무기를 개발하면서 터득한 신기술과 원리를 기존의 상업적인 생산라인에 직접 적용함으로써 매우 높은 이익률을 올릴 수 있는 프로젝트다. 이런 연구개발 프로젝트는 투자자에게 엄청난 가치를 지닌다. 최근에 정말 놀라운 성공 드라마를 연출했던 기업들 가운데도 이런 회사가 있다. 이들은 회사의 역량을 집중해 고도의 기술이 요구되는 방위 산업의 일거리를 찾는 데 성공했다. 덕분에 정부가 비용을 지원한 연구개발 프로젝트를 수행하는 과정에서 터득한 노하우를 무기 제조와는 전혀 무관한 상업적 생산 활동에 합법적으로 적용함으로써 높은 이익률을 올렸다. 물론 국방 당국이 절실히 필요로 하는 연구개발 성과도 제공했다. 하지만 동시에 이런 기업들은 거의 비용을 들이지 않고도 비군사적인 연구개발 성과를 얻어냈다. 만약 정부 지원을 받지 않았다면 자체 비용으로 천문학적인 금액을 지출해야만 했을 것이다. 바로 이런 점이 텍사스 인스트루먼츠의 주식을 매수한 투자자들이 엄청난 투자 성공을 거둘 수 있었던 한 요인이었을 것이다. 텍사스 인스트루먼츠는 1953년 뉴욕증권거래소에 처음 상장됐을 때 5.25달러에 거래됐으나 불과 4년 만에 500% 가까이 상승했다; 마찬가지로 같은 해에 상장된 암펙스의 주식을 산 투자자들도 이 기간 동안 700%가 넘는 투자 수익률을 올릴 수 있었다.

　기업의 연구개발 조직이 지니고 있는 상대적인 투자 가치를 평가하는 데 반드시 고려해야 할 마지막 요소를 지적해야겠다. 이것은 연구개발의 범주에 통상 포함되지 않는 것으로 마켓 리서치 분야에 관한 것이다. 연구개발과는 관계 없는 듯이 보이는 마켓 리서치는 연구개발과 판매 간의 가교(架橋) 역할을 한다. 최고 경영자가 반드시 주의를 기울여야 할 것은 화려한 신제품이나 신기술을 개발하는 데 거액을 투자해 막상 성공을 거두었다 하더라도 실제로 새로 창출된 시장 규모가 너무 작아 이익으로 연결되지 않는 경우를 막아야 한다는 점이다. 시장 규모가 너무 작아 이익으로 연결되지 않는다는 말은 연구개발비를 회수할 수 있을 정도로 매출액이 충분히 크지 않다는 것이다. 투자자에게는 그만큼 수익성이 떨어진다는 이야기다. 마켓 리서치 조직은 기업이 중요한 연구개발 사업으로 추진한 프로젝트가 기술적으로 성공하더라도 투자 비용을 회수하기 힘들 경우 이를 훨씬 더 큰 시장을 창출할 수 있는 프로젝트로 연결해 가령 투자액의 3배를 회수할 수 있도록 해준다. 따라서 이런 기업의 연구개발 능력을 보고 투자한 주주들에게 몇 배의 가치를 늘려줄 수 있는 셈이다.

연간 연구개발비 지출액이나 과학 분야의 박사학위 소지자가 얼마나 되는가와 같은 계량적 지표는 어떤 기업이 정말로 뛰어난 연구개발 조직을 갖추고 있느냐에 대한 개략적인 그림만 제공할 뿐이지 결코 최종적인 답이 될 수 없다. 그렇다면 신중한 투자자가 기업의 연구개발 조직에 대한 정보를 어떻게 얻어야 할까? 이번에도 사실 수집이 정말 놀라운 결과를 가져다 줄 것이다. 실제로 이렇게 해보지 않은 평범한 투자자라면 믿지 못할 것이다. 현재 그 회사에서 일하는 임직원이나 관련 업종의 경쟁업체에서 일하는 사람들, 대학교와 정부 기관의 연구원들에게 그 회사의 연구개발 조직이 진행하고 있는 다양한 연구개발 활동에 대해 정확한 질문을 던진다면 완벽한 그림을 그려낼 수 있을 것이다. 간단하면서도 귀중한 실마리를 얻을 수 있는 또 다른 방법은 일정 기간, 가령 지난 10년 동안 그 회사가 거둔 매출액이나 순이익 가운데 얼마가 그 회사의 연구개발 조직이 내놓은 성과에 기인하는 것인가를 자세히 조사해보는 것이다. 일정한 기간 동안 조직 규모나 투자 비용에 비해 수익성이 좋은 신제품을 많이 만들어낸 연구개발 조직이라면 다른 전반적인 환경이 그대로 이어지는 한 장래에도 높은 생산성을 유지할 것이라고 생각할 수 있을 것이다.

포인트 4. 평균 수준 이상의 영업 조직을 가지고 있는가?

요즘과 같이 경쟁이 치열한 시대에는 전문적인 영업 조직을 갖추지 않고서는 어떤 기업도 판매 잠재력을 극대화 할 수 없다. 무슨 사업이든 가장 기본적인 활동을 하나 꼽으라면 그것은 영업일 것이다. 판매하지 못하면 살아남을 수 없다. 성공의 첫째 조건인 고객 만족은 반복적인 판매에서 나온다. 그런데 이상한 것은 기업의 판매와 광고, 영업 조직이 상대적으로 얼마나 생산적인가 하는 평가는 대부분의 투자자들에게, 심지어 아주 신중한 투자자들에게조차 기업의 생산이나 연구개발, 재무 분야와 같은 다른 주요 활동들에 비해 그리 주목 받지 못한다는 점이다.

　여기에는 물론 이유가 있을 것이다. 어떤 기업의 생산성이나 연구개발 활동, 재무구조가 다른 경쟁업체들과 비교할 때 얼마나 매력적인가는 단순한 계량적 비율로 쉽게 가늠할 수 있다. 그런데 판매와 유통이 얼마나 생산적으로 이루어지고 있는지를 보여주는 지표는 찾아내기가 상당히 어렵다. 가령 앞서 살펴본 연구개발 활동의 경우 개략적인 수치만 갖고도 투자자들이 찾고자 하는 단서를 알아낼 수 있다. 물론 생산성이나 재무구조와 비교할 때 연구개발비와 관련된 지표는 그 정확성이 현저히 떨어지겠지만 말이다. 그러나 금융시장에서 이런 지표들의 가치를 얼마나 비중 있게 인식하든 투자자들은 이런 수치에 의존하는 게 사실이다. 반면 기업의 영업 능력은 이런 식으로 계량화하기가 어렵기 때문에 많은 투자자들이 기업의 진정한 투자 가치를 판단하는 데 기본이라고 할 만큼 중요한데도 불구하고 제대로 평가하지 못한다.

이런 딜레마를 해결하기 위해서는 다시 한번 사실 수집이라는 기술을 사용해야 한다. 기업의 모든 활동 분야 가운데 외부의 정보원으로부터 가장 쉽게 들을 수 있는 게 바로 영업 조직이 얼마나 효율적이냐 하는 것이다. 경쟁업체는 물론 고객들도 그 답을 알고 있다. 더욱 중요한 점은 이들이 자신의 견해를 밝히는 데 전혀 주저하지 않는다는 것이다. 신중한 투자자라면 이 문제에 대한 답을 구하면서 보낸 시간을 값진 보상으로 되돌려 받을 것이다.

경쟁업체와 비교해 상대적으로 뛰어난 영업 조직을 가졌는가에 관한 문제는 앞서의 연구개발 조직 문제에 비해 적게 설명할 것이다. 그렇다고 해서 내가 이 문제를 중시하지 않는다는 게 아니다. 경쟁이 치열한 시대일수록 기업의 성공에는 많은 것들이 중요하다. 그러나 뛰어난 생산과 영업, 연구개발 조직이야말로 성공을 낳는 세 가지 중심 축일 것이다. 어떤 게 다른 것보다 더 중요하다고 말하는 것은 마치 우리 신체 기능 가운데 가장 중요한 장기가 심장이라든가 폐, 혹은 간이라고 말하는 것이나 마찬가지다. 생존을 위해서는 모든 장기가 필요하고, 건강한 신체를 유지하기 위해서는 전부가 제대로 기능을 해야 한다. 주변에서 놀라운 투자 수익을 올린 기업들을 잘 살펴보라. 과연 이 가운데 공격적인 영업 조직을 갖추고 유통망을 끊임없이 개선해나가지 않는 기업이 있는지 찾아보라.

　다우 케미칼에 대해서는 이미 언급한 적이 있지만 앞으로 여러 차례 더 소개할 것이다. 이 회사는 오랜 기간 동안 주주들에게 훌륭한 투자 수익을 안겨주었을 뿐만 아니라 장기적으로 보수적인 투자 대상으로도 아주 이상적인 사례다. 일반 투자자들에게 다우 케미칼은 연구개발 분야에서 거둔 성공적인 업적이 돋보이는 기업으로 알려져 있다. 그러나 이 회사가 화학 분야의 연구개발진만큼 영업 인력을 선발하고 훈련하는 과정에서도 똑같은 노력을 기울인다는 사실은 잘 알려져 있지 않다. 대학을 갓 졸업한 젊은이가 다우 케미칼의 영업 직원으로 일하기 위해서는 먼저 이 회사가 처음 출발한 미시간 주의 미드랜드에 여러 차례 다녀와야 한다. 이곳에서 회사 측은 신입사원들이 영업 직원으로 일하는 데 필요한 교육과 소양을 갖출 수 있도록 도와준다. 그렇다고 해서 곧장 고객을 찾아 나서는 것은 아니다. 신입사원은 다음 단계로 몇 주 만에 마칠 수도 있고, 때로는 1년 이상이 걸릴 수도 있는 특별한 훈련 과정을 이수해야만 한다. 그렇게 해서 스스로 복잡한 판매 업무를 준비하는 것이다. 그러나 이 역시 영업 직원으로 받아야 할 훈련의 시작에 불과하다; 이 회사가 정신적으로 가장 힘을 기울이는 분야는 고객들이 원하는 것이 무엇인지, 또 그런 서비스를 어떻게 고객들에게 제공할 것인지를 보다 효과적으로 찾아내고자 하는 것이다.

다우 케미칼과 같이 화학 업종의 뛰어난 기업들만 영업과 유통망에 특별한 노력을 기울이는 것일까? 당연히 아니다. 이와는 전혀 다른 업종에 속해 있는 IBM은 보수적으로 말해도 주주들에게 꽤 훌륭한 보상을 해주고 있다. 최근에 내가 만난 IBM의 한 임원은 이 회사의 영업 직원은 평균적으로 연간 전체 근무 시간의 3분의 1을 회사가 지원하는 학교에서 교육을 받는 데 보낸다고 말해주었다! 이처럼 엄청난 시간을 투자하는 이유는 영업 직원들이 빠르게 변화하는 기술에 뒤쳐지지 않도록 하기 위해서다. 나는 이것이야말로 가장 성공적인 기업이 영업 조직의 끊임없는 개선에 얼마나 많은 노력을 기울이고 있는가를 보여주는 대표적인 지표라고 생각한다. 강력한 영업 조직과 유통망을 갖추지 않은 기업이라 하더라도 생산 부문과 연구개발진이 뛰어난 성과를 올리면 일시적으로 큰 이익을 낼 수 있다. 그러나 이런 기업은 매우 취약하다. 장기적으로 꾸준히 성장하기 위해서는 강력한 영업 조직이 필수적이다.

포인트 5. 영업이익률은 충분히 거두고 있는가?

이제 비로소 증권 업계의 많은 사람들이 건전한 투자 결정의 요체라고 느끼는 계량적 분석의 중요한 주제를 설명할 순서가 됐다. 투자자의 입장에서 볼 때 매출액이란 이익을 늘려주어야만 가치 있는 것이다. 매출액이 증가하는데도 불구하고 상당한 기간 동안 이익이 그에 상응해 늘어나지 않는다면 투자의 동력이 될 수 없다. 어느 기업의 이익을 측정하는 첫 번째 단계는 영업이익률, 즉 1달러의 매출을 올렸을 때 얼마의 영업이익이 남는가를 분석하는 것이다. 영업이익률은 같은 업종 내에서도 회사마다 크게 차이가 난다는 점을 쉽게 알 수 있을 것이다. 영업이익률은 한 해가 아니라 몇 해에 걸친 추이를 조사해봐야 한다. 특정 업종의 경기가 보기 드물 정도로 활황일 때는 해당 업종의 거의 모든 기업이 순이익 규모 자체도 커질 뿐만 아니라 영업이익률도 높아진다. 또 이렇게 경기가 좋을 때면 거의 언제나 영업이익률이 낮은 한계 기업들의 영업이익률이 훨씬 더 큰 폭으로 올라간다는 점도 눈에 띌 것이다. 원래 영업이익률이 양호했던 기업은 활황기에 영업이익률이 더 높아지기는 하지만 그 정도에서는 한계 기업들에 못미친다. 경기가 이상(異常) 과열이라고 할 만큼 좋아지면 기초가 약한 기업이 오히려 같은 업종의 강력한 기업보다 더 높은 순이익 성장률을 기록하는 것은 이 때문이다. 하지만 이렇게 증가한 이익은 경기가 다시 가라앉으면 빠른 속도로 동반 하락한다는 점을 명심해야 한다.

이런 이유로 인해 나는 진짜 장기적인 투자 수익은 절대 한계 기업에 투자해서는 얻어질 수 없다고 믿는다. 영업이익률이 턱없이 낮은 기업을 장기 투자 대상으로 고려할 수 있는 단 한 가지 예외적인 경우가 있다면 그것은 이 기업의 내부에서 펀더멘털이 변화하는 뚜렷한 징후가 보일 때다. 이런 경우에는 사실상 영업이익률의 개선이 경기 활황에 따른 일시적인 매출 증가와는 다른 이유로 나타난 것이다. 다시 말해 진정한 의미에서 보자면 이런 기업은 이제 한계 기업이라고 할 수 없다. 이미 기업 내부에서 개발된 신제품이나 생산성 향상 등에 힘입어 한계 기업의 범주에서 벗어났기 때문이다. 영업이익률을 제외한 다른 측면에서는 장기 투자 대상으로 두루 적합한 기업의 내부에서 이런 질적인 변화가 일어날 때 주식을 매수한다면 최적의 타이밍이 될 수 있을 것이다.

설립된 지 오래된 대기업 가운데 엄청난 투자 수익을 올려주는 경우는 대부분 비교적 높은 영업이익률을 가진 기업들이다. 이런 기업들은 또 해당 업종에서 가장 높은 영업이익률을 갖고 있는 경우가 많다. 반면 출범한 지 얼마되지 않은 젊은 기업들-오래된 기업도 가끔씩 포함되지만-의 경우 이 원칙과는 상당히 의미 있는 괴리가 있다. 실제로 드러나는 것보다 더욱 두드러지는 차이다. 이들 기업은 성장을 더욱 가속화하기 위해 이익의 전부 또는 거의 대부분을 연구개발비나 판촉비 등으로 사용한다. 이런 경우 중요한 점은 오늘의 이익으로 미래를 위해 더욱 열심히 연구개발하고, 더욱 열심히 판매 촉진 활동을 벌이며, 그 밖의 다른 활동도 더욱 열심히 한다는 점이며, 이로 인해 영업이익이 줄어들었거나 아예 없어졌다는 사실을 이해해야 한다.

영업이익률이 이런 이유로 인해 감소했다면 단순히 그 활동이 장래 성장에 필요한지 여부만 따져볼 것이 아니라 실제로 연구개발 노력인지, 판매 촉진 활동인지 여부를 짚어보는 게 매우 중요하다. 만약 정말로 연구개발 투자를 늘리는 바람에 영업이익률이 악화됐다면 이런 기업은 아주 매력적인 투자 대상이 될 수 있다. 그러나 이렇게 장래를 내다보고 성장을 가속화하기 위해 기꺼이 영업이익률 하락을 감수한 기업처럼 예외적인 경우를 제외한다면 장기적으로 투자 수익을 극대화하고자 하는 투자자는 영업이익률이 낮은 기업, 혹은 한계 기업은 피하는 것이 상책이다.

위대한 기업에 투자하라

포인트 6. 영업이익률 개선을 위해 무엇을 하고 있는가?

성공적인 주식 매수는 주식을 사는 시점의 일반적인 기업 정보에 달려 있는 게 아니다. 오히려 주식을 산 뒤에 알게 되는 기업 정보에 따라 좌우된다. 따라서 투자자에게 기본적으로 중요한 것은 과거의 영업이익률이 아니라 미래의 영업이익률이다.

우리가 살아가고 있는 현대에는 영업이익률을 위협하는 요인들이 상존해있다. 임금을 비롯한 고용 비용은 매년 상승한다. 장기적으로 우수한 인력을 계속 고용하기 위해서는 장래에 상당한 고용 비용을 추가로 지출해야 할 것이다. 임금 상승과 함께 원재료와 생산 설비의 가격도 오르고 있다. 기업이 부담하는 세금, 특히 부동산 관련 세금과 지방세 부담도 꾸준히 늘어나고 있다. 이런 상황이다 보니 기업들마다 영업이익률 흐름은 각기 달라질 것이다. 어떤 기업들은 운이 좋게도 판매 가격을 올림으로써 영업이익률을 그대로 유지할 수 있을 것이다. 이런 기업이 가격 결정력을 가질 수 있는 이유는 업종 내에서 자사 제품에 대한 수요가 워낙 강력하거나 경쟁업체의 인상률이 자사보다 더 높기 때문일 것이다. 그러나 현대 경제에서 이런 식으로 영업이익률을 유지하거나 오히려 높이는 것은 대개 일시적인 현상으로 그치고 만다. 새로운 경쟁업체나 제품이 출현할 것이기 때문이다. 새로운 경쟁 대상이 나타나게 되면 가격 결정력은 상실되고 더 이상 원가 상승분을 제품 가격에 전가할 수 없게 된다. 영업이익률은 떨어지기 시작하는 것이다.

이 같은 현상을 극명하게 보여주는 사례가 1956년 가을 알루미늄 시장에서 나타났다. 당시 알루미늄 시장은 불과 몇 주만에 공급이 딸리는 상황에서 서로 판매 가격을 인하하는 상황으로 돌변했다. 상황이 갑작스럽게 변하기 이전까지는 원가 상승에 연동해서 판매 가격도 올랐다. 알루미늄 수요의 증가 속도가 생산 업체의 확장 속도보다 훨씬 더 빠르지 않다면 판매 가격도 급격하게 오를 수는 없을 것이다. 사실 일부 대형 철강 제조 업체들은 계속적인 가격 인상을 꺼려하기도 했다. 이들은 원가 상승분을 판매 가격에 전가하는 수단만으로 영업이익률을 높게 유지하는 것은 일시적인 것이며, 가격 인상은 장기적으로 "시장 전체의 수요를 위축시킬 수 있다"고 생각했기 때문이다.

원가 상승분을 고스란히 판매 가격에 전가하는 데 따른 위험이 어떤 결과를 초래하는가는 역시 1956년 하반기 대형 구리 제조업체들이 처했던 상황에서 극명하게 읽을 수 있다. 이들 기업은 사실 구리 가격의 인상을 상당히 자제하는 편이었고, 실제로 구리 가격이 너무 높아지는 것을 우려해 세계 구리 시세보다도 낮은 가격을 책정하기까지 했다. 하지만 구리 가격의 상승으로 결국 수요는 줄어들었고, 새로운 공급자가 몰려들었다. 여기에 수에즈 운하의 폐쇄 사태로 말미암아 서부 유럽의 소비마저 급격히 위축되자 상황은 완전히 역전돼 버렸다. 이로 인해 1956년의 영업이익률도 그리 좋지 않았는데 1957년에는 더욱 나빠졌을 게 틀림없다. 잦은 판매 가격의 인상으로 인해 그 업종의 영업이익률이 상승하는 것이라면 이런 징후는 장기 투자자에게 결코 좋은 것이 아니다.

이와는 대조적으로 어떤 기업들은 같은 업종의 다른 기업들과는 달리 판매 가격 인상이 아닌 훨씬 더 현명한 방식으로 영업이익률을 개

위대한 기업에 투자하라

선시키고자 노력한다. 공장 시설이나 제조 공정을 담당하는 부서를 더욱 발전시켜 큰 성공을 거두는 기업들도 있다. 이런 부서는 원가를 절약할 수 있는 새로운 장비를 고안해 원가 상승분을 어느 정도 상쇄시켜줄 수 있다. 많은 기업들은 어떤 공정에서 보다 경제적인 결과를 얻어낼 수 있는지 끊임없이 연구한다. 회계 자료와 과거 기록을 검토하는 것은 이런 연구에 아주 유용하다. 운송 업체의 경우 다른 제조 업체에 비해 인건비 비중이 높기 때문에 운송비는 다른 비용보다 특히 많이 오른다. 그런 점에서 주도 면밀한 기업들은 새로운 컨테이너를 사용한다든가, 그동안 쓰지 않았던 운송 방식을 이용한다든가, 혹은 이중 운송비를 줄일 수 있도록 원자재 공급처 인근에 새로운 공장을 건설하는 방법 등으로 늘 원가를 절감해 나간다.

이런 방식 가운데 어떤 것도 하루 아침에 이루어지지 않는다. 전부가 깊은 연구와 신중한 계획을 필요로 한다. 안목이 있는 투자자라면 투자하려는 기업이 원가를 줄이고 영업이익률을 개선할 수 있는 새로운 아이디어를 만들어내기 위해 얼마나 노력을 기울이고 있는지 반드시 살펴봐야 한다. 물론 여기서도 사실 수집이 어느 정도는 도움이 된다. 하지만 해당 기업의 관계자로부터 직접 듣는 게 가장 좋다. 더구나 기업의 최고 경영자 대부분은 이런 내용을 자세히 이야기하려고 한다. 이런 일들을 잘 해나가는 기업이야말로 장래에도 꾸준히 건설적으로 모든 장애를 해결해나갈 수 있는 조직을 이미 만들었을 가능성이 높다. 또한 틀림없이 주주들에게 장기적으로 가장 큰 보상을 제공해 줄 것이다.

포인트 7. 돋보이는 노사 관계를 갖고 있는가?

대부분의 투자자들은 훌륭한 노사 관계로부터 나오는 이익에 대해 잘 알지 못할 것이다. 하지만 노사 관계가 좋지 않은 데서 오는 해악을 모르는 투자자들은 거의 없다. 잦은 파업과 장기 파업이 생산에 미치는 영향은 기업의 재무제표조차 대충 보고 넘어가는 투자자들에게도 피부에 와닿을 것이다.

그러나 노사 관계가 좋은 기업과 그렇지 않은 기업 간의 수익성 차이는 단순히 파업으로 인한 직접 비용에 그치지 않는다. 근로자들이 사용자로부터 정당하게 대우 받고 있다고 느끼게 되면 근로자 1인 당 생산성 향상이라는 경영진의 목표가 달성될 수 있는 여건이 조성된 셈이다. 더구나 새로운 근로자를 훈련시키는 데는 상당한 비용이 들어간다. 그런 점에서 근로자의 이직률이 매우 높은 회사는 근로자를 잘 관리하는 기업에 비해 불필요한 낭비 요소를 하나 더 갖게 되는 것이다.

그러나 투자자들이 어떤 회사의 노사 관계 내지는 인사 관리가 우수한지 제대로 판단하려면 어떻게 해야 할까? 물론 단순한 문제는 아니다. 모든 기업에 똑같이 적용할 수 있는 잣대가 있는 것도 아니다. 아마도 최선의 방법은 수많은 요소들을 하나씩 짚어본 뒤 이를 모두 합친 복합적인 그림을 통해 판단하는 방식이 될 것이다.

노동조합이 이미 큰 흐름을 형성하고 있는 시대에 아직도 노동조합이 결성돼 있지 않은 기업이라면 평균 이상의 노사 관계나 인사 관리를 유지하고 있을 가능성이 높다. 노사 관계가 좋지 않다면 아마도 이

위대한 기업에 투자하라

미 오래 전에 노동조합이 결성됐을 것이니 말이다. 그러면 투자자의 입장에서 예를 들어보자. 모토로라는 노동조합 결성률이 매우 높은 시카고 지역에 본사를 두고 있고, 텍사스 인스트루먼츠 역시 노동조합의 영향력이 갈수록 커져 가는 댈러스에 위치해 있다. 그런데 이들 회사는 근로자들을 제대로 대우하고자 하는 솔직한 희망과 능력을 회사가 갖고 있다는 점을 근로자들에게 충분히 심어주었다. 그렇게 해서 이들 회사의 근로자들이 전국적인 노동조합 조직으로부터 멀어지게 되었고, 이는 이들 회사가 성공적인 인사 관리를 하고 있다는 점을 잘 설명해줄 수 있는 요인이다.

그러나 노동조합이 결성돼 있다고 해서 그 회사의 노사 관계가 나쁘다고 단정지어서는 안된다. 최고의 노사 관계를 유지하고 있는 기업 가운데도 전직원이 모두 노동조합에 가입한 경우는 얼마든지 있다. 이들 기업의 노사는 서로 신뢰하고 존중하는 분위기 속에서 노동조합을 잘 운영해 나가는 방법을 이미 터득했다. 마찬가지로 잦은 파업과 장기 파업은 노사관계가 좋지 않다는 점을 보여주는 대표적인 예라고 할 수 있지만, 아예 파업을 하지 않는다고 해서 무조건 노사 관계가 훌륭하다고 판단할 수는 없다. 파업이 전혀 없는 기업 가운데는 마치 공처가 남편을 둔 가정과 같은 곳이 있다. 갈등이 몰고 올 파장을 두려워해서 갈등을 일으키지 못하는 것은 결코 행복한 관계라고 말할 수 없을 것이다.

그렇다면 왜 근로자들은 어떤 고용주에게는 그토록 충성하면서, 다른 고용주에게는 그토록 분노하는 것인가? 이유는 매우 복잡하고 정확한 답을 찾기도 어렵다. 하지만 투자자의 입장에서 보자면 근로자들이 그런 감정을 느낄 수밖에 없었던 제반 여건을 어떻다고 평가하기보다는 근로자들이 어떻게 느끼고 있는지를 보여주는 비교 지표를 보고 판단하는 것이 더 나을 것 같다. 어떤 기업의 노사 정책과 인사 관리 수준이 어느 정도인지를 볼 수 있는 일련의 지표는 그 기업의 근로자 이직률을 같은 업종의 다른 기업과 비교하는 것이다. 같은 지역에 위치해 있는 다른 기업에 비해 입사 희망자의 수가 더 많은지를 살펴보는 것도 마찬가지로 중요하다. 노동력이 풍부해 구직자가 넘쳐 나는 지역에 자리잡은 것도 아닌데 항상 입사 희망자가 줄을 서있는 기업이라면 투자자의 입장에서 노사 관계나 인사 정책이 양호하다고 판단할 수 있을 것이다.

하지만 투자자들은 이같은 일반적인 지표들보다 더 중요한 몇 가지 특별한 사항들을 빠뜨려서는 안된다. 훌륭한 노사 관계를 갖고 있는 기업은 어떤 갈등이 생기면 즉각 해결하고자 모든 노력을 다한다. 사소한 개인적 갈등도 오랫동안 해결되지 않고, 또 경영진들도 별로 관심을 기울이지 않을 경우 점점 더 커져서 마침내 심각한 불길로 번져나갈 수 있다. 기업의 갈등 해결 방식이 얼마나 뛰어난지 살펴보는 것 외에 그 기업의 임금 수준도 투자자들이 반드시 주의를 기울여야 할 사항이다. 같은 지역에 있는 기업들보다 더 높은 임금을 지급하면서도 평균 이상의 영업이익률을 올리는 기업은 양호한 노사 관계를 갖고 있다고 볼 수 있다. 반면 순이익을 올리고는 있지만 그것이 같은 지역의 기업 평균에도 못미치는 임금 때문에 가능했다면 이런 기업의 주식을 매수한 투자자는 얼마 지나지 않아 심각한 위험에 직면하게 될 것이다.

위대한 기업에 투자하라

마지막으로 최고 경영자가 일선 현장에서 일하는 근로자들에 대해 어떤 자세를 갖고 있는가도 투자자들이 반드시 주목해야 할 사항이다. 어떤 경영자들은 겉으로는 온갖 미사여구로 포장하지만 실제로는 직급이 낮은 일반 근로자들에게 아무런 책임감이나 관심도 갖지 않고 있다. 이들은 오로지 강성 노동조합의 압력을 견디지 못할 때가 아니면 절대 일선 근로자들의 임금을 올려주지 않는다. 이런 기업에서는 매출액이나 순이익 전망이 조금씩 변화할 때마다 근로자들을 마구 해고하거나 대규모로 새로 뽑는다. 그러다 보니 회사 내에는 책임 의식을 전혀 찾아볼 수 없고, 가족 같은 분위기도 없다. 근로자들이 스스로 회사에 필요한 존재라고 여기거나 기업의 일부라고 생각할 여지가 전혀 없다. 근로자 개인의 존엄성 따위는 자리잡을 수조차 없다. 이런 자세를 갖고 있는 최고 경영자가 이끌어가는 회사라면 십중팔구는 우리가 원하는 투자 대상이 될 자격이 없을 것이다.

포인트 8. 임원들간에 훌륭한 관계가 유지되고 있는가?

직급이 낮은 일반 근로자들과 훌륭한 관계를 유지하는 게 중요한 것처럼 임원들간에 좋은 분위기를 형성하는 것 역시 필수적이다. 임원들의 판단력과 성실성, 팀워크는 회사의 장래 운명을 결정지을 수도 있다. 이들이 다루는 업무의 비중은 매우 크고, 일의 긴장도 역시 상당하다. 따라서 임원들 사이에 다툼이나 시기가 생길 경우 최고 경영자가 회사를 제대로 이끌어가지 못하거나 최고의 능력을 발휘하지 못하는 상황이 벌어질 수 있다.

최고의 투자 기회를 제공하는 기업은 임원들 사이에 좋은 분위기가 조성돼 있는 곳이다. 임원들은 사장이나 회장, 이사회 의장에 대해 깊은 신뢰를 갖고 있다. 그러기 위해서는 다른 무엇보다 승진은 파벌주의가 아닌 능력주의에 따라 이뤄진다는 믿음을 말단 직원부터 고위 임원까지 모두가 갖고 있어야 한다. 오너 일가라 하더라도 능력이 더 뛰어난 직원보다 더 높은 직급으로 승진해서는 안된다. 임금 조정은 정기적으로 이루어져 높은 성과를 낸 데 대한 보상적 임금 인상은 임원들 스스로 요구하기 이전에 반영돼야 한다. 임금 수준은 적어도 해당 업종이나 해당 지역의 평균치는 넘어야 한다. 어떤 직책을 맡아야 할 사람이 회사 내에서는 승진을 시켜서도 구하기가 불가능하다면 신입 사원처럼 외부에서 적절한 인물을 스카우트해야 한다. 최고 경영자는 사람들이 함께 섞여서 일하는 어느 곳에서든 파벌주의와 사소한 갈등이 어느 정도 불가피하다는 점은 인정해야 하겠지만, 팀 플레이에 협력하지 않고 파벌과 갈등으로 인해 최소한의 능력마저 유지할 수 없게 만드는 직원에 대해서는 단호하게 처리해야 한다. 투자자들은 이와 관련된 대부분의 문제들을 다양한 직책을 맡고 있는 몇몇 임원들과 이야기해보면 직접적인 질문을 그리 많이 던지지 않고도 쉽게 파악할 수 있다. 이런 기준에 어긋나는 기업일수록 당연히 뛰어난 투자 대상으로부터 멀어질 것이다.

포인트 9. 두터운 기업 경영진을 갖고 있는가?

아주 탁월한 능력을 가진 1인 기업가 혼자서 회사를 이끌어간다 하더라도 규모가 작다면 매우 훌륭하게 해나갈 수 있다. 이런 기업은 다른 요소들을 전부 충족시킬 경우 몇 년 정도는 대단한 투자 기회를 제공해줄 수 있다. 그러나 모든 인간에게는 수명이 있다. 아무리 작은 기업이라 하더라도 투자자들은 이런 핵심적인 인물이 사라졌을 경우 회사의 파국을 막을 수 있는 것이 무엇인지 염두에 두어야 한다. 요즘은 이런 이유로 인해 발생하는 투자 리스크가 그리 크지 않은 편이다. 상당한 역량을 갖춘 경영진을 많이 보유하고 있는 대기업이 뛰어난 중소기업을 인수하는 게 유행처럼 되었기 때문이다.

그러나 투자를 고려할 만한 기업이라면 계속해서 성장해나가야 한다. 경영 지식을 갖춘 재능 있는 기업 경영진을 키워내지 못한다면 이런 기업은 머지않아 더 이상 성장할 수 없는 단계에 이르게 된다. 이 시점은 기업들마다 전부 다를 것이다. 그 기업이 속해 있는 업종에 따라, 또 1인 기업가의 능력에 따라 달라질 것이다. 요사이 한 해 매출액을 기준으로 하면 대개 1500만~4000만 달러 정도에 이를 때 이런 한계에 부딪친다. 포인트 8에서 설명한 것처럼 최고 경영진을 포함한 임원들간에 올바른 분위기가 조성돼 있다면 바로 이 시점이 결정적인 투자 기회를 제공해줄 수 있는 타이밍이다.

물론 능력 있는 경영진을 갖추기 위해서는 포인트 8에서 지적했던 문제들이 우선 해결돼야 한다. 그러나 회사의 다른 정책들이 제대로 뒤따르지 않는다면 절대 이런 경영진을 갖출 수 없다. 무엇보다 중요한 것은 권한의 위임이다. 만약 최고 경영자로부터 하위 경영진에 이르기까지 임원들 각자가 자신들의 업무를 수행하면서 개인의 능력을 최대한 효과적으로 발휘할 수 있는 권한이 주어지지 않는다면 아무리 뛰어난 임원도 마치 우리 안에 갇혀있는 건강한 야수처럼 제 능력을 발휘할 수 없을 것이다. 이들이 자신의 역량을 십분 발휘하지 못하는 이유는 단지 그것을 쓸 수 있는 권한이 충분히 주어지지 않았기 때문이다.

　최고 경영자가 일상적인 잡무까지 전부 간섭하고 처리하려고 하는 기업은 절대 매력적인 투자 대상이 될 수 없다. 자신이 만든 조직 체계를 스스로 무너뜨린다면 비록 최고 경영자의 의도가 좋은 것이었다 하더라도 그 회사의 투자 가치를 중대하게 훼손하는 결과를 초래할 가능성이 높다. 한 명의 최고 경영자가 모든 업무를 제아무리 능숙하게 처리해도 일단 기업 규모가 일정 수준에 도달하게 되면 두 가지 측면에서 심각한 국면으로 빠져들게 된다. 우선 사소한 문제들이 너무나 많이 발생해 혼자 힘으로는 도저히 감당할 수 없어진다. 또 장래에 꼭 필요한 추가적인 성장을 이끌어갈 능력 있는 인재를 양성하지 못하게 된다.

　어떤 기업이 적절한 능력을 갖춘 두터운 경영진을 보유하고 있는지를 투자자의 입장에서 판단하는 데는 또 하나의 중요한 문제를 고려해야 한다. 때로는 밑에서 올라온 어떤 제안이 현재의 경영 방침에 정면으로 도전하는 것이라 할지라도 최고 경영진이 기꺼이 그런 제안을 받아들이고 평가하는가의 여부다. 최근의 기업 환경은 경쟁이 너무나도 치열하고 변화와 발전에 대한 요구도 매우 강력하다. 이런 시대에 최고 경영진의 자존심이나 무관심은 정말로 귀중한 아이디어의 보고(寶庫)를 찾아내는 데 방해가 되기 일쑤다. 이런 최고 경영자가 이끌어가는 기업은 아마도 투자하기에 적당한 대상이 되지 못할 것이다. 더구나 기업에 꼭 필요한 더 많은 숫자의 젊은 경영진이 성장하기에도 어려울 것이다.

포인트 10. 원가 분석과 회계 관리 능력은 얼마나 우수한가?

사업 부문 하나하나의 전 과정에 걸쳐 투입되는 원가를 매우 정확하고 자세하게 분석한 뒤, 이를 토대로 원가를 종합적으로 절감해나가지 못하는 기업은 결코 장기간에 걸쳐 다른 기업을 능가하는 성공을 이어갈 수 없다. 최고 경영자는 오직 이런 방식을 통해서만 누구나 주의를 기울여야 하는 문제를 파악할 수 있다. 또 경영진은 오직 이런 방식을 통해서만 주의를 기울여야 할 필요가 있는 모든 문제를 적절하게 해결했는지 여부를 판단할 수 있다. 한걸음 더 나아가 대부분의 성공한 기업들은 한 가지가 아니라 헤아릴 수 없이 많은 제품들을 생산한다. 만약 경영진이 각각의 제품들에 투입된 정확한 비용을 제대로 파악하지 못한다면 이것은 치명적인 약점이 될 수 있다. 이런 경우 과도한 경쟁을 피하면서 꾸준히 최대의 이익을 올릴 수 있는 가격 정책을 유지하는 것 자체가 사실상 불가능해진다. 또 특별히 판촉 활동을 벌이고, 영업을 강화할 필요가 있는 제품이 어떤 것인지를 알아낼 수도 없다. 최악의 상황은 분명히 성공적인 사업 부문인데도 잘못된 원가 분석으로 인해 영업 손실을 내고 있다거나, 회사의 전체 이익을 늘리기는커녕 깎아먹는 것으로 경영진에게 보고될 수도 있다. 결국 현명한 사업 계획 자체가 어려워지게 되는 것이다.

투자자에게 기업의 회계 관리는 매우 중요하다. 하지만 신중한 투자자들조차 투자를 고려하고 있는 기업이 원가 회계를 비롯해 관련 업무를 어떻게 처리하고 있는지 파악하기란 무척 어렵고 도움을 얻기도 힘들다. 여기서도 사실 수집은 회계 처리에 정말로 문제가 있는 기업을 찾아내는 데 유용한 방법이다. 하지만 그 이상은 사실 수집으로도 알아내기 어렵다. 기업의 회계 처리 담당자에게 직접 물어보면 대개 원가 분석 자료가 매우 정확하게 작성되었다는, 문자 그대로 솔직한 대답만 듣게 될 것이다. 재무제표를 바탕으로 해서 자세한 원가 분석 자료를 만들어낼 수 있는 경우도 있다. 그러나 이렇게 도출한 자료로는 세세한 부분까지 정확하게 파악할 수 없고 따라서 중요성도 떨어진다. 신중한 투자자에게 최선의 방법은 이 문제가 얼마나 귀중한 가치를 지니는 것이며, 또 자신의 한계가 무엇인지 분명히 인식하는 것이다. 이런 한계를 인식한 다음에야 비로소 최고 경영자가 전문적인 원가 분석과 회계처리의 기본적인 중요성을 이해하고 있다는 전제 아래 다른 대부분의 사업 영역에서 평균 이상의 역량을 발휘하고 있는 기업이라면 아마도 이 문제에 대해서도 평균 이상의 능력을 갖고 있을 것이라는 결론을 내릴 수 있을 것이다.

포인트 11. 해당 업종에서 아주 특별한 의미를 지니는 별도의 사업 부문을 갖고 있으며, 이는 경쟁업체에 비해 얼마나 뛰어난 기업인가를 알려주는 중요한 단서를 제공하는가?

굳이 정의하자면 이 문제는 기업의 전반적인 분야를 모두 포괄해서 판단해야 한다. 이런 문제는 사안 별로 상당히 다를 수밖에 없기 때문이

　위대한 기업에 투자하라

다. 어떤 기업에게는 매우 중요한 것이지만 다른 기업에게는 전혀 중요하지 않을 수도 있다. 가령 소매업과 같은 사업을 운영하는 기업에게 부동산을 관리하는 기술이 얼마나 우수한가 하는 점은 매우 중요하다. 그래야 더 좋은 땅을 임대해서 매장을 열 수 있을 것이기 때문이다. 그런데 다른 많은 분야의 기업들에게 부동산 관리 기술은 그리 중요하지 않다. 마찬가지로 어떤 기업에게는 외부 자금 운용 기술이 탁월하다는 점이 강점일 수 있지만 다른 기업에게는 전혀 그렇지 않을 것이다. 이런 문제에서도 내가 즐겨 사용하는 사실 수집 방법이 투자자들에게 아주 또렷한 그림을 보여줄 수 있다. 사실 수집을 하다 보면 경쟁업체와 비교한 매출액 당 임대료 수준이라든가 외부 자금 운용 수익률과 같은 계량적인 수치와 전혀 다른 결론을 이끌어내게 되는 경우도 있다. 물론 아주 신중한 연구 조사 작업이 무엇보다 중요하겠지만 말이다.

거의 대부분의 사업 분야에서 기업 매출액 가운데 보험료 총액이 차지하는 비중은 상당히 높아졌다. 그러다 보니 가령 같은 규모의 경쟁업체에 비해 전체 보험료를 35% 정도 적게 지출하는 기업의 경우 영업이익률이 훨씬 높아질 수 있다. 보험료 비용이 순이익에 결정적인 영향을 미치는 업종에서는 보험료 비용이 매출액에서 차지하는 비중을 조사하고, 또 보험에 대해 잘 아는 사람과 이야기를 나눠보면 투자하는 데 큰 도움을 얻을 수 있다. 이렇게 함으로써 현재의 경영진이 얼마나 대단한지에 대해서도 어느 정도는 추가적인 검증 작업을 할 수있다. 물론 부동산 관리 기술이 뛰어나면 임대료 비용을 낮출 수 있겠지만 보험료를 관리하는 데 뛰어나다고 해서 보험료 비용이 낮아지는 것은 아니다. 하지만 보험료 비용이 상대적으로 낮다는 것은 그만큼 인력과 재고 및 고정자산을 관리하는 기술이 전반적으로 뛰어나다는 것을 의미하고, 이는 인사 사고와 자산 손실 및 낭비가 적으며 제품 원가도 낮출 수 있다는 사실을 함축적으로 알려준다. 같은 업종 내에서 보험금액 대비 보험료 비율이 가장 낮은 기업을 찾아보면 틀림없이 해당 업종에서 가장 뛰어난 기업일 것이다.

특허권 역시 회사마다 그 중요성이 상이한 문제다. 대기업의 경우에는 강력한 특허권을 보유하고 있다는 점이 회사의 기본적인 강점이 되기 보다는 부가적인 이점 정도에 그칠 공산이 크다. 특허권을 갖고 있는 특정 사업 부문만이 외부 경쟁업체의 도전으로부터 벗어날 수 있기 때문이다. 물론 이런 사업 부문에서 생산하는 제품은 특허권이 없을 경우에 비해 영업이익률이 훨씬 더 큰 게 일반적이다. 따라서 회사 전체적으로도 평균적인 영업이익률을 높여주는 역할을 한다. 마찬가지로 강력한 특허권을 보유한 기업은 때로 특정 제품을 생산하는 데 가장 비용이 적게 들고, 쉬운 방법을 사용할 수 있는 독점적인 권리를 갖기도 한다. 경쟁업체는 똑같은 제품을 생산하는 데도 어쩔 수 없이 멀리 우회하는 방법을 써야만 한다. 결국 특허권을 가진 기업은 그것이 비록 작은 차이에 불과할지라도 경쟁업체에 비해 명백한 우위를 차지하게 되는 셈이다.

기술적인 노하우가 광범위한 영역에서 쓰이고 있는 오늘날에는 대기업이 얼마 되지도 않는 자신의 사업 부문을 보호하기 위해 특허권을 내세우는 경우는 거의 없다. 사실 특허권을 가졌다 해도 대개는 똑같은 결과를 얻어낼 수 있는 수많은 방법 가운데 일부만을 배타적으로 사용할 수 있을 뿐인 경우가 많다. 이런 이유로 인해 많은 대기업들은 특허권을 무기로 경쟁업체의 접근을 막으려고 하기 보다는 비교적 적은 라이센스 비용만 받고 자신의 특허권을 사용할 수 있도록 한다. 경쟁력을 유지하는 데는 특허권보다 제조 기술상의 노하우와 영업 및 서비스 조직, 고객들이 느끼는 인지도, 고객들의 요구사항에 대한 지식 등이 훨씬 더 큰 영향을 미친다. 실제로 대기업이 영업이익률을 유지하기 위해 특허권을 가장 큰 무기로 삼는다면 그런 기업은 투자 대상으로서 강점보다는 약점을 가졌을 가능성이 높다. 특허권은 영원히 지속되지 않는다. 특허권 보호기간이 끝나면 이런 회사의 이익은 급전직하할 것이다.

그러나 이제 비로소 생산, 판매, 서비스 조직을 만들어나가는 젊은 기업이나 조금씩 고객 인지도를 높여가고 있는 초창기 단계에 있는 기업에게 특허권은 전혀 다른 문제다. 만약 특허권이 없다면 이미 확실한 고객과 유통망을 갖고 있는 대기업이 똑같은 제품을 만들어 작은 경쟁업체 정도는 쉽게 시장에서 몰아낼 수 있을 것이다. 그러므로 아주 특별한 제품이나 서비스를 판매하는 초창기 단계의 중소기업을 투자 대상으로 살펴볼 때는 반드시 특허권에 대해 자세히 확인해야 한다. 특히 특허권의 실제 보호 범위가 얼마나 되는지 전문가로부터 정보를 얻어야 한다. 단지 어떤 기기 하나를 사용하는 것에 대해서만 특허권을 가지고 있을 수 있다. 혹은 약간 다른 방식으로 만드는 것도 이 기업의 특허권을 침해하는 것일 수 있다. 하지만 더욱 중요한 사실은 끊임없이 더 나은 제품 생산 기술을 개발해나가는 것이 특허권에 의지한 채 가만히 앉아있는 것보다 훨씬 더 유리하다는 점이다.

한 가지 예를 들어보겠다. 설립된 지 얼마되지도 않았고, 지금의 잣대로 보면 아주 작은 규모의 서부 지역에 있는 한 전자 제조업체가 몇해 전 신상품을 개발해 엄청난 성공을 거뒀다. 그러자 같은 업종에 있는 한 대기업이 문자 그대로 "똑같이 모방한" 제품을 만들어 자신의 유명 브랜드로 판매하기 시작했다. 그런데 작은 기업의 디자이너 말에 따르면 이 대기업은 신상품을 모방하면서 좋은 점뿐만 아니라 실수를 저지른 부분까지 전부 그대로 베꼈다고 한다. 대기업의 유사 모델이 시장에 나왔을 무렵 작은 기업에서는 기존의 단점을 없애버리고 새로이 개선한 모델을 선보였다. 대기업에서는 자기네 제품이 팔리지 않자 철수해버리고 말았다. 예전에도 그랬고 앞으로도 그럴 것이지만 어떤 경우든 제품을 경쟁업체로부터 보호해주는 기본적인 원천은 특허권이 아니라 끊임없이 기술력에서 앞서나가는 것이다. 신중한 투자자라면 적어도 특허권이라는 보호막을 너무 중시해서는 안된다. 물론 특허권이 매우 결정적인 요소로 작용하는 특별한 경우에는 매력적인 투자 대상을 더욱 값지게 만드는 중요한 요소로 인식해야 하지만 말이다.

포인트 12. 이익을 바라보는 시각이 단기적인가 아니면 장기적인가?

어떤 기업들은 지금 당장 거둘 수 있는 이익을 최대화하기 위해 애쓴다. 반면 어떤 기업들은 좋은 평판을 뿌리내리고, 이를 바탕으로 오랜 기간에 걸쳐 전체적으로 더욱 큰 이익을 거두기 위해 눈앞에 보이는 최대의 이익을 기꺼이 희생한다. 고객들이나 납품업체 사람들을 만나

위대한 기업에 투자하라

보면 이와 관련된 예를 쉽게 구할 수 있다. 한 회사는 가장 유리한 조건을 따내기 위해 납품업자들과 끊임없이 협상한다. 다른 기업은 납품업자가 배달하는 데 예상하지 못했던 비용을 썼을 경우 당초 계약했던 가격 이상을 지불한다. 그것이 원자재든 혹은 첨단 부품이든 나중에 시장이 변해 납품업자가 절실할 때 정말 믿을 수 있는 납품업자가 필요하기 때문이다. 고객을 어떻게 대하는가도 마찬가지로 두드러지게 차이가 난다. 단골 고객들이 원하는 사항을 들어주기 위해 별도의 비용을 지출하고, 심지어 기꺼이 손실을 부담하기도 하는 기업은 단기적인 거래에서는 이익이 줄어들 수도 있지만 장기적으로는 훨씬 더 큰 이익을 거두게 될 것이다.

이런 차이는 사실 수집을 통해 아주 뚜렷하게 구분할 수 있다. 최대의 투자 성과를 얻고자 하는 투자자는 반드시 기업의 이익을 장기적인 시각으로 바라보는 회사를 선호해야 한다.

포인트 13. 성장에 필요한 자금 조달을 위해 가까운 장래에 증자를 할 계획이 있으며, 이로 인해 현재의 주주가 누리는 이익이 상당 부분 희석될 가능성은 없는가?

주식 투자에 관한 책들을 보면 꽤 많은 내용이 기업의 유동성이나 지배 구조를 다루고 있고, 전체 자본금 가운데 어느 정도가 어떤 종류의 증권으로 조달됐는가에 대해 상당한 분량을 할애하고 있다. 그런 점에서 이처럼 재무적으로 중요한 문제에 대해 왜 내가 다른 14가지 포인트에 비해 그리 많지 않은 페이지를 할애했는지 의아해 할지도 모르겠다. 이유는 간단하다. 현명한 투자자라면 단순히 그 주식이 싸다는 이유만으로 매수해서는 안되며, 자신에게 결정적인 투자 수익을 올려 줄 것이라는 확신이 들 때 사야만 한다는 것이 이 책의 본래 취지이기 때문이다.

이 문제를 제외한 나머지 14가지 포인트 거의 전부를 이 책에서 설명한 것처럼 매우 훌륭하게 충족시키는 기업은 전체 기업 가운데 극히 일부분에 불과할 것이다. 이런 기업은 자금이 필요할 경우 해당 업종에서 용인되는 부채 수준까지는 같은 규모의 다른 기업들보다 훨씬 유리한 조건으로 언제든 빌려올 수 있을 것이다. 또 만약 외부 차입금으로 조달할 수 있는 범위를 넘어서 더 많은 자금이 필요할 경우—물론 더 높은 매출액 성장률과 영업이익률, 뛰어난 연구개발 역량과 경영진 등 이미 설명한 다른 여러 가지 포인트에서 거의 최고 수준이라는 점이 전제가 될 것이다—언제든 증자를 통해 자금을 조달할 수 있을 것이다. 왜냐하면 이런 종류의 모험적인 투자야말로 투자자가 늘 바라는 것이기 때문이다.

따라서 아주 특별히 뛰어난 주식에 한정해 투자한다고 가정하면 실제로 문제가 되는 것은 투자 대상 기업의 보유 현금과 추가로 조달할 수 있는 외부 차입금이 향후 수 년간에 걸쳐 예상되는 성장을 뒷받침하기에 충분한가 하는 점이다. 만약 그렇다면, 또 그 기업이 외부 차입금을 신중하게 설정한 범위 내에서만 조달하고자 한다면 주식 투자자의 입장에서는 그 이후의 문제까지 염려할 필요는 전혀 없다. 이런 상황에서는 만약 한참 후에 증자를 통해 자본을 조달하는 일이 생긴다고 해도 현재 주가 수준보다는 훨씬 높은 가격으로 신주를 발행할 것이므

위대한 기업에 투자하라

로 현재의 주주로서 걱정할 일은 아니다. 왜냐하면 보유 현금과 외부 자금으로 성장에 필요한 자금을 조달했고, 그래서 순이익이 크게 늘었을 것이므로 나중에 증자가 필요해졌을 경우에는 주가가 상당히 큰 폭으로 오른 다음일 것이기 때문이다.

그러나 외부 차입 능력이 충분하지 않다면 증자를 통한 자본 조달이 불가피할 것이다. 이런 경우 신중한 계산을 통해 매력적인 투자 대상인지를 따져봐야 한다. 추가로 발행될 대규모 신주로 인해 희석될 주당 순이익이 새로 조달되는 자본 덕분에 늘어날 수 있는 주당 순이익에 비해 어느 정도나 되는지를 계산해봐야 하는 것이다.

만약 주식을 매수한 뒤 몇 년 동안에 걸쳐 계속해서 증자가 이루어지고, 또 이런 증자로 인해 기존 주주들의 주당 순이익이 아주 조금밖에 늘어나지 않았다면 여기서 내릴 수 있는 결론은 단 한 가지뿐이다. 이런 기업의 최고 경영진은 투자자가 원하는 최고의 투자 대상이 되기에는 충분하지 못한 재무적 판단력을 가졌다고 말이다. 이렇게 심한 경우가 아니라면 나머지 14가지 포인트에서 모두 훌륭한 평가를 내렸고, 따라서 뛰어난 투자 대상이 될 게 확실한데도 단지 이 같은 이유 때문에 투자를 주저할 필요는 없다. 또 거꾸로 말하자면 장기간에 걸쳐 최대의 투자 수익을 올리고자 하는 투자자라면 다른 14가지 포인트에서 모두 형편없는 평가를 내렸는데 단지 유동성이 뛰어나다거나 재무구조가 훌륭하다고 투자해서는 절대 안된다.

포인트 14. 경영진은 모든 것이 순조로울 때는 투자자들과 자유롭게 대

화하지만 문제가 발생하거나 실망스러운 일이 벌어졌을 때는 "입을 꾹 다물어버리지" 않는가?

아무리 잘 나가는 기업이라 하더라도 예기치 못한 어려움에 부딪치거나 갑작스러운 제품 수요의 감소 같은 난관에 봉착할 수 있다. 사업이란 원래 그런 것이다. 더구나 투자자가 최대의 투자 수익을 얻기 위해 주식을 매수해야 할 기업은 오랜 세월에 걸쳐 꾸준히 기술을 연구개발해 신제품과 새로운 생산방식을 만들어내고 판매하려고 노력하는 곳이어야 한다. 그래도 평균적으로 보면 이런 기업 가운데도 일부는 비싼 대가를 치르고 실패하고 만다. 그렇지 않은 기업들도 생산이 안정화되는 초기 단계에 예기치 못한 지연 사태나 심각한 비용 부담을 경험한다. 적어도 몇 달씩 이 같은 전혀 생각하지 못했던 과외의 비용이 발생하게 되면 그 회사의 이익 전망을 아무리 조심스럽게 예측했다 하더라도 악영향을 미친다. 이로 인한 실망은 사실 가장 성공적인 기업에서도 불가피하게 나타나는 것이다. 올바른 판단으로 정확하게 대처한다면 이런 비용은 성공을 달성하는 과정에서 치른 작은 비용에 그칠 것이다. 따라서 이런 기업에게는 약점이 아니라 오히려 강점으로 부각될 수도 있다.

최고 경영진이 이런 문제에 어떻게 대처하는가는 투자자에게 매우 귀중한 단서가 된다. 사업이 순조로울 때에 비해 잘 안될 때 있는 그대로 보고하지 않는 경영진은 대개 이런 저런 이유를 들어 "입을 꾹 다물어버리는" 경우가 많다. 이런 경우는 예기치 않은 어려움을 해결할 만한 적절한 프로그램을 마련하지 못했기 때문일 것이다. 어쩌면 경

위대한 기업에 투자하라

영진도 두려움에 사로잡혀 있을지 모른다. 마땅히 갖고 있어야 할 주주들에 대한 책임 의식도 없을지 모르고, 그저 시간을 버는 것 외에 아무런 대책도 없을 수 있다. 어떤 경우든 투자자는 부정적인 뉴스를 숨기려고 하거나 그냥 수수방관하는 기업에 대한 투자는 아예 하지않는 게 상책이다.

포인트 15. 의문의 여지가 없을 정도로 진실한 최고 경영진을 갖고 있는가?

어느 기업의 최고 경영진이든 회사의 주주보다는 회사의 자산에 더 관심을 기울인다. 합법적인 범위 안에서도 기업의 오너가 자신과 가족들의 이익을 위해 주주의 이익을 희생시킬 수 있는 방법은 얼마든지 있다. 한 가지 방법은 자신은 물론 회사에서 일하는 사위나 친척의 임금을 정상적인 직무의 가치에 비해 훨씬 더 높게 지급하는 것이다. 또 하나는 자신이 소유한 부동산을 정상적인 시세보다 훨씬 높은 가격으로 회사에 팔거나 임대를 주는 것이다. 사실 작은 중소기업에서는 이런 사례를 정확히 포착하기가 쉽지 않다. 오너 일가나 핵심적인 경영진이 부당한 이득을 취하기 위해서가 아니라 기업의 다른 사업 목적에 투자할 운전자금을 조달하기 위해 순수한 의도로 부동산을 회사에 매각하거나 임대를 주는 경우도 있기 때문이다.

최고 경영진이 자신의 부를 축적하는 또 다른 방법은 납품업체에게 반드시 특정 중개업체를 경유해서 물건을 공급하도록 하는 것이다. 중개업체는 다름아닌 자신이나 친구, 친척이 소유한 회사로 이렇게 받는 중개 수수료 외에는 별다른 수입도 없다. 아마도 주주에게 가장 큰 피해를 입히는 것은 내부 경영진이 스톡 옵션을 발행하는 권한을 남용하는 경우가 될 것이다. 이들은 능력 있는 경영진에 대한 합법적인 보상 수단인 스톡 옵션 제도를 악용해 자신에게 엄청난 스톡 옵션을 부여하고, 아무것도 모르는 외부 투자자들은 이들이 업무를 수행한 데 대한 정당한 보상이라고 잘못 판단하게 되는 것이다.

이 같은 남용을 막을 수 있는 보호장치는 오로지 하나밖에 없다. 주주에 대한 도덕적 책임감과 수탁자로서의 상당한 의무감을 갖고 있는 경영진이 이끌어가는 기업에만 투자하는 것이다. 이 문제야말로 사실 수집 방법이 매우 유용하게 쓰일 수 있는 분야다. 투자를 고려하고 있는 기업이 지금까지 설명한 15가지 포인트 가운데 어느 하나를 충족시키지 못한다 하더라도 나머지에서 상당히 높은 점수를 얻는다면 훌륭한 투자 대상이 될 수 있다. 그러나 다른 모든 면에서 제아무리 높은 점수를 얻었다 하더라도 최고 경영진이 주주에 대한 수탁자로서의 강력한 의무를 결여하고 있다면, 이것은 정말로 심각한 문제다. 현명한 투자자라면 이런 기업에 투자하는 것을 절대로 진지하게 고려하지 않을 것이다.

4

어떤 주식을 살 것인가:
나에게 맞는 투자 활용법

대개의 평균적인 주식 투자자는 투자 분야의 전문가들이 아니다. 직장인들은 자신의 회사 일에 전념하면서 약간의 시간을 따로 내거나 과외의 노력을 통해 투자 자산을 관리해나간다. 주부들 역시 주식 투자에 할애할 수 있는 시간은 일상적인 가사 노동에 비해 아주 적은 부분에 불과하다. 그래서 일반적인 투자자들이 갖고 있는 생각은 통상 성공적인 투자란 어떤 것인가에 대한 잘못된 인식과 오해, 허풍으로 가득 차 있기 마련이다.

이런 잘못된 생각 가운데 가장 널리 퍼져 있으면서도 가장 부정확한 것은 소위 "투자의 달인" 이 어떤 자질을 가지고 있는가에 대한 일반적인 인식이다. 가령 여론조사를 통해 투자의 달인이 어떤 사람인지 물어보자. 많은 사람들이 공통적으로 생각해내는 이 전문가는 내성적인 성격에 책 보기를 좋아하며 회계에 밝은 사람일 것이다. 이런 학자 스타일의 투자 전문가는 하루 종일 조용한 곳에서 기업의 대차대조표와 손익계산서, 온갖 경제지표를 연구하며 지낼 것이다. 워낙 박학다식하고 수치에도 밝은 이 사람은 이렇게 해서 보통 사람들이 알아내지 못하는 정보를 캐낼 것이다. 바로 이런 사람처럼 연구해야 투자 세계의 높은 경지에 오를 수 있는 고귀한 지식을 얻게 되는 것이라고 많은 사람들은 생각한다.

그러나 대개의 사람들이 갖고 있는 숱한 잘못된 믿음처럼 이런 생각역시 장기적으로 최대의 투자 수익을 얻기 위해 주식 투자를 한다면 걸림돌이 될 수 있다.

앞서 15가지 포인트를 설명하면서 이미 언급했듯이 투자의 세계에서 대단한 수익을 거둔 투자자는 단순히 운이 따라주어서 그렇게 된 것은 아니다. 수도자처럼 수학적 계산에 몰두해서 성공적인 투자자가 된 경우 역시 매우 드물다. 더구나 이 책의 서두에서도 밝힌 것처럼 투자자가 아주 뛰어난 능력을 갖고 있다면 주식 투자를 통해 장기적으로 엄청난 금액의 큰 돈을 버는 데는 한두 가지가 아닌 수많은 방법이 있다. 이 책의 목적은 이런 큰 돈을 버는 모든 방법을 나열하려는 게 아니다. 그 중에서도 최선의 방법이 무엇인지를 설명하려는 게 이 책의 목적이다. 여기서 최선의 방법이란 최소한의 리스크를 부담하면서 최대의 투자 수익을 거두는 것이다. 보통 사람들이 성공적인 투자의 핵심이라고 생각하는 회계학적 통계 수치를 활용하는 방식은 충분한 노력을 기울일 경우 꽤 저평가된 주식을 찾아낼 수 있다. 어떤 경우는 진짜로 너무나 저평가된 주식을 구하기도 한다. 하지만 상당수의 경우는 저평가된 주가가 몇 년 안에 크게 오를 것이라고 기대하는 동안 오

위대한 기업에 투자하라

히려 기업의 앞날에 시커먼 먹구름이 드리우고 만다. 이런 약점은 통계 수치만을 조사해서는 전혀 알아낼 수 없다.

어쨌든 실제로 본래 가치에 비해 매우 값싸게 거래되는 주식의 경우에도 저평가된 정도는 상당히 제한적일 수밖에 없다. 주가가 본래 가치를 찾아가는 데 걸리는 시간도 꽤 오래 걸리는 게 보통이다. 내가 지금까지 관찰해 본 결과 저평가된 주식이 정당한 대접을 받기까지 걸리는 시간은 매우 길고-가령 5년이라고 하자-회계학적 통계 분석에 아주 능숙한 투자자가 이 기간 동안 투자 수익을 올린다 해도 그 금액은 합리적인 투자자가 탁월한 성장 기업에 투자해서 얻을 수 있는 투자 수익에 비하면 매우 적다. 물론 이 같은 금액 비교는 성장주 투자자가 벤처 기업에 투자했다가 예기치 않은 손실을 입은 것도 감안한 것이고, 마찬가지로 저평가 주식 사냥꾼이 값싼 주식에 상당한 돈을 묻어 두었지만 끝내 주가가 상승하지 않은 경우까지 포함한 것이다.

성장주가 훨씬 높은 투자 수익을 가져다 주는 이유는 이런 주식은 10년마다 몇 백 퍼센트씩 주가가 오르기 때문이다. 이와는 대조적으로 장부가치에 비해 아주 낮게 거래되는 주식은 기껏해야 50% 상승하는 데 그친다. 산술적으로 이런 효과가 누적된다고 생각하면 그 결과는 명백할 것이다.

이제 주식 투자를 하겠다고 마음먹은 잠재적인 투자자라면 자신의 목표에 맞는 올바른 투자를 위해 얼마나 많은 시간을 쓸 것인지 곰곰이 생각해봐야 할 때가 됐다. 어떤 사람은 집에서 매주 몇 시간 정도 편하게 앉아 나름대로 괜찮은 투자 수익을 올리는 방법을 알려줄 것 같은 각종 자료나 책자들을 읽겠다고 계획할 것이다. 이런 사람은 주식 투자에서 최대의 투자 수익을 올리기 위해서는 반드시 접촉해봐야 할 다양한 분야의 인물들을 물색해보거나, 찾아가거나, 대화를 나누기에는 시간이 없다고 느낀다. 어쩌면 그렇게 할 만한 시간이 있을 수도 있다. 하지만 대부분 지금까지 잘 알지 못했던 사람들인데 이들을 찾아가 이야기를 나누고 싶지 않을 수 있고, 자신의 성격에도 맞지 않을 수 있다. 더구나 이들과 단순히 대화를 나누는 것만으로는 충분하지 않다; 이들이 알고 있는 것을 입 밖으로 꺼낼 수 있도록 관심을 불러일으키고 믿음을 심어주어야 한다. 성공적인 투자자들은 대개 기업 세계의 문제에 원래부터 관심이 많은 사람들이다. 이런 타고난 성격이 있어야 자신이 찾고 있는 문제에 대해 잘 알고 있는 사람의 관심을 이끌어내 대화를 나눌 수 있는 것이다. 또 당연히 합리적이면서도 명석한 판단력을 가져야 하고, 자신이 갖고 있는 자료에 너무 치우쳐서도 안된다.

이처럼 시간과 의향, 판단력을 가진 투자자라 할지라도 주식 투자를 하는 데 최대의 성과를 낼 수 없는 장애가 있을 수 있다. 지리적인 점도 한 요인이다. 가령 디트로이트에 살고 있는 투자자는 자동차 회사나 부품 기업들에 대해 알 수 있는 기회가 많지만 오레건 주에 사는 투자자는 이런 기회를 접할 수 없다. 하지만 요즘은 수많은 기업들이 전국적인 유통망을 갖추고, 주요 도시마다 지역 본부를 두고 있어서 대도시나 그 인근에 살고 있는 투자자라면 장기적으로 대단한 투자 수익을 올릴 수 있는 투자 대상을 적어도 몇 개 정도는 찾아낼 기회가 충분히 있다. 물론 대도시에서 아주 멀리 떨어진 시골 마을에 사는 경우라면 이런 기회가 아무래도 적을 것이다.

위대한 기업에 투자하라

그러나 시골에 사는 투자자는 물론 최고의 투자 수익을 올려줄 수 있는 주식을 스스로 찾아내기에는 시간이나 능력, 관심도 부족한 대다수의 일반 투자자들도 절대 이런 이유 때문에 주식 투자를 포기할 필요는 없다. 사실 투자자가 해야 할 일은 너무 전문적이고, 또 너무 복잡해서 굳이 개인 투자자가 자신의 투자를 직접 관리해야 할 이유는 없다. 변호사나 의사, 건축가, 자동차 정비사에게 일을 맡기는 것과 마찬가지다. 그 쪽 분야에 특별한 관심과 전문적인 기술을 갖고 있다면 물론 직접 할 수 있다. 그렇지 않다면 당연히 전문가를 찾아가야 하는 것이다.

　중요한 것은 능력이 떨어지는 돌팔이가 아니라 진짜 전문가를 찾아내는 데 필요한 원칙을 갖고 있느냐의 여부다. 신중한 성격이라면 뛰어난 투자 자문가를 찾는 게 출중한 변호사나 의사를 물색하는 것보다 비교적 쉬울 수 있다. 물론 어떤 면에서는 훨씬 어려울 수도 있다. 주식 투자 분야는 아주 최근에야 발전하기 시작해 다른 대부분의 분야에 비해 전문성이 떨어지기 때문이다. 그래서 많은 사람들이 주식 투자에 관한 풍부한 지식을 갖고 있는 전문가와 그럴 듯 하게 시늉만 내는 사람을 명확하게 구분하지 못한다. 한 예로 주식 투자 분야에서는 변호사나 의사의 세계처럼 지식이 없거나 경쟁력이 부족한 인물들에게는 자격을 주지않는 그런 제도가 아직 없다. 소위 투자에 관한 한 매우 권위있는 인사들 사이에서도 투자 전문가를 훈련시키는 교육기관을 어떤 원칙에 따라 세워야 하는가를 놓고 의견이 분분한 실정이다. 법률이나 의학을 가르치는 교육기관이 이미 확고한 기초를 다진 것과는 대조적이다. 더구나 다른 사람의 투자를 도와주는 투자 자문가에 대해 어떤 식으로 정부가 자격을 부여할 것인지도 아주 어려운 문제다. 그런 점에서도 정부가 엄격하게 심사해서 자격증을 내주는 변호사나 의사와는 거리가 멀다. 물론 미국의 상당수 주(州)에서는 투자 자문가로 활동하기 위해서는 면허를 받아야 한다. 하지만 이런 면허는 투자 자문가로서의 훈련이나 기술을 받았는지 여부가 아니라 그 사람이 도덕적으로 문제가 있거나 경제적으로 파산 상태가 아니라면 모두 허가를 내준다는 것을 전제로 하고 있다.

이런 이유로 인해 투자 자문가의 경우에는 변호사나 의사에 비해 경쟁력이 떨어지는 전문가들이 훨씬 더 많다. 그러나 좋은 점도 있다. 주식 투자에 문외한인 사람도 아주 능력 있는 투자 자문가를 쉽게 구하는 방법이 있기 때문이다. 뛰어난 변호사나 의사를 구하는 것보다 훨씬 쉽다. 외과 의사의 경우 수술 도중에 환자가 사망한 비율이 가장 적다고 해서 꼭 훌륭하다고 할 수 없다. 마찬가지로 재판에서 승소한 비율이 높다고 해서 반드시 뛰어난 변호사는 아닐 것이다. 대부분의 외과 의사가 생사가 걸린 수술을 하는 경우는 매우 드물고, 훌륭한 변호사 가운데 재판에 관여하지 않는 경우도 많기 때문이다.

그런데 투자 자문가의 경우는 그렇지 않다. 투자 자문가는 누구에게나 성적표가 있고, 일정한 기간 동안의 성적표는 투자 자문가의 능력과 기술이 어느 정도인가를 그대로 보여준다. 투자 자문가의 진정한 능력을 반영하기 위해서는 때로 5년 이상의 검증 기간이 필요한 경우도 있다. 대개는 그렇게까지 긴 기간을 지켜보지는 않는다. 다만 독립적으로 활동했든, 다른 투자자문회사에서 일했든 5년 미만의 투자 경력밖에 없는 투자 자문가를 믿고 자신의 돈을 맡기는 것은 다소 무모

위대한 기업에 투자하라

하다는 게 일반적인 생각이다. 따라서 투자의 세계에서는 전문적인 투자 자문가를 구하고자 할 경우 객관적으로 능력을 검증할 수 있는 투자 성적표를 요구하는 게 당연하다. 이 투자 성적표를 해당 기간의 주가 등락률과 비교해보면 투자 자문가의 진짜 능력을 가늠할 수 있다.

투자가가 자신의 자금을 운용하는 중요한 역할을 위임할 투자 자문가나 투자자문회사를 최종 선정하기 전에 짚고 넘어가야 할 두 가지 사항이 더 있다. 하나는 투자 자문가가 의심할 나위 없이 진실한 사람인가를 분명히 확인해야 한다. 다른 하나는 좀 더 복잡하다. 투자 자문가가 시장 평균치보다 높은 성적을 올렸더라도 그것이 뛰어난 기술 때문이 아닌 경우다. 주가가 떨어진 기간에 지수 하락률보다 적게 떨어졌는데, 알고 보니 이 투자 자문가는 운용 자금의 상당 부분을 늘 국채와 같은 비주식 자산에 투자했을 수 있다. 또 주가가 장기적으로 오르는 동안 시장 평균보다 높은 투자 수익률을 거두었지만 이 투자 자문가는 아주 위험한 한계 기업 주식을 선호하고 있을지도 모른다. 영업 이익률을 설명하면서 지적했듯이 이런 한계 기업은 주가가 급등할 때는 괜찮은 수익률을 올려주기도 하지만 곧 이어 더욱 큰 폭으로 떨어진다. 그런가 하면 주식 시장이 어떻게 흘러갈 것인지에 대한 예상이 운좋게도 잇따라 적중해서 시장이 상승하거나 하락할 때 모두 시장 평균보다 높은 수익률을 거둔 투자 자문가도 있다. 한동안은 이렇게 해서 꽤 높은 수익률을 올릴 수 있지만 무한정 예상이 적중하기란 사실상 불가능하다.

투자 자문가를 선정하기 이전에 반드시 기본적인 자금 운용 원칙이 무엇인지 직접 들어보아야 한다. 그래야만 자신이 생각하고 있는 투자에 대한 기본 개념과 일치하는 투자 자문가를 선택할 수 있다. 당연히 이 책에서 설명한 내용들이 밑바탕에 깔려있어야 한다고 나는 생각한다. 예전에 증권가에서 유행했던 "쌀 때 사서 비쌀 때 판다"는 식의 자세는 이 책을 읽은 사람이라면 절대 받아들이지 않을 것이라고 믿는다.

어떤 주식을 사든 주식 투자의 가장 큰 목적은 장기적으로 최대의 수익을 올리는 것이다. 이런 목적을 갖고 있는 투자자라면 자금 운용에 관한 일을 직접 할 것인지 아니면 투자 자문가에 맡길 것인지 여부와 관련해 반드시 직접 결정해야 할 한 가지 문제가 있다. 이런 결정을 내려야만 하는 이유는 앞서 설명했던 15가지 포인트를 대부분 충족시키는 우량 기업들의 주식도 투자 대상으로서 저마다 각기 다른 성격을 갖고 있기 때문이다.

이런 우량 주식을 성격별로 줄을 세워놓았다고 하면 한쪽 끝에는 대형 우량주가 자리잡을 것이다. 대형 우량주는 향후 성장률이 계속 가속화할 정도로 전망이 뛰어나면서도 매우 튼튼한 재무구조를 갖고 있고, 아주 탄탄한 경제적 토양 위에 뿌리를 박고 있다. 이런 주식은 일반적으로 "기관 선호주"로 분류된다. 이 말은 보험회사나 투자신탁회사, 이와 유사한 기관 투자가들이 매수하려고 하는 주식이라는 의미다. 기관 투자가들이 이런 대형 우량주를 매수하는 이유는 주가 예측을 잘못 해서 주가가 떨어졌을 때 매도해야만 할 경우 불가피하게 투자 원금의 일부를 손해 보겠지만 그래도 경쟁이 치열한 요즘 같은 시대에 자칫 급락할 수 있는 기업의 주식을 매수했다가 더 큰 손실을 입

위대한 기업에 투자하라

는 리스크를 피할 수 있다고 느끼기 때문이다.

다우 케미칼이나 듀폰, IBM 같은 성장주가 이런 대형 우량주의 대표적인 예라고 할 수 있다. 제 1장에서도 지적했듯이 1946년부터 1956년까지 지난 10년 동안은 국채와 같은 우량 채권에 투자했을 경우 그렇게 높지는 않았지만 그런대로 투자 수익을 올릴 수 있었다. 그러나 이들 세 종목의 주가는 이 기간 중 약 5배나 상승했다. 더구나 이들 세 기업의 주식에 투자했다면 배당금 수입에서도 결코 부족함이 없었을 것이다. 가령 다우 케미칼의 경우 주가에 비해 배당 수익률이 형편없는 종목으로 악명이 높았지만 1946년에 다우 케미칼 주식을 매수했다면 1956년에는 배당 소득으로도 꽤 괜찮은 수익률을 올렸을 것이다. 매수 당시에는 다우 케미칼의 배당 수익률이 약 2.5%에 불과했지만(이 무렵은 전체적으로 배당 수익률이 비교적 높은 시점이었다) 10년이 지난 현재는 배당금 자체도 늘어났고, 그사이 주식 분할까지 실시해 10년 전의 매수 가격을 기준으로 한 현재의 배당 수익률은 8~9%에 이른다. 더욱 중요한 사실은 여기서 비교한 10년이 이들 세 가지 대형 우량주에게는 그렇게 특별한 기간이 아니었다는 점이다. 이들 주식은 1929년부터 1932년까지 이어진 대불황기와 제 2차 세계대전 기간처럼 일시적인 외부 요인으로 인해 한동안 주춤한 것을 제외하고는 매 10년마다 거의 환상적인 주가 상승세를 이어왔다.

대형 우량주의 정반대편에 자리잡을 주식은 대개 설립한 지 얼마 되지 않은 작은 성장 기업의 주식이 될 것이다. 이들 기업의 연간 매출액은 100만 달러에서 기껏해야 700만 달러에 불과하겠지만 장래에 폭발적인 매출을 기록할 제품을 갖고 있다. 이런 종목 역시 장기적인 투자자가 극단적으로 선호하는 주식이다. 이미 설명한 15가지 포인트를 모두 충족시키는 기업은 걸출한 경영진을 갖고 있는 것은 물론 경제적으로 전망이 확실한 분야에서 새로운 제품이나 신기술을 개발하는 뛰어난 과학 두뇌를 보유하고 있을 것이다. 1953년에 처음으로 주식시장에 상장된 암펙스 코퍼레이션 주식이 당시로서는 이런 종목의 아주 좋은 예가 될 것이다. 암펙스의 주가는 상장 후 불과 5년 만에 7배 이상이나 상승했다.

양쪽 끝에 자리잡은 두 부류의 주식 사이에도 장래가 촉망되는 다양한 성장주들이 존재할 것이다. 1953년 당시의 암펙스처럼 다소 위험한 벤처 기업보다는 크지만 다우 케미칼이나 듀폰, IBM처럼 재무구조가 튼튼하면서 탄탄한 사업 기반을 갖고 있는 대기업보다는 약간 작은 수많은 성장 기업이 있을 것이다. 그렇다면 지금 이들 주식 모두 매수할 타이밍이 됐다면(매수 시점에 대해서는 다음 장에서 설명할 것이다) 어디에 위치한 주식에 투자해야 할 것인가?

투자 수익 잠재력이 가장 큰 주식을 꼽자면 설립된 지 얼마 되지 않은 작은 성장 기업의 주식이 될 것이다. 이런 주식은 종종 10년 만에 수천 퍼센트의 상승률을 기록하기도 한다. 하지만 매우 노련한 투자자라 할지라도 불가피하게 실수를 저지를 수 있다. 이런 종류의 주식은 만약 실수를 저지른다면 투자한 돈을 전부 날릴 수도 있다는 점을 명심해야 한다. 반면 성장주이면서도 연륜이 깊고 탄탄한 기반을 갖고 있는 대형 우량주는 다음 장에서 자세히 설명할 매수 원칙에 따라 투자했다면 주식시장 전반이 갑작스럽게 급락하는 기간에 동반 하락한다 해도 일시적인 조정에 그치게 된다. 장기적으로 이런 대형 우량

주의 주가 상승률은 설립된 지 얼마되지 않은 작은 기업에 비해 상당히 낮다. 그래도 전체적인 투자 수익률은 시장 평균에 비해 매우 높은 편이다. 성장주로 분류되는 주식이라면 가장 보수적인 종목이라고 해도 투자 수익률이 장기적으로 최소한 몇 백 퍼센트는 되기 때문이다.

그러므로 자신이나 가족에게 필요한 자금을 주식에 투자해 그에 상응하는 큰 리스크를 감수하고자 하는 투자자라면 어떤 원칙을 따라야 할지 분명해진다. 일단 "대부분의" 투자 자금을 다우 케미칼이나 듀폰, IBM과 같은 대형 우량주는 아니더라도 설립된 지 얼마 되지 않은 작은 기업보다는 이런 기업에 근접한 주식을 매수해야 하는 것이다. 여기서 "대부분의" 투자 자금이라고 표현한 것은 60% 혹은 100%도 될 수 있고, 투자자들마다 필요에 따라 결정할 수 있다는 의미다. 50만 달러 정도의 재산을 갖고 있는 퇴직자라면 보다 보수적인 성장주에 투자하는 것이 나을 것이다. 남편을 여의고 홀로 된 여성이 세 명의 어린 자녀와 100만 달러의 재산을 갖고 있으며, 생활 수준에 위협을 줄 정도만 아니라면 약간의 리스크를 감수하고서라도 재산을 늘리고자 한다면 설립된 지 얼마 되지 않은 작은 성장주를 신중하게 골라 투자 자금의 15% 정도를 투자할 수 있을 것이다. 부인과 두 자녀를 둔 사업가가 현재 재산이 40만 달러고, 매년 소득 가운데 1만 달러를 저축하고 있다면 현재 재산은 보다 보수적인 성장주에 투자하되 매년 저축하는 금액이 전체 투자 자산의 절반에 이를 때까지 다소 위험한 벤처 기업에 투자할 수 있을 것이다.

그러나 어떤 경우든 보다 보수적인 성장주의 장기적인 주가 상승에 따른 투자 수익이 다소 위험한 벤처 기업에 투자했다가 투자 원금을 전부 잃을 수 있는 금액보다 더 커야 한다. 물론 제대로 선정하기만 한다면 다소 위험한 벤처 기업에 투자한 게 전체적인 투자 수익률을 크게 높여줄 수 있다. 더욱 중요한 사실은 그런 일이 발생할 시점이 되면 처음에 다소 위험한 벤처 기업이라고 생각하고 투자했던 기업이 계속 성장해 더 이상 예전과 같은 위험 요인은 사라지고 기관 투자가들이 매수하기 시작하는 우량주의 반열에 오르게 될지도 모른다는 점이다.

소액 투자자들에게 이런 문제는 약간 더 골치 아프다. 투자 규모가 큰 투자자들 가운데는 배당금 수입은 완전히 무시한 채 자금 운용의 초점을 오로지 최대의 성장 잠재력을 갖고 있는 주식에 집중하는 경우도 있다. 거액을 굴리는 투자자들은 워낙 규모가 크기 때문에 이렇게 투자해도 자신의 생활수준을 충분히 유지할 수 있는 배당금 수입을 올리거나, 혹은 다른 데서 정기적으로 나오는 소득이 있어서 약간의 배당금만으로도 생활이 가능하다. 그러나 대부분의 소액 투자자들은 워낙 투자 규모가 작기 때문에 투자 수익률이 웬만큼 높다고 해도 그것만으로는 생활할 수 없다. 이런 이유로 인해 소액 투자자들은 배당금 문제를 앞에 놓고 선택의 기로에 서게 된다. 지금 당장 손에 쥐게 될 몇 백 달러의 배당금을 바랄 것인가, 아니면 1년 뒤 혹은 그 이후에 몇 백 달러의 수십 배가 될 수 있는 주가 차익을 노릴 것인가를 선택해야 하는 것이다.

소액 투자자는 이처럼 중대한 선택의 문제에 앞서 반드시 냉정하게 판단해야 할 또 다른 문제가 있다. 주식에 투자하려고 하는 자금은 정말로 여유가 있는 자금이어야만 한다는 점이다. 내가 여기서 말하는 여유가 있는 자금이란 매일매일의 생활에 필요한 돈 이외에 다른 곳에 쓸 수 있는 돈을 말하는 것이 아니다. 어떤 주식이든 잠재적으로는 매우 위험하다. 따라서 아주 특별한 경우가 아니라면 각 개인들은 주식을 매수하기 전에 예기치 못한 질병이나 위급 상황에 대비할 수 있도록 몇 천 달러 정도의 비상금을 따로 챙겨두어야 한다. 마찬가지로 장래의 특별한 용도를 위해 별도로 모아둔 돈, 가령 어린 자녀의 대학 등록금 같은 자금을 무모하게 주식에 투자해서는 안된다. 소액 투자자들은 이런 문제를 충분히 고려한 뒤에 비로소 주식 투자를 고려해야 한다.

이렇게 해서 여유 자금을 투자하게 된 소액 투자자가 어떤 목표를 갖고 투자에 임할 것인가는 개인적인 취향과 현재 처해있는 경제적 환경, 주식 이외 소득의 규모 및 성격 등에 따라 달라질 것이다. 젊은이들이나 특별히 좋아하는 손자 손녀에게 상속해줄 재산을 주식에 투자하는 노인이라면 한 해 몇 백 달러 수준의 배당금은 과감히 포기하고, 10년 뒤에 거둘지도 모를 엄청난 주가 차익을 목표로 하고 싶을 것이다. 이와는 대조적으로 평범한 중장년층 투자자라면 배당금을 많이 주는 회사에 자연히 이끌릴 것이다. 또 비교적 소득이 적고 경제적으로 지출할 곳이 많은 개인 투자자 역시 당장 손에 쥘 수 있는 배당 수입이 가장 절실할 것이다.

그러나 대다수 소액 투자자들에게 당장의 배당금을 중시할 것인가의 여부는 개인적인 취향의 문제다. 각자가 어떻게 생각하느냐에 따라 달라질 것이라는 이야기다. 순전히 내 개인적인 견해를 밝히자면 장래에 상당한 투자 수익을 올릴 수 있고, 어쩌면 내 자식들을 부자로 만들어줄 수 있는 주식과 비교해 약간의 추가적인 수입(그것도 배당금에 부과되는 세금을 공제해야 한다)을 얻을 수 있는 주식은 따분하기만 하다. 물론 나와는 전혀 다르게 생각하는 사람들도 있을 것이다. 지금부터 이 책에서 계속 설명할 내용은 소액 투자자든, 거액을 굴리는 투자자든 배당금 문제와 관련해 나와 마찬가지로 생각하고, 또 같은 목표를 갖고 있는 사람들에게 그런 투자 방식으로 최선의 결과를 얻을 수 있는 지혜로운 투자 원칙을 안내해줄 것이다.

누구든 이런 원칙을 적용해 직접 주식 투자를 했다면 투자 성공 여부는 두 가지에 달려있다. 하나는 얼마나 능숙하게 이 원칙들을 적용할 수 있는가 하는 점이다. 물론 나머지 하나는 운이 얼마나 따라주느냐 하는 점이다. 투자한 기업의 연구개발 부서에서 지난 몇 년 동안 전혀 예상하지 못했던 획기적인 발견 사실을 갑자기 내일 발표할 수도 있고, 5년간이나 계속된 연구개발 노력이 아무런 성과도 내지 못하고 끝나는 바람에 순이익을 반감시킬 수도 있다. 이처럼 어떤 주식에 투자하든 운이라는 요소가 아주 결정적인 역할을 할 수 있는 것이다. 그런 점에서 소액 투자자보다는 그래도 자금 운용 규모가 중간 정도는 되는 투자자가 유리하다. 제대로 선정한 여러 개의 종목에 투자했다면 행운이 됐든, 불운이 됐든 대부분은 상쇄될 것이기 때문이다.

마지막으로 오늘 당장의 배당 수입을 최대화하기 보다는 몇 년 뒤의 더 큰 주가 차익을 선호하는 투자자라면 지난 35년간 다양한 금융 관련 기관에서 발표한 수많은 연구 결과를 기억해두는 게 좋을 것이다. 배당률이 높은 기업의 주식을 매수한 경우와 배당률은 낮지만 사내 유보 자금을 성장과 재투자를 위해 사용한 기업의 주식을 매수한 경우를 비교한 연구들이다. 내가 아는 한 이런 연구 결과는 모두 똑같은 결과를 보여주고 있다. 5년 내지 10년 이상의 기간을 비교 대상으로 했을 경우 배당률이 낮은 성장주가 주가 상승률 측면에서 월등히 뛰어났다.

더욱 놀라운 사실은 이런 주식들 가운데 상당수는 비교 대상 기간 동안 배당금이 계속해서 늘었다는 점이다. 물론 주가 역시 상승해 절대적인 배당률은 여전히 낮겠지만, 맨처음에 배당 수입은 별로 생각하지 않고 투자했을 때의 매수 가격에 비하면 배당률이 훨씬 높아졌을 것이다. 다시 말하지만 이런 성장주는 단순히 주가 상승에 따른 투자 수익 측면에서 월등히 뛰어날 뿐만 아니라 어느 정도의 기간이 지난 뒤에는 배당 수입이라는 측면에서도 훨씬 나은 결과를 보여줄 만큼 성장할 것이다.

5

언제 살 것인가

향후 수십 년간에 걸쳐 주당 순이익이 폭발적으로 성장할 주식을 어떻게 찾아낼 것인가를 아는 것이 바로 성공적인 투자의 핵심이라는 점을 지금까지 설명했다. 그렇다면 다른 문제에 대해서는 시간과 노력을 전혀 기울이지 않아도 된다는 말인가? 언제 매수할 것인가에 대한 문제는 그리 중요하지 않다는 말인가? 매우 훌륭한 주식을 투자자가 일단 확실하게 찾아냈다면 어느 때든 매수해도 좋다는 말인가? 이런 문제에 대한 답은 투자자가 어떤 목적을 갖고 있느냐에 따라 다르고, 또 투자자의 개인적인 성향에 따라 달라질 수 있다.

한 가지 예를 들어보자. 누가 봐도 현대 금융시장의 역사에서 가장 극단적인 사례를 하나 소개하겠다. 1929년 여름, 혹은 미국 주식시장 역사상 최악의 주가 폭락이 일어났던 그 해 10월 직전에 매우 뛰어난 기업의 주식을 제대로 골라 매수했다고 하자. 하지만 25년 동안이나

위대한 기업에 투자하라

이 주식을 보유했다 하더라도 투자 수익은 형편없었을 것이다. 그러나 만약 뛰어난 주식을 제대로 선정하는 어려운 작업을 훌륭하게 수행한 이 투자자가 성장주의 매수 타이밍에 대한 간단한 원칙을 이해하고자 조금만 더 노력했더라면 투자 수익은 전혀 달라졌을 것이다.

다시 말하지만 제대로 된 주식을 매수해서 장기간 보유하게 되면 반드시 어느 정도의 이익을 거두게 된다. 대개는 아주 괜찮은 투자 수익을 올릴 수 있다. 하지만 앞서 정의했던 대로 결정적인 투자 수익이라고 할 수 있는 최대의 이익에 근접하기 위해서는 매수 타이밍에 대해서도 충분히 고려해야만 한다.

그러나 언제 주식을 살 것인가에 관한 전통적인 방법론은 너무 피상적이어서 내가 생각하기에 우습게 느껴질 정도다. 이런 방식은 매수 타이밍을 선정하기에 앞서 우선 엄청난 분량의 경제 지표를 나열한 자료를 제시한다. 그리고 이런 자료를 통해 전반적인 경기 상황이 단기적으로, 혹은 중기적으로 어떤가 하는 결론을 내린다. 좀 더 세련된 투자자라면 경제 활동 상황 뿐만 아니라 향후 금리 변동 추이에 대한 의견까지 수집할 것이다. 만약 이런 문제들을 전부 점검한 뒤 경제 상황 전반이 크게 악화되지 않을 것으로 예상되면 사고 싶은 주식을 매수하라는 최종 결론을 내릴 것이다. 때로는 저 멀리서 어두운 먹구름이 다가오는 것처럼 보일 때도 있다. 일반적으로 널리 받아들이고 있는 이런 방식에서는 그럴 때면 사고자 했던 주식의 매수 시점을 연기하거나 아예 취소하도록 할 것이다.

내가 이런 접근 방식에 반대하는 이유는 이론적으로 틀렸기 때문이 아니다. 미래의 경기 흐름을 예측하고자 하는 인간의 경제적 지식 수준을 감안할 때 이런 방식을 실제 상황에 적용한다는 것은 사실상 불가능하기 때문이다. 이런 예측이 정확하게 들어맞을 확률은 저축한 돈을 투자하는 데 따르는 리스크를 상쇄시켜주기에 충분하지 않다. 어쩌면 환경이 달라질지도 모르겠다. 5~10년 후에는 지금과는 다른 상황이 벌어질 수도 있기 때문이다. 지금도 아주 똑똑한 친구들은 컴퓨터를 사용해 정확한 "투입-산출" 방정식을 만들어내려고 애쓰고 있다. 덕분에 머지않은 장래에는 경기 변동 전망을 상당히 정확하게 내놓을 수 있을지도 모른다.

만약 그런 환경이 완벽하게 조성된다면 주식 투자 기술도 근본적으로 변해야 할 것이다. 그러나 이런 일이 벌어지기 전까지는 경기 변동을 예측하는 경제학적 분석 방식은 마치 연금술사들이 활동했던 중세 시대의 화학 연구처럼 여겨져야 한다고 나는 생각한다. 중세의 화학 연구는 지금의 경기 예측과 마찬가지로 기본 원칙이라고 해봐야 신비한 주술과 주문으로부터 겨우 벗어나 단초를 형성해가는 단계였다. 그러나 당시의 화학 연구는 원칙을 기초로 하여 일정한 실험 과정을 실행할 수 있을 만큼 발전하지 못했다.

1929년에 그랬던 것처럼 경제는 때로 장미빛 환상에 도취한 투기 광풍에 휩싸인 채 궤도를 이탈해 전례 없는 속도로 달려나가기도 한다. 경제적으로 무지한 우리의 지적 수준을 감안하더라도 그럴 경우 어떤 일이 벌어질지는 거의 정확하게 예상할 수 있다. 하지만 장기적으로 볼 때 이런 경우는 극히 드물고 경기 예측이 정확히 들어맞을 확률은 평균적으로 10분의 1을 크게 넘지 못할 것이라고 나는 생각한다. 어쩌면 시간이 흐를수록 이 확률은 더 떨어질지도 모른다.

위대한 기업에 투자하라

대개의 투자자들은 주변에서 얻을 수 있는 경제 예측을 사용하는 데 매우 익숙하다. 그래서 이런 예측을 너무 과도하게 신뢰하기도 한다. 만약 그렇다면 제 2차 세계대전 이후 매년 발행되고 있는 경제 학술지 〈커머셜 앤드 파이낸셜 크로니클Commercial & Financial Chronicle〉의 지난 호를 아무 것이나 구해서 읽어보라고 권하고 싶다. 사실 이런 예측이야 틀릴 수 있다고 생각하는 경우에도 여기에 실려 있는 내용들을 훑어볼 필요가 있다. 어느 해에 발행된 것을 읽어보든 마찬가지다. 저명한 경제 연구소와 금융 기관의 전문가들이 향후 경제 전망에 대해 쓴 논문이 다른 어떤 주제를 다룬 논문보다 많을 것이다. 이 학술지의 편집자가 낙관적인 전망과 비관적인 전망 모두를 보여줄 수 있도록 나름대로 균형을 잡아서 게재 논문을 선정했다는 점을 감안하면 같은 호에 상반된 경제 예측이 함께 실려있는 정도는 그냥 넘어갈 수 있다. 정말로 놀라운 사실은 각각의 전문가들이 서로의 입장을 조금도 인정하지 않는다는 점이다. 이 가운데 일부 논문은 발표됐을 당시 엄청난 반향을 일으켰고, 많은 사람들이 신뢰했다는 사실은 더욱 놀랍다. 또 여기에 실려 있는 상당수의 경제 예측이 대부분 틀린 것으로 판명 났다는 점 역시 명백한 사실이다.

이처럼 불완전하고 심지어 전혀 무관한 사실들을 통해 끊임없이 경제 예측의 실마리를 찾으려고 노력하는 투자가들의 귀중한 노력을 떠올려보면 차라리 이런 노력의 극히 일부만 다른 곳으로 돌려도 더 나은 방향을 찾을 수 있지 않을까 궁금해진다. 앞서 나는 요즘의 경제 예측을 연금술사가 활동하던 시절의 화학 연구와 비교했었다. 연구에 몰두하기는 했지만 아직까지도 제대로 현실화되지 못하고 있는 연금

술사들의 노력처럼 중세 시대의 다른 상황들도 비교해볼 수 있을 것이다.

중세 시대는 서구 세계 대부분이 생존에 필요한 물자조차 부족했고, 인간의 삶이 무척 고달팠던 시절이었다. 그 무렵 고급 두뇌의 상당 부분이 쓸데없는 문제에 몰두했던 것도 중요한 이유였다. 당시 이 세상에 천사의 숫자가 얼마나 되는지 따위의 논쟁을 하느라 허비했던 노력의 절반만이라도 굶주림과 질병, 궁핍과 싸우는 데 돌려졌더라면 어떤 일이 벌어졌을지 한번 상상해보라. 오늘날 주식 투자와 관련된 일을 하고 있는 고급 인력들이 향후 경기 동향을 예측하기 위해 바치고 있는 노력의 단 얼마만이라도 보다 생산적인 목적에 사용한다면 정말로 놀라운 결과를 가져올 수 있을 것이다.

전통적 방식에 따른 단기적인 경제 전망이 적절한 매수 타이밍을 결정하는 올바른 방법이 아니라면 과연 매수 타이밍은 어떻게 잡아야 하는가? 그 답은 성장주 그 자체의 본질적인 성격에서 찾을 수 있다.

앞서 설명했던 뛰어난 투자 대상 기업의 기본적인 특징들을 다시 한번 떠올려보기를 바란다. 이런 기업은 대개 한두 분야에서는 과학 기술의 최첨단에 서있게 마련이다. 이들 기업은 연구실 단계부터 테스트 공장을 거쳐 초기의 상업적인 생산이 이루어지는 단계에 이르기까지 다양한 신제품이나 신기술을 개발하고 있다. 여기에 투입되는 비용은 회사들마다 천차만별이겠지만 어쨌든 회사의 다른 사업 부문에서 나오는 이익을 떨어뜨리고 있을 것이다. 상업적인 생산의 초기 단계에 접어들었다 해도 충분한 물량의 신제품을 판매해 당초 기대했던 영업이익률을 얻기까지는 추가적인 영업 비용이 들어가야 할 것이다.

그렇게 되면 상업적인 생산 초기 단계의 손실 규모는 오히려 테스트 공장 단계보다도 더 커질 수 있다.

　투자자의 입장에서 보면 여기에는 특별히 중요한 두 가지 측면이 있다. 하나는 신제품의 개발 일정을 정확한 타임 테이블로 만들어내기가 사실상 불가능하다는 것이다. 또 하나는 아무리 탁월한 경영진이 이끌어가는 기업이라 해도 신제품 개발이 실패할 수 있고, 이에 따른 비용을 감수해야 한다는 것이다. 프로야구의 경우 최고 승률을 기록한 리그 챔피언 팀조차 정규 리그를 거치면서 전체 경기의 30% 정도는 패배한 것과 마찬가지다.

　매수 타이밍이라는 관점에서 봤을 때 신제품이나 신기술 개발 단계에서 가장 세밀하게 들여다봐야 할 시점은 상업적인 대규모 생산이 처음으로 본격화하기 시작하는 순간이다. 기존의 제품을 생산하거나 기존 기술을 사용하는 공장을 새로 건설해도 아마 6~8주 정도는 과외의 비용이 추가로 들어갈 것이다. 기계장비가 효율적으로 돌아가도록 조정하고, 현대적인 정밀 기계에서는 불가피하게 발생하는 "버그"들을 제거하는 데는 상당한 시일이 소요되기 때문이다. 만약 새로운 생산 공정이 가히 혁명적일 정도라면 정상 가동까지 소요되는 비용은 그 회사의 가장 비관적인 엔지니어가 예상한 것보다 더 많을 수도 있다. 더구나 이런 문제가 모두 해결된 뒤에도 비록 오랫동안 기다려왔지만 즉각 이익이 나기를 바라기에는 아직 이르다. 회사의 다른 생산 라인에서 나오는 이익의 더 많은 부분을 새로운 제품의 특별 영업 및 광고 비용에 쏟아 붓는 동안 어쩌면 몇 달을 더 기다려야 할지 모른다.

　이런 기업은 분명히 기존 생산 라인의 매출액이 꾸준히 성장하고 있을 것이며, 여기서 나오는 이익을 신제품이나 신기술 개발을 위해 사용해도 대개의 주주들은 잘 모를 것이다. 그러나 정반대의 상황은 자주 벌어진다. 뛰어난 기업의 연구실에서 획기적인 신제품을 개발했다는 소식이 처음으로 전해지면 갑자기 매수자가 몰리면서 이 회사의 주가는 치솟는다. 이어서 시험 생산을 위한 테스트 공장 가동이 성공했다는 소식이 전해지면 주가는 또 한번 오른다. 테스트 공장의 가동은 마치 자동차를 타고 꾸불꾸불한 시골길을 시속 10마일의 속도로 달리는 것이나 마찬가지라는 업계의 오랜 통설에 귀를 기울이는 사람은 거의 없다. 여기에 비한다면 상업적인 공장을 가동하는 일은 꾸불꾸불한 시골길을 시속 100마일의 속도로 달리는 것이라고 할 수 있다.

상업적인 공장을 돌리기 시작한 뒤에도 몇 달 동안은 계속 난관에 부딪치게 되고, 이로 인해 야기되는 예상치 못한 비용은 주당 순이익을 눈에 띄게 감소시킬 것이다. 공장에 심각한 문제가 있다는 소문도 돈다. 해결책이 가능할지, 또 언제나 나올 수 있을지 아무도 장담하지 못한다. 앞서 이 회사의 주식을 매수하는 데 달려들었던 투자자들은 돌연 태도를 바꿔 실망 매물을 내놓기 시작한다. 주가는 급전직하의 길을 걷는다. 정상 가동까지 걸리는 시간이 길어질수록 시장의 의문은 더욱 증폭된다. 마침내 공장이 아무런 문제 없이 정상 가동되기 시작했다는 좋은 소식이 들려온다. 주가는 이틀 정도 랠리를 이어간다. 그러나 다음 분기의 순이익이 신제품의 특별 영업 비용으로 인해 타격을 입은 것으로 밝혀지면서 주가는 다시 연중 최저치로 주저앉아버린다. 그리고 경영진이 큰 실책을 저질렀다는 소문이 증권가에 퍼지기 시작한다.

아마도 이런 시점이 그야말로 "말도 안되는" 가격에 주식을 살 수 있는 시점이 될 것이다. 신제품을 처음 출시하면서 지출한 특별 영업 비용 덕분에 일정 물량의 제품 판로가 확보돼 공장은 정상 가동되기 시작한다. 그러면 다음부터는 통상적인 영업 비용만 써도 해마다 매출 곡선은 올라가는 게 상식이다. 제 2, 제 3, 제 4, 제 5공장은 처음 공장과 똑같은 기술을 사용할 것이므로 제 1공장을 준비할 때처럼 정상 가동이 늦어지거나 특별 비용이 발생하는 일은 발생하지 않을 것이다. 아마도 제 5공장이 돌아가고 있을 무렵이면 이 회사는 더욱 커지고, 유보자금도 많아져 이번에는 앞서와 같이 주당 순이익을 떨어뜨리거나 주가가 급락하는 우를 범하지 않고도 또 다시 새로운 브랜드의 신제품을 개발하는 과정을 반복할 수 있을 것이다. 투자자는 마땅히 장기적으로 계속 성장해나갈 수 있는 기업의 주식을 매수해야 한다.

나는 이 책의 초판을 쓰면서 이런 투자 기회의 대표적인 사례를 다음과 같이 설명했다. 사실 상당히 최근에 일어났던 일인데, 여기에 그대로 옮겨보겠다:

1954년도 중간선거(11월)가 치러지기 직전에 한 투자 펀드가 운 좋게도 바로 이 같은 기회를 맞았다. 아메리칸 사이애너미드의 주가는 그 때까지 몇 년 동안 다른 대형 화학 기업의 주가에 비해 아주 낮은 주가수익 비율로 거래됐다. 이 회사의 레더리 사업부(Lederly division)는 세계 최고의 제약 기업 가운데 하나로 손꼽히고 있었다. 그런데도 이 회사의 주가가 이처럼 낮았던 이유는 제약 사업부보다 더 큰 산업 및 농업용 화학제품 사업부 때문이었다는 게 내 생각이다. 산업 및 농업용 화학제품 사업부는 거품 경제가 한창이던 1920년대 말 주식시장의 전형적인 인수합병(M&A) 붐을 타고 비효율적이며 비용도 많이 드는 온갖 잡동사니 같은 공장들이 합쳐진 조직이었다. 이런 사업 조직은 누가 봐도 썩 마음이 내키지 않는 투자 대상으로 여겨졌다.

그런데 아무도 눈치채지 못한 사실은 새로운 경영진이 들어서면서 노후화된 공장은 폐쇄하고, 과감한 조직 간소화를 통해 꾸준하면서도 매우 주목할 만한 원가 절감을 달성해나가고 있었다는 점이다. 특히 눈길을 끄는 대목은 루이지애나 주 포티어에 새로운 유기 화학 공장을 세우고 있었는데, 이 프로젝트는 회사의 외형에 비하면 상당히 큰 자본을 투자한 것으로 가히 "한판의 대도박"을 벌이고 있다는 표현이 어울릴 정도였다. 이 공장을 가동하는 데는 매우 어렵고 복잡한 기술이 사용됐기 때문에 사실 당초 일정보다 정상 가동 시기가 몇 달 정도 늦어진다 해도 그리 놀라운 일은 아니었다. 그러나 포티어 공장의 정상 가동이 계속 늦어지자 아메리칸 사이애너미드를 바라보는 시각은 더욱 부정적으로 돌아섰고, 이 회사의 주가에도 악영향을 미쳤다. 물론 이 시점은 내가 생각하기에 매수해야 할 타이밍이었다. 앞서 언급했던 그 펀드는 평균 45.75달러에 이 회사의 주식을 사들였다. 이 회사의 주식은 1957년에 1대 2로 주식분할을 했으므로 현재 주가로 따지자면 주당 22.875달러에 매수한 셈이었다.

그 이후 어떤 일이 벌어졌을까? 충분한 시간이 경과하자 1954년에 그렇게도 엄청난 비용을 잡아먹었던 화학제품 사업 부문에서 이익을 내기 시작했다. 포티어 공장이 이제 손익분기점을 넘어선 것이다. 1954년 당시 주당 1.48달러였던 이 회사의 주당 순이익은 1956년에는

　　　　　　　　　위대한 기업에 투자하라

2.10달러로 늘어났다. 또 대부분의 화학 기업들이 비관적인 전망을 내놓고 있는 1957년에도 주당 순이익이 전년도보다 높아질 것이 확실시된다. 더욱 중요한 점은 이제 비로소 "월 스트리트"의 기관 투자가들도 아메리칸 사이애너미드의 산업 및 농업용 화학제품 사업부가 투자할 만한 가치가 있다는 사실을 알게 됐다는 점이다. 이에 따라 이 회사주식의 주가수익 비율은 눈에 띄게 높아졌다. 3년 정도의 기간이 지나는 동안 이 회사의 주당 순이익은 37% 증가하는 데 그쳤지만 주가는 85% 가까이 상승했다.

내가 이 글을 쓴 뒤에도 증권가에서는 계속해서 아메리칸 사이애너미드에 대한 투자 의견을 상향 조정했다. 1959년도의 주당 순이익이 사상 최고치를 기록했던 1957년도의 2.42달러를 넘어설 것이라는 기대와 함께 주가는 꾸준히 오름세를 이어가 최근에는 60달러에 육박했다. 이 책의 초판에서 언급했던 매입 시점으로부터 5년이 지나는 동안 주당 순이익은 약 70% 증가했는데 주가는 163%나 상승한 것이다.

아메리칸 사이애너미드에 대한 이야기는 이렇게 즐거운 결말로 끝내고 싶은 게 내 솔직한 심정이다. 그러나 이 책의 서문에서 분명히 밝혔듯이 나의 의도는 솔직한 기록을 남기는 것이지 절대 그럴듯해 보이는 기록을 가장 듣기 좋게 포장하려는 게 아니다. 내가 이미 언급했던 것처럼 한 "투자 펀드"가 1954년에 아메리칸 사이애너미드의 주식을 매수했다; 이 펀드는 더 이상 이 회사의 주식을 보유하고 있지 않다. 1959년 봄에 평균 주당 49달러에 전부 매도해버렸다. 물론 현재의 주가 수준에 비하면 상당히 낮은 것이지만 약 110%의 수익률을 올리고 판 것이다.

사실 주가 차익이 어느 정도였는가는 이 주식의 매각 여부를 결정하는 데 아무런 영향도 미치지 않았다. 주식을 팔게 된 이유는 두 가지였다. 하나는 다른 기업의 장기적인 전망이 훨씬 더 좋아보였기 때문이다. 이 점은 주식을 매도하는 데 아주 유효한 이유 가운데 하나로 다음 장에서 자세히 설명할 것이다. 어느 기업이 더 나은지 아직 충분한 시간이 주어지지 않았다 하더라도 일단 두 종목의 주가를 비교해보면 어느 정도 정확한 판단을 내릴 수 있다.

그러나 투자 종목을 교체한 두 번째 이유는 직감만으로는 쉽게 판단을 내릴 수 없는 것이었다. 아메리칸 사이애너미드의 화학제품 사업부문은 매우 뛰어난 기업이기는 하지만 (제약 사업부문과는 대조적으로) 영업이익의 증가율이 그리 높지 않았고, 새로운 생산라인에서 나오는 순이익 규모도 당초 기대에 미치지 못했다는 점이다. 더구나 아크릴 섬유를 새로 생산해 치열한 경쟁이 벌어지고 있는 섬유 산업에 신규로 뛰어들겠다는 계획은 추가 비용에 대한 불확실성과 함께 이런 요인을 더욱 증폭시켰다. 이런 이유 때문에 주식을 판다는 것은 옳을 수도 있지만 잘못된 투자 판단이 될 수도 있다. 제약 사업부문, 즉 레더리 사업부는 여전히 전망이 밝았기 때문이다. 주식을 판 뒤 레더리 사업부의 성장 전망은 더욱 분명해졌다. 레더리 사업부의 순이익이 가까운 장래에 급격히 늘어날 것인지의 여부는 두 가지 요인에 달려있다. 하나는 수요가 무궁무진한 새로운 항생제에 관한 것이고, 또 하나는 이 회사가 주도하고 있는 분야인 먹는 소아마비 백신의 시장이 얼마나 빨리 커질 것인가에 관한 것이다. 이런 요인들이 앞으로 어떻게

위대한 기업에 투자하라

전개될 것인가는 누구도 모르는 일이고, 따라서 사이애너미드의 주식을 매각하기로 한 결정이 혹시 투자 판단의 실수가 될지 안될지는 오로지 시간이 지나봐야 알 수 있다. 나는 과거의 성공을 돌아보는 것보다 치명적인 실수가 됐을지도 모를 일들을 연구해보는 게 투자에 훨씬 더 도움이 된다고 생각한다. 그래서 다소 주제넘은 이야기일지는 모르겠으나 진정으로 자신의 투자 기술을 더 향상시키고자 하는 투자자라면 "언제 팔 것인가"를 설명한 다음 장을 읽은 뒤에 꼭 지금부터 나오는 이 장의 후반부를 다시 읽어보기를 권한다.

그러면 최근에 있었던 주식 매수 기회의 대표적인 사례를 한 가지 더 소개하겠다. 이 사례 역시 초판에 썼던 내용을 그대로 다시 인용하는 것이다:

1957년 하반기에 비슷한 상황이 푸드 머쉬너리 앤드 케미칼 코퍼레이션에서 벌어졌다. 몇몇 대형 기관 투자가들은 한동안 이 회사 주식을 선호했다. 그러나 대부분의 기관 투자가들은 관심은 있었지만 특별한 문제가 해결되고 있다는 확실한 증거가 나오기 전까지는 매수하기를 꺼리고 있었다. 왜 이런 자세를 갖게 됐는지 이해하기 위해서는 우선 그 문제가 어떤 것인지 살펴볼 필요가 있다.

제 2차 세계대전 이전까지 이 회사는 주로 다양한 음식물 가공 기계장치를 생산하는 기업이었다. 탁월한 경영진과 이에 못지않은 연구 기술진의 노력에 힘입어 푸드 머쉬너리는 전쟁이 발발하기 이전에 아주 성공적인 투자 기업 가운데 하나가 됐다. 전쟁 기간 중 이 회사는 군수물자 공급용 제품 생산라인을 추가해 성공을 거둔 데 이어, 곧 여러 분야의 화학제품까지 사업을 다각화했다. 기존의 기계장치를 만드는 사업은 경기 변동에 따라 큰 영향을 받는 단점이 있었는데, 소비재인 화학제품 사업을 추가함으로써 이를 보완하고자 하는 목적이었다. 기계장치와 군수물자 사업부가 성공적으로 영역을 넓혀갔듯이 이 회사의 뛰어난 연구개발 역량이 뒷받침되면 화학제품 사업 역시 장기간에 걸쳐 매출액이 계속 늘어날 것으로 기대됐다.

푸드 머쉬너리는 1952년까지 4개의 기업을 인수해 회사 내에 4개의 사업부(지금은 5개의 사업부가 됐다)로 독립시켰다. 새로 인수한 이들 4개 사업부의 매출액을 모두 합치면 군수물자를 제외한 평상시 기존 매출액의 절반이 넘었고, 군수물자까지 합치면 절반에 못미치는 규모였다. 푸드 머쉬너리가 인수하기 이전과 인수한 직후까지도 이들 4개 화학제품 사업부는 여러 면에서 완전히 달랐다. 한 사업부는 빠르게 성장하는데다 영업이익률도 높은 분야에서 선두 주자였고, 기술적인 면에서도 업계 최고 수준이었다. 반면 또 다른 사업부는 노후화된 생산설비와 낮은 영업이익률, 직원들의 형편없는 사기 등으로 인해 고전하고 있었다. 나머지 두 사업부는 그 분야의 화학제품을 생산하는 선두 기업에 비해 개선할 부분이 꽤 있는 수준이었다. 또 이들 화학제품 사업부에서 생산하는 제품들은 기초 원자재가 아닌 중간재로 쓰이는 경우도 있었지만 영업이익률이 낮은 원자재를 생산하는 경우가 대부분이었다. 하지만 이렇게 나오는 이윤이 낮은 원자재를 활용해 영업이익률이 높은 제품을 생산하는 경우는 매우 드물었다.

증권가에서는 이런 모든 점을 감안해 나름대로 이렇게 분명한 결론을 내렸다. 푸드 머쉬너리의 기계장치 사업부문은 연간 성장률이

위대한 기업에 투자하라

9~10%(화학제품 사업부문보다 훨씬 높은 것이다)에 달한다. 또 매년 아주 독창적이며 상업적인 측면에서도 성공한 신제품을 새로 창안해 판매로 연결시키는 역량을 충분히 보여주고 있다. 특히 이 분야에서 생산원가가 가장 낮은 공장들을 보유하고 있다는 점에서 푸드 머쉬너리의 기계장치 사업부문은 투자 대상으로 최상급이다. 그러나 화학 사업부의 전체적인 영업이익률은 좀더 높아져야 하고, 내재 가치가 우수하다는 다른 명백한 증거도 발견돼야 한다. 그 이전까지는 현재 여러 가지 복합적인 사업을 함께 영위하는 이 회사에 투자할 마음은 거의 없다.

 푸드 머쉬너리의 경영진은 증권가에서 생각하는 이런 문제를 해결하기 위해 공격적으로 나섰다. 이들은 어떻게 했을까? 첫 번째 조치는 내부 인력의 승진과 외부 인사의 영입을 통해 최고 경영진을 새로 짠 것이었다. 새로운 최고 경영진은 노후화된 공장을 현대화하고, 새 공장을 짓고, 연구개발 역량을 강화하는 데 거액을 투자했다. 공장 건설에 들어가는 돈은 일반적으로 자본 지출로 처리돼 비용 증가 요인은 아니지만 주요 공장의 확장이나 노후화 설비의 현대화 작업에는 경상적인 비용이 불가피하게 들어간다. 1956년부터 1957년까지 이 같은 예외적인 비용 지출이 컸음에도 불구하고 이 기간 중 화학제품 사업부문의 순이익이 줄어들지 않았다는 것은 매우 놀라운 점이었다. 화학제품 사업부문의 순이익이 꾸준하게 유지됐다는 사실은 이미 이 회사가 상당히 가치 있는 기업이라는 점을 강하게 시사해주는 대목이었다.

 이 회사가 추진하는 프로젝트가 제대로 입안된 것이라면 어떤 경우가 됐든 이미 완료된 프로젝트의 누적 효과가 앞으로 추가적으로 지출될 예외적인 비용 지출을 상쇄하고도 남을 것이 분명했다. 1956년의 연구개발비 지출이 전년도에 비해 50%도 채 늘어나지 않았다는 사실은 이미 이런 일이 현실화하고 있음을 시사하는 것인지도 모른다. 더구나 1955년의 화학 부문 연구개발비 지출액은 업계 평균에 비해 낮은 것이 아니었고, 기계장치 부문의 연구개발비도 같은 업종에 비하면 훨씬 많은 것이었다. 연구개발비 지출이 계속 늘어나는데도 불구하고 주당 순이익은 1957년 하반기까지 더욱 빨리 늘어날 것으로 기대됐다. 그 해 여름에는 웨스트버지니아 주 사우스찰스턴에 세운 현대화한 염소 공장이 가동을 시작할 예정이다. 화학 기업 뿐만 아니라 어느 기업이든지 공장을 현대화하거나 증설하는 프로그램을 진행하면 당연히 예기치 못한 문제들이 발생하는데, 이런 점을 감안하면 푸드 머쉬너리의 순이익 증가율은 1958년 1분기를 지나서야 다시 가속화할 것으로 보였다.

아마도 순이익 증가율이 다시 가속화하고, 또 화학 부문의 영업이익률이 일정 기간 동안 계속 확대되고 있다는 사실을 확인할 때까지 기관 투자가들은 현장에서 실제로 어떤 일이 벌어지고 있는지 보지 못할 것이며, 대부분은 이 주식을 매수하지 않으려 할 것이라고 나는 생각했다. 내가 예상한 대로 일이 진행된다면 이 회사는 1958년과 1959년에 다시 한번 놀라운 성장을 이루게 될 것이고, 이 기간 중 어느 때인가는 증권가에서도 비로소 몇 해 전부터 이미 시작된 펀더멘털의 기본적인 개선을 인식하기 시작할 것이다. 어쩌면 그 때는 이미 주가가 지금보다 훨씬 많이 상승했을 것이며, 상당한 기간 동안 오름세를 계속

위대한 기업에 투자하라

이어가고 있을지 모른다. 이 회사의 주가가 상승한 이유는 주당 순이익의 개선이 이미 현실화했기 때문이기도 하지만 더욱 중요한 요인은 증권가에서 이 회사의 내재가치를 평가하면서 적용하는 주가수익 비율 자체가 상향 조정됐을 것이기 때문이다.

지난 2년간 이 회사가 보여준 실적은 지금까지 내가 인용한 내용의 유효함을 입증한다고 확신한다. 푸드 머쉬너리에서 진짜로 어떤 일이 벌어지고 있는지를 증권가에서 처음으로 감지하게 된 것은 아마도 1958년쯤이었을 것이다. 불황에 버금가는 시기였던 이 해에 거의 대부분의 화학 업체와 기계장치 업체들은 급격한 이익 감소를 경험해야 했다. 그런데도 푸드 머쉬너리의 주당 순이익은 2.39달러로 사상 최고치를 기록했다. 이 같은 주당 순이익은 경제 전반이 호황기였던 앞선 몇 해보다도 많은 것이었다. 이것은 화학제품 사업부들이 마침내 기계장치 사업부처럼 매우 우수한 기업으로 자리매김했으며, 더 이상 한계 기업이 아님을 여실히 보여주는 증거였다. 이 글을 쓰는 현재 시점에서는 1959년도의 순이익이 정확히 발표되지 않았지만 지난 9개월간의 순이익이 1958년도의 같은 기간에 비해 급격히 증가한 것을 보면 화학 부문이 장기적으로 값진 열매를 맺어가고 있다는 게 더욱 분명해진다. 1959년도의 순이익 증가는 이 해에 군수물자 사업에 큰 변화가 있었다는 점에서 특히 주목할 만하다. 원래 푸드 머쉬너리의 군수물자 사업은 주로 강철로 만들어진 수륙양용 경량 장갑차를 생산하는 것이었는데, 이 해에 군 당국은 경량 장갑차를 낙하산을 이용해 비행기에서 떨어뜨릴 수 있도록 재질을 알루미늄으로 교체했다. 따라서

1959년부터는 푸드 머쉬너리의 경량 장갑차가 더 이상 생산되지 않았고, 군수물자 사업 역시 이 회사의 순이익에 거의 영향을 미치지 못했다. 그런데도 주당 순이익은 사상 최고치를 갈아치운 것이었다.

그렇다면 주식시장은 어떻게 반응했을까? 이 책의 초판이 쓰여졌던 1957년 9월말 푸드 머쉬너리의 주가는 25.25달러를 기록하고 있었다. 오늘 이 회사의 주가는 51달러로 그 때보다 102%나 올랐다. 이 같은 주가 상승은 시작일 뿐이다. 내가 초판에서 언급했듯이 "이미 몇 해 전부터 진행되어온 펀더멘털의 기본적인 개선"을 증권가에서도 이제 비로소 인식하기 시작한 것이기 때문이다.

이 같은 흐름은 다른 여러 가지 증거를 통해 더욱 분명하게 확인할 수 있다. 1959년에 〈맥그로우-힐McGraw-Hill〉 출판사는 새로운 상을 하나 제정했다. 매년 화학 분야에서 아주 탁월한 업적을 달성한 경영진에게 상을 주기로 한 것이다. 맥그로우-힐은 첫 해의 수상자를 선정하기 위해 이 분야에서 명망있는 열 명의 전문가를 심사위원으로 위촉했다. 이들의 면면을 보면 네 명은 일류 비즈니스 스쿨의 교수였고, 화학 업종에 대규모 투자를 하고 있는 대형 투자기관과 저명한 화학 컨설팅 업체의 고위 임원이 각각 세 명씩이었다. 첫 해의 수상자를 선정하기 위해 모두 22개 화학 기업 경영진이 후보로 선정돼 14개 기업 경영진이 면접 단계에까지 올라왔다. 가장 탁월한 업적을 달성한 경영진에게 수여하기로 한 이 상은 결국 화학 업계의 최대 기업이나 월 스트리트에서 가장 선호하는 기업의 경영진에게 돌아가지 않았다. 수상자는 다름아닌 푸드 머쉬너리의 화학 부문 경영진이었다. 불과 2년 전까지만 해도, 어쩌면 최근까지도 많은 기관 투자가들에게 달갑지 않은 투자 대상으로 지목됐던 바로 그 기업의 경영진이 수상한 것이다!

　장기 투자자에게 왜 이런 문제가 그렇게 중요한가? 우선 이런 상이 주어졌다는 것은 경제 전반이 호황이건 불황이건 이 회사의 순이익은 매년 꾸준히 성장할 것이라는 확신을 준다는 점이다. 또 화학 업계의 사정에 정통한 기업가라면 적어도 그 회사의 연구개발 부서는 잠재력 있는 신제품을 꾸준히 개발하고, 그 회사의 화학 기술자들은 이 제품을 시장에서 큰 이익을 남기고 팔 수 있도록 생산하는 회사라야 이런 상을 수상할 자격이 있다고 생각할 것이다. 두 번째로는 이런 상이 주어지게 되면 증권가 전체에 큰 인상을 남긴다. 주주들에게는 이보다 더 기분 좋은 일은 없다. 내가 앞서 설명했던 것처럼 순이익이 늘어나는 것은 물론 주식시장에서 이 회사의 주가수익 비율을 재평가함으로써 순이익이 늘어나는 속도보다 주가가 더 빠르게 오를 것이기 때문이다.

　신제품을 생산하고 새로운 대규모 공장을 가동하는 데 따르는 문제들 외에도 아주 특별한 매수 기회를 제공하는 기업이 있다. 가령 중서부에 있는 한 전자 기업은 다른 무엇보다도 매우 독특하면서도 훌륭한 노사 관계로 잘 알려져 있다. 이 회사는 외형이 성장함에 따라 근로자들을 대하는 방식에 변화가 필요한 시점에 도달했다. 저마다 개성이 다른 근로자들간의 충돌이 자주 발생했고, 규모는 작았지만 파업도 있었으며, 생산성도 낮아졌다. 이런 어려움을 극복한 뒤에야 훌륭한 노사 관계와 높은 노동 생산성을 발휘하는 회사로 발전하게 된 것이다. 이 회사가 노사 관계 문제로 한창 어려움을 겪고 있을 무렵 신제품의 시장 잠재력을 판단하는 데 결정적인 실수를 저지르고 말았다. 순이익은 급전직하로 추락했고, 주가도 마찬가지로 급락했다.

　그러나 출중한 능력과 성실성을 갖춘 최고 경영진은 즉시 이런 상황을 바로잡기 위한 계획을 세웠다. 계획을 세우는 데는 몇 주 정도만 있으면 되지만 계획을 실행하는 데는 훨씬 더 긴 시간이 필요하다. 이 같은 계획의 결과가 순이익에 반영되기 시작하자 주가는 매수 시점(이 지점을 일단 A라고 부르도록 하겠다)에 도달했다. 그러나 계획 실행에 따른 효과가 손익계산서에 전부 반영되는 데는 1년 6개월이 걸렸다. 그런데 이 시점에 또다시 파업 사태가 벌어졌다. 두 번째 파업을 해결할 수 있느냐의 여부는 이 회사가 높은 생산성과 경쟁력을 회복하기 위한 마지막 시험대였다. 파업 사태는 오래 가지 않았다. 그러나 파업 기간이 짧고 생산 손실액도 크지 않았다고는 해도 증권가에는 이 회사의 노사 관계가 더욱 악화됐다는 소문이 퍼져나갔다. 회사 측에서는 대규모로 자사주를 매입했지만 주가는 오히려 떨어졌다. 그러나 주가가 바닥에 머문 기간은 길지 않았다. 이 시점이야말로 적절한 매수 타이밍이라는 시각에서 보자면 최고의 매수 기회다.(이 지점을 매수 지점 B라고 부르도록 하겠다.) 피상적인 것이 아니라 본질을 꿰뚫어보고, 지금 무슨 일이 벌어지고 있는지 실상을 파악하려는 투자자라면 앞으로 오랜 기간 동안 계속 상승할 주식을 바로 이 시점에 아주 싼 가격으로 매수할 수 있을 것이다.

　투자자의 입장에서 보자면 매수 지점 A 혹은 매수 지점 B 둘 중 어느 시점에 사도 매우 높은 수익을 올릴 수 있을 것이다. 내가 말하고자 하는 것은 이 두 지점에서 주가가 최저치로 떨어졌으므로 이 때 사라는 게 아니다. 사실 주가가 사상 최저치로 떨어졌을 때는 거래량이 기껏해야 몇 백 주 정도로 줄어든다. 만약 어떤 종목의 주가가 사상 최저치를 기록했을 때 매수했다면 그것은 오로지 운이 좋았기 때문이라고 말할 수밖에 없다. 오히려 내가 제시한 두 개의 매수 지점 가운데 하나는 최저가보다 약간 높은 수준이고, 또 하나는 최저가보다 몇 달러 정도 높은 지점이다. 어느 지점이나 이 정도 주가 수준에서는 거래가 활발히 이루어져 몇 천 주 정도는 쉽게 살 수 있다. 내가 주가를 이야기할 때는 적어도 상황을 현실적으로 판단한 사람이라면 누구나 쉽게 주식을 매수할 수 있는 시점을 가리키는 것이다.

매수 지점 A에서의 주가는 앞서 기록한 고점으로부터 불과 몇 달 만에 24%나 떨어졌다. 이 지점에서 매수한 투자자는 약 1년 뒤 주가 상승만으로 55~60%의 투자 수익을 올렸을 것이다. 그리고 다시 파업 사태가 벌어져 주가는 20%나 도로 떨어졌고, 매수 지점 B가 만들어졌다. 이상한 것은 파업이 해결된 뒤에도 몇 주 동안이나 주가는 이 수준에 머물러 있었다는 점이다. 바로 이 때 대형 투자신탁회사에 근무하는 영리한 친구 한 명이 나에게 지금 상황은 아주 좋으며 분명히 이렇게 저렇게 일이 진행될 것이라고 설명했다. 그 친구는 그러나 자신이 다니는 회사의 투자 위원회에는 이 주식을 추천하지 않았다. 투자 위원회에서는 그가 추천한 종목을 월 스트리트에서 일하는 사람들에게 확인해볼 것이고, 그러면 단순히 추천 종목을 기각하는 데 그치는 것이 아니라 왜 이렇게 노사 관계가 형편없고 경영진의 능력도 뒤떨어지는 기업에 신경을 쓰게 했느냐고 면박을 당할 게 틀림없다는 게 그의 설명이었다!

내가 이 글을 쓴 뒤 불과 몇 달 지나지 않아 이 회사의 주가는 매수 지점 B에서 50%나 올랐다. 매수 지점 A로부터는 무려 90% 이상 상승했다는 말이다. 더욱 중요한 사실은 이 회사의 장래가 무척 밝다는 것이다. 이 회사는 일시적인, 또 아주 이례적인 불행했던 사태로 인해 매수 지점 A와 B를 만들었지만 이제 그 이전에 오랫동안 그래왔듯이 앞으로도 상당한 기간 동안 꽤 높은 성장을 이어갈 것이다. 매수 지점 A나 B 어느 시점에서든 이 회사의 주식을 매수한 투자자라면 적절한 타이밍에 올바른 기업에 투자한 셈이다.

다시 말하지만 투자자가 주식을 매수해야 할 기업은 군계일학의 능력을 갖춘 최고 경영진이 이끌어가는 회사라야 한다. 이런 최고 경영진이 하는 일 가운데도 몇 가지는 실패한다. 때로는 성공하기 이전에 예기치 못한 난관에 부딪치기도 한다. 투자자는 이런 어려움이 지속적인 것이 아니라 일시적인 것이라는 점을 철저하게 확신하고 있어야 한다. 그리고 예기치 않은 문제로 인해 주가가 큰 폭으로 떨어졌지만 문제를 해결하는 데 몇 년이 아니라 몇 개월의 시간만 필요하다는 믿음을 갖게 됐다면 바로 이 주식을 매수할 시점이라는 생각을 가져도 충분할 것이다.

물론 매수 시점이라고 해서 모두 기업이 난관에 부딪친 다음에 나타나는 것은 아니다. 매출액에 비해 대규모의 자본 투자가 필요한 화학 업종과 같은 산업의 경우 이와는 다른 매수 기회를 발견할 수도 있다. 수학적으로 이런 상황을 설명해보기로 하자: 어떤 기업이 1000만 달러를 투자해 새로운 공장을 세웠다. 1~2년 뒤 이 공장은 100% 정상 가동에 들어갔다. 이 시점에 이 회사의 엔지니어들이 새로운 제안을 했다. 추가로 150만 달러를 더 투자해 새로 건설한 공장을 증설하자는

위대한 기업에 투자하라

의견이었다. 처음에 투자한 금액의 15%만 더 투자하면 새로운 공장의 생산 능력은 40% 더 늘어난다는 게 엔지니어의 판단이었다.

분명한 사실은 신공장이 이미 이익을 내고 있으며, 40%의 생산 능력을 추가로 확보하는 데 15%의 투자비 증액만 있으면 된다는 것이다. 단순한 증설이니 특별히 지출해야 할 간접비도 없을 것이고, 따라서 40%의 추가 생산량에 대한 영업 이익률은 기존 제품에 비해서도 월등히 높을 것이다. 이런 프로젝트가 회사의 전체 순이익에 영향을 미칠 만큼 큰 규모라면 순이익의 개선이 주가에 반영되기 이전에 이 회사의 주식을 사는 것이야말로 적절한 타이밍에 올바른 주식을 사는 것이라고 말할 수 있을 것이다.

그렇다면 지금까지 든 사례들 각각에서 발견할 수 있는 공통 분모는 무엇일까? 올바른 기업에서 순이익의 의미있는 개선이 이루어졌지만 이 같은 순이익 증가가 아직 주식시장에 반영되지 않아 주가가 상승하지 못하고 있다는 점이다. 내가 올바른 투자 대상이라고 판단한 기업에서 이런 상황이 벌어지면 나는 언제나 매수 지점에 도달했다고 확신한다. 물론 이런 상황이 벌어지지 않았다 해도 탁월한 기업의 주식을 매수했다면 장기적으로 투자 수익을 거둘 수 있다. 그러나 이렇게 해서 수익을 올리는 데는 상대적으로 긴 시간이 필요하므로 인내력이 좀더 필요하고, 수익률 역시 앞서의 경우에 비해 상당히 낮을 것이다.

그렇다면 미래의 경기 흐름이 어떻게 될 것인지는 완전히 무시한 채 제3장에서 설명한 내용 대로 올바른 기업을 찾아내서 이번 장에서 예시한 것과 같은 매수 지점에 오면 그 즉시 이 기업의 주식을 사야 한다는 말인가? 주식을 이런 식으로 매수했는데 곧바로 불황이 닥칠 수도 있다. 심각한 불황기에는 최고의 주식이라 해도 이전에 기록한 고점으로부터 40~50% 정도 하락하는 게 예사다. 그런데도 경기 흐름을 완전히 무시한다는 것은 매우 위험한 투자 원칙이지 않은가?

매수 타이밍을 신중하게 선택해서 꽤 많은 주식을 매수했고 상당히 오랜 기간 동안 보유한 투자자들도 이런 위험에 부딪칠 수 있다. 가령 현재 보유하고 있는 주식을 제대로 골랐다면 이런 투자자들은 이미 큰 투자 수익을 거두고 있을 것이다. 그런데 일부 주식을 팔 때가 되었거나 다른 수입원에서 돈이 추가로 생겨 새로이 투자 대상 주식을 찾아야만 한다고 하자. 이럴 경우 주식시장이 1929년처럼 투기 광풍에 휩싸여 주가가 천정부지로 치솟고 있다거나 주요 경제 지표들이 일제히 경고음을 내고 있을 때가 아니라면 경제 전반이나 주식시장의 상승과 하락 사이클을 일체 무시하는 게 당연하다고 나는 생각한다. 오히려 적절한 매수 기회가 나타나면 즉시 투자해야 한다.

경제 전반과 주식시장이 어떤 방향으로 진행될 것인지를 추측하는 대신 자신이 매수하고자 하는 기업이 그 분야의 사업을 벌이면서 작은 실수라도 저지를지 모를 가능성에 대해 잘 판단할 수 있어야 한다. 그런 점에서 자신에게 유리한 두 가지 점을 충분히 활용해야 한다. 우선 추측에 의존하는 것보다 자신이 잘 알고 있는 것에 승부를 걸어야 한다. 한걸음 더 나아가 어떤 이유에서든 중단기적으로 순이익이 의미있을 정도로 증가하고 있는 시기에 그 주식을 매수했다면 일단 두 번째 유리한 고지를 확보했다고 할 수 있다. 새로 매수한 주식의 순이익 증가를 주식시장에서도 인식하게 되고, 또 경기가 계속 순조롭게 흘러간다면 이 기업의 주가 상승률은 시장 평균보다 더 높을 것이다. 또 만

위대한 기업에 투자하라

약 새로 매수한 종목의 순이익이 증가하기 시작한 순간 주식시장 전체가 급락세로 접어들었다 해도 같은 업종의 다른 주식들 만큼 주가가 크게 떨어지지는 않을 것이다.

그러나 많은 투자자들은 현재 주가보다 훨씬 낮은 가격으로 매수한, 정말 제대로 선택한 주식을 계속 보유하는 게 그저 행복하게 느껴지지 않을 수 있다. 어쩌면 자신이 투자를 시작하면서 처음으로 매수한 주식이라 다른 종목에 마음이 끌릴 수도 있다. 또 어쩌면 자신의 포트폴리오에 채권이나 상대적으로 주가 변동이 심하지 않은 저성장 주식을 함께 편입해놓고 언젠가는 더 큰 수익을 위해 다른 주식으로 교체할 것을 검토하고 있는 중일 수도 있다. 이런 투자자가 새로운 투자 자금을 마련했거나 성장주로 종목을 교체하고자 한다면, 그런데 이미 상당한 기간 동안 경제가 호황을 구가했고 주가 상승세가 수 년간 이어져왔다면 과연 그래도 경기 불황의 가능성을 무릅쓰고 주식 매수에 나서야 할까? 그래서 주식 매수에 나섰다가 나중에야 자신의 거의 전재산을 장기 주가 상승세의 끄트머리에, 다시 말해 대폭락이 시작되기 직전에 투자했다는 사실을 알게 된다면 결코 기분 좋을 리 없을 것이다.

이것은 분명히 큰 문제다. 그러나 이 문제에 대한 해결책은 그리 어렵지 않다. 주식시장과 관련된 다른 많은 문제들처럼 이 문제를 해결하는 데도 약간의 인내만 있으면 된다. 나는 이런 투자자들이라고 해도 자신이 생각하기에 올바른 종목이 몇 개가 됐든 일단 매수 지점에 접근했다고 느끼면 즉각 매수하기 시작해야 한다고 확신한다. 그러나 이런 식으로 주식을 매수하기 시작할 때는 반드시 추가 매수의 타이밍을 느긋하게 잡아야 한다. 투자할 수 있는 최대의 자금 가운데 마지막으로 남은 부분은 적어도 몇 년 뒤에 투자한다는 생각을 갖고 신중하게 계획을 세워야 한다. 그렇게 하면 주식 시장이 한동안 심각한 하강 국면으로 빠져든다 해도 여전히 남은 투자 자금으로 오히려 주가 하락에 따른 이점을 누릴 수 있을 것이다. 물론 주식시장이 하락하지 않더라도 올바른 종목을 제대로 선택해 매수했다면 처음에 매수한 주식만으로도 상당한 투자 수익을 올릴 수 있을 것이다. 또 이런 방식은 일종의 완충 역할을 해줄 수도 있다. 만약 자신의 마지막 투자 자금까지 전부 다 투자한 직후에 주식시장이 심각한 침체 국면으로 빠져든다 해도 처음에 매수한 주식에서 거둔 투자 수익이 최근에 매수한 주식의 손실을 어느 정도는 만회해줄 것이기 때문이다. 그러므로 자신의 투자 원금은 큰 손실 없이 보전할 수 있는 셈이다.

아직까지 만족스러운 투자 성과를 거두지 못한 투자자들이나 일정 기간에 걸쳐 주식을 단계적으로 매수할 수 있는 충분한 자금을 갖고 있는 투자자들 모두 이렇게 해야만 하는 중요한 이유가 있다. 이런 투자자들은 자신의 투자 자금을 전부 투자하기에 앞서 자신이나 혹은 자신의 투자 자문가들이 꽤 효율적으로 자금을 운용하는 투자 기술을 충분히 갖추고 있다는 점을 구체적으로 확인해야 한다. 이런 기록을 확인할 수 없는 경우에는 자신의 투자 기술을 더 연마할 때까지, 혹은 그런 문제를 해결해줄 다른 투자 자문가를 구할 때까지 자신의 전재산을 투자하는 것을 미뤄야 한다.

주식 투자자라면 누구든지 한 가지 기본적인 사고는 꼭 마음 속에 새겨두어야 한다; 그렇지 않으면 증권가에서 늘 흘러나오는 경기 사이클의 하강 위험에 대한 우려와 선입관에 휩싸여 결정적인 투자 수익을

위대한 기업에 투자하라

올릴 수 있는 절호의 매수 기회를 놓칠 수 있다. 기본적인 사고란 20세기의 한가운데를 관통하는 지금, 경기 사이클 국면이 어디에 있는가 하는 것은 주식시장에 영향을 미치는 최소한 다섯 가지의 강력한 힘 가운데 하나에 불과하다는 사실이다. 이들 다섯 가지의 강력한 힘은 그것이 군중 심리를 자극하든 아니면 직접적으로 경제 상황에 파급을 주든 주식시장 전반에 매우 극적인 영향을 미칠 수 있다.

나머지 네 가지의 강력한 힘이란 금리의 흐름, 투자 및 민간 기업에 대한 정부 정책의 전체적인 방향, 점증하는 인플레이션의 장기적인 추세, 그리고 다섯 가지의 강력한 힘 가운데서도 가장 중요한 것으로, 기존의 산업에 영향을 줄 수 있는 새로운 발명과 기술이다. 이들 다섯 가지의 강력한 힘은 절대로 동시에 주가를 같은 방향으로 몰고 가지 않는다. 또 장기적으로 볼 때 어느 한 가지 힘이 다른 힘보다 계속해서 더욱 강력한 영향을 미치지도 않는다. 이들이 미치는 영향은 너무나 복잡하고 다양하기 때문에 가장 안전한 투자 방식이 언뜻 보기에 가장 위험한 것처럼 느껴지게 만들 수도 있다. 자신이 알고 있는 특별한 회사의 문제가 자신의 투자 기회를 보장하는 것으로 보일 때가 바로 투자의 적기다. 추측에 근거한 헛된 희망과 공포, 그리고 억측에서 비롯된 잘못된 판단으로 인해 주식 투자를 단념해서는 안된다.

6

언제 팔 것인가,
그리고 언제 팔지 말 것인가

투자자들이 주식을 팔기로 결심하는 데는 여러 가지 이유가 있을 것이다. 새 집을 짓기로 했을 수도 있고, 자녀가 사업하는 데 자금을 대주기 위한 것일 수도 있다. 살아가다 보면 이렇게 여러 가지 이유로 주식을 팔아야 할 합리적인 이유가 생길 것이다. 그러나 이런 이유들은 그 동기가 개인적인 것이지 주식에 관련된 문제 때문은 아니다. 그런 점에서 이 책에서 다룰 성질이 아니다. 여기서 설명하는 주식 매도에 관한 내용은 오로지 한 가지 목적, 즉 자신의 투자 자금으로 가장 큰 투자 수익을 올리려면 어떻게 해야 하는가에 국한할 것이다.

앞서 설명했던 투자 원칙에 따라 처음부터 제대로 선정한 주식이라면 팔아야 할 이유는 정확히 세 가지밖에 없다. 첫 번째 이유는 누구에게든 너무나 분명한 것이다. 처음에 주식을 매수할 때 실수를 저질렀

위대한 기업에 투자하라

고, 또 투자한 회사가 가지고 있다고 믿었던 우수한 점이 자세히 살펴볼수록 훨씬 덜 하다는 사실이 갈수록 명백해질 때다. 이런 상황에 적절하게 대처할 수 있느냐의 여부는 자신의 감정을 얼마나 잘 통제하는가에 달려있다. 특히 어느 정도는 투자자 자신이 스스로에게 얼마나 솔직해질 수 있느냐에 따라 좌우된다.

주식 투자의 두 가지 중요한 특징은 큰 이익을 얻기 위해서는 자신을 잘 다스려야 한다는 점과 이런 통제를 위해서는 고도의 기술과 지식, 판단력이 필요하다는 점이다. 대단한 투자 수익을 얻는 과정은 너무나도 복합적이기 때문에 매수한 종목의 일정 비율은 실수하는 게 당연하다. 다행히도 정말로 잘 고른 주식에서 장기적으로 얻을 수 있는 투자 수익은 이렇게 실수를 저지른 데 따른 손실을 만회하고도 남는다. 실제로 최종적으로 손익 계산을 해보면 꽤 많은 이익이 남을 것이다. 특히 실수를 재빨리 알아채고 처리했다면 더욱 그럴 것이다. 이런 일이 벌어졌을 경우 손실을 보았다고 해도 실수로 매수한 주식을 장기 보유했던 것보다는 그래도 적을 것이다. 더욱 중요한 사실은 잘못된 종목에 묶여 있던 투자 자금을 다른 데 쓸 수 있다는 것이고, 이 자금을 제대로 고른 종목에 다시 투자해서 결정적인 투자 수익을 올릴 수도 있다는 점이다.

그러나 투자 실수에 재빨리 대처하는 것을 어렵게 만드는 아주 복잡한 요인이 있다. 바로 우리 모두가 갖고 있는 자존심이다. 어느 누구도 자신이 틀렸다는 것을 스스로 인정하고 싶어하지 않는다. 주식을 매수할 때 실수를 저질렀지만 그래도 약간의 수익을 내고 팔 수 있다면 자신이 바보 같다는 생각까지는 하지 않을 것이다. 그러나 반대로 조금이라도 손실을 입으면서 팔아야 한다면 매수에서 매도까지 전과정이 아주 기분 나쁠 것이다. 이런 반응은 사실 자연스럽고 정상적이기도 한 것이지만 우리가 주식 투자를 하면서 빠져들 수 있는 가장 큰 위험 요소 가운데 하나다. 대부분의 투자자들은 더 이상 보유하고 싶지 않은 주식이지만 다른 이유는 없이 오로지 "최소한 본전은 건질 수 있을 때까지" 보유하겠다는 종목에서 늘 치명적인 손실을 입는다. 이렇게 감수하는 손실 외에도 만약 실수를 처음 깨달았을 때 즉시 제대로 된 주식을 골라 재투자 했다면 얻을 수 있었을 투자 수익까지 감안한다면 자존심으로 인한 비용은 몇 배로 더 클 것이다.

더구나 아주 작은 손실조차 절대로 받아들이지 않으려고 하는 자세는 자연스러운 만큼 매우 비논리적이기도 하다. 주식 투자의 진짜 목적이 장기적으로 수백 퍼센트 정도의 투자 수익을 거두는 것이라면 사실 10%의 손실을 보는 것이나 5%의 이익을 얻는 것이나 그 차이는 그리 중요하지 않다. 중요한 문제는 가끔씩 손실을 보는가의 여부가 아니다. 정말로 중요한 문제는 투자자 본인이나 자신의 자산을 관리하는 투자 자문가가 결정적인 투자 수익을 실현할 수 있는 기회를 자주 놓치는가 하는 것이다.

투자 손실을 입었다고 해서 자신을 너무 탓하거나 감정적으로 흥분해서는 안되지만 그렇다고 해서 너무 가볍게 그냥 넘어가서도 안된다. 손실을 입은 각각의 경우에서 무언가를 배울 수 있도록 반드시 주의 깊게 되돌아보아야 한다. 주식을 매수할 때 잘못된 판단을 내리게 된 특별한 이유를 찾아내 철저히 이해했다면 나중에 똑같은 이유로 실수를 저질러 그릇된 종목을 매수하는 일은 없을 것이다.

위대한 기업에 투자하라

그러면 이제 두 번째 매도 이유를 살펴보자. 제 2장과 제 3장에서 설명했던 투자 원칙에 따라 매수한 주식인데 왜 팔아야만 하는가에 관한 것이다. 시간이 지남에 따라 처음에 주식을 매수했던 기업이 제 3장에서 지적했던 15가지 포인트를 충족시킬 만큼 우수한 조건을 이제 더이상 갖추지 못하는 상황으로 변했을 때는 매도해야 한다. 투자자가 자신의 보유 종목을 꾸준히 관리해야 하는 것도 이 때문이다. 그런 점에서 자신이 투자한 기업에서 어떤 일들이 벌어지는지 늘 주의 깊게 관찰하는 게 매우 중요하다.

매수 당시에는 특출했던 기업이 추락하는 이유는 다음 두 가지 중의 하나다. 경영진의 능력이 떨어졌거나 계속 성장해왔던 주력 제품의 시장이 더 이상 과거만큼 전망이 좋지 않은 경우다. 경영 능력의 저하는 때로 성공으로 인해 한두 명의 핵심 경영진이 자만에 빠졌을 때 나타난다. 자만심은 물론 자기만족과 타성이 예전의 추진력과 성실성을 밀어내버린 것이다. 새로 임명된 최고 경영진이 전임자들이 세워놓은 업무 효율성을 제대로 따라가지 못할 때도 경영 능력의 저하가 나타난다. 과거 대단한 성공을 거둘 수 있었던 정책을 새 경영진이 계속 유지하지 못하거나 어쩌면 그런 정책을 펴나갈 능력이 부족할 수도 있다. 어떤 경우든 이런 기업의 주식은 즉시 팔아야 한다. 전체 주식시장의 전망이 아무리 좋든, 주식거래에 따른 수수료나 거래세나 얼마가 되든 관계없다.

수 년 동안 기록적인 성장률을 이어온 기업의 주력 시장이 어느 단계에 이르러서는 성장 잠재력을 소진해버릴 수 있다. 이 시점부터는 비록 뛰어난 기업이라 하더라도 산업 전체의 성장과 궤를 같이 할 수밖에 없다. 이런 기업의 성장률은 이제 한 나라의 경제 성장률 수준과 비슷하게 된다. 이 같은 변화는 물론 경영진의 능력이 떨어졌기 때문은 아니다. 많은 경영자들이 관련 분야에서 더욱 높은 성장을 할 수 있는 비슷한 종류의 제품을 개발할 능력을 갖고 있을 수 있다. 그러나 이들은 결국 완전히 다른 영역으로 뛰어들지 않는 한 더 나은 성과를 거둘 수 없다는 사실을 발견하게 될 것이다. 그러므로 비록 어떤 기업이 새로이 형성된 성장 산업에서 오랫동안 특출한 성과를 보여주었더라도 세월이 변하고 시장의 성장 전망도 다 소진되어 버리면 이런 기업의 주식은 15가지 포인트에서 제시한 기준으로 볼 때 결정적으로 그 우수성이 떨어진 것이다. 따라서 이런 주식은 반드시 매도해야 한다.

이 경우 주식의 매도 시점은 경영 능력의 저하가 발견되는 때보다 다소 늦어질 수 있다. 다른 적당한 투자 대상을 찾을 때까지 보유 물량의 일부를 팔지 않을 수 있기 때문이다. 하지만 어떤 경우든 이런 회사는 더 이상 보유할 만한 투자 대상이 아니라는 점은 분명히 염두에 두어야 한다. 주식 거래에 따른 수수료나 세금이 얼마가 되든 앞서 이런 주식의 가치가 성장했던 것처럼 장기적으로 계속 성장할 투자 대상으로 자금을 옮겨야 한다.

어떤 기업이 추가적으로 성장할 수 있고 따라서 주가도 오를 것으로 기대되는가를 제대로 평가할 수 있는 좋은 방법이 있다. 다음에 찾아올 경기 활황기에 이 기업의 주당 순이익이 지금보다 얼마나 늘어날 것인지 투자자 스스로 자문해보는 것이다. 적어도 지난번 경기 활황기 때 주당 순이익이 늘어난 만큼 앞으로도 똑같이 늘어날 것으로 보인다면 이런 주식은 계속 보유해야 한다. 만약 그렇지 않다면 매도하는

위대한 기업에 투자하라

게 나을 것이다.

처음에 주식을 매수할 때 올바른 투자 원칙을 따랐다면 이 주식을 팔아야 할 세 번째 이유는 절대로 오지 않을지 모른다. 여기서 설명하는 세 번째 이유는 반드시 투자자 스스로 자신의 판단에 확신을 가져야만 한다. 이렇게 말하는 것은 정말로 매력적인 투자 기회란 쉽게 발견할 수 없기 때문이다. 매수 타이밍이란 관점에서 볼 때 투자 자금이 마련된 바로 그 시점에 맞춰 올바른 투자 대상 종목을 찾기란 매우 어렵다. 또 일정 기간 동안 투자할 자금을 갖고 있고, 몇 개의 매력적인 투자 대상도 찾았지만 이미 확실한 성장 전망을 가진 잘 나가는 기업의 주식에 그 돈의 전부 또는 일부를 투자해놓고 있을 수도 있다. 그러나 지금 투자한 기업의 연간 성장률 전망이 나중에 발견한 더욱 매력적인 투자 대상 기업에 비해 좀 떨어질 수 있다. 혹은 현재 보유하고 있는 주식이 다른 중요한 측면에서 덜 매력적으로 보일 수도 있다.

투자자가 분명히 이렇게 느끼고, 이 같은 판단의 근거가 명백하다면 종목 교체에 따른 수수료나 세금 부담이 있더라도 더 나은 전망을 갖고 있는 종목으로 바꾸는 게 더 좋은 결과를 가져다 줄 것이다. 가령 장기적으로 연간 12%의 성장률을 지속할 기업이라면 투자자에게 상당히 괜찮은 투자 수익을 올려줄 종목이라고 할 수 있다. 그러나 이런 기업과 연간 20%의 성장률을 기록할 것으로 기대되는 기업의 차이는 종목 교체에 따른 번거로움과 제반 비용을 고려하더라도 투자자에게 충분한 보상을 해줄 수 있을 것이다.

그러나 더 나은 종목으로 교체하기 위해 보유하고 있는 주식을 매도할 때 반드시 명심해야 할 것이 있다. 투자 수익률에 영향을 미치는 일부 중요한 요소들을 잘못 판단할 수 있는 위험이 늘 도사리고 있다는 점이다. 이런 일이 생기면 투자 성과는 기대에 못미치게 될 것이다. 이와는 반대로 너무 신중해서 한번 좋은 주식이라고 판단한 종목은 절대로 교체하지 않는 투자자 역시 그런 자세가 더 나을 수도 있지만 나쁠 수도 있다는 점을 기억해야 한다. 따라서 만족스러운 성과를 낸 보유 종목이지만 더 나은 종목으로 교체하기 위해 매도하려고 할 때는 그 이전에 투자 수익률에 영향을 미치는 제반 요인들을 모두 점검하는 아주 세밀한 주의가 필요하다.

지금까지 설명한 내용을 정확히 이해한 독자라면 소수의 성공적인 투자자들이 어느 정도 파악하고 있는 기본적인 투자 원칙이 무엇인지 대충 감을 잡았을 것이다. 일단 제대로 선택해서 매수한 주식이 일정 기간 동안 충분히 검증됐다면 이런 주식을 매도해야 할 이유가 생기는 경우는 매우 드물다는 것이다. 그런데도 증권가에서는 여러 가지 이유를 들어 아주 뛰어난 주식에 대해 매도 의견을 계속해서 쏟아내고 있다. 이런 이유는 과연 타당한 것인가?

이런 이유의 근거로 가장 자주 내세워지는 게 주식시장 전체의 하락이 어느 정도 임박했다는 믿음이다. 주식시장 전체가 하락할 것이라는 두려움 때문에 매력적인 주식의 매수를 미루는 것은 장기적으로 매우 값비싼 대가를 치르게 될 것이라는 점은 앞서 여러 차례 강조했다. 인간의 현재 지식 수준으로는 투자자 자신은 물론 누구든 주식시장의 방향에 대해 상당 부분 추측에 의존할 수밖에 없다. 이를 무시한 채 약세장이 임박했다는 막연한 공포 때문에 냉정한 판단을 하지 못하는 것이다. 매력적인 주식을 매수해 보유하고 있을 경우 통상적인 약세장의 두려움에 별로 영향을 받지 않아야 한다는 주장이 타당하다면 단지 두려움으로 인해 뛰어난 주식을 팔아야 한다는 주장 역시 설득력을 잃는다. 앞서 내가 지적했던 모든 사실들 역시 이를 뒷받침할 것이다.

약세장이 임박했다는 이유만으로 빼어난 성과를 보여주고 있는 주식을 팔아서는 절대로 안되는 더욱 중요한 이유가 또 하나 있다. 주식을 매수한 기업이 정말로 올바른 회사라면 다음 강세장에서는 틀림없이 이전에 기록한 고점을 넘어선 신고가를 기록할 것이다. 그런데 이런 주식을 팔았다면 언제 도로 매수해야 할지 어떻게 알 수 있겠는가? 물론 이론적으로는 주가가 충분히 다 떨어진 다음에 매수해야 한다. 그러나 이것은 주가의 하락이 언제 끝날지를 투자자가 정확히 알고 있다는 것을 전제로 한다. 나는 약세장이 닥칠 것이 두려워 수 년 동안 꽤 높은 투자 수익률을 기록했던 보유 주식을 매도해버리는 투자자들을 수없이 목격했다. 두려움 때문에 보유 주식을 팔았는데 약세장은 아예 찾아오지 않고, 주가는 계속해서 오르는 경우도 자주 있다. 약세장이 찾아오더라도 투자자 열 명 가운데 단 한 명이라도 앞서 매도했던 종목의 주가가 자신의 매도 가격보다 올라가기 이전에 도로 매수하는 경우는 실제로 본 적이 없다. 대개는 자신이 매도했던 가격보다 훨씬 더 떨어지기를 기다리지만 막상 주가가 하락하게 되면 혹시 다른 무슨 일이 벌어질까 두려워 여전히 재매수를 하지 못한다.

훌륭한 투자 기술을 구사하면서도 정교하지 못한 투자자들이 미래의 엄청난 이익을 자주 놓치는 또 다른 이유를 여기서 찾을 수 있다. 이들은 아무리 뛰어난 주식이라도 고평가 됐다면 팔아야만 한다고 주장한다. 이보다 더 논리적인 주장이 어디 있겠는가? 정말로 그 주식이

고평가 됐다면 당연히 매도를 해야지 보유할 필요가 어디 있겠는가?

그러나 성급하게 결론을 내리기에 앞서 잠시 본질적인 면을 살펴보자. 과연 고평가 됐다는 게 무엇을 의미하는가? 우리가 진정으로 이루고자 하는 것은 무엇인가? 순이익이 급증하지 않고 정체된 기업에 비해 정말로 뛰어난 기업의 주식은 현재의 순이익으로 계산한 주가수익비율이 훨씬 높을 것이고, 또 높아야만 한다. 한마디로 이런 기업의 계속적인 성장에 동참할 수 있다는 가능성 자체가 무척 가치 있는 일이다. 어떤 주식이 고평가 됐다는 말은 이 기업의 기대되는 순이익을 감안하더라도 현재 주가 대비 주가수익 비율이 너무 높다는 의미일 것이다. 혹은 실질적으로 미래의 순이익 증가 전망이 비슷한 기업에 비해 주가수익 비율이 너무 높다는 의미일 수도 있다.

이런 이야기를 하는 것은 그러나 우리의 실제 능력보다 훨씬 더 정확하게 미래의 순이익을 계산하려는 데서 출발한다. 어떤 투자자도 특정 기업의 2년 후 주당 순이익을 정확히 짚어낼 수는 없다. 기껏해야 통상적으로 쓰이는 비수학적인 범위를 사용해 "전년도와 비슷하다"거나 "약간 증가" "상당히 증가" "대폭 증가" 식으로 판단할 수 있을 뿐이다. 실제로는 기업의 최고 경영자조차 정확한 주당 순이익을 예상하지 못한다. 투자자들이나 경영진이나 향후 몇 년 안에 주당 순이익이 상당히 증가할 것인지 여부를 개략적으로 판단해야만 한다. 그러나 정확히 얼마나 증가할지, 혹은 정확히 언제 증가할지는 확실한 예측을 불가능하게 만드는 다양한 변수들로 인해 겨우 근사치를 짐작할 수 있을 뿐이다.

사정이 이런데도 전례가 없을 정도로 높은 성장률을 구가하고 있는

위대한 기업에 투자하라

탁월한 기업을 향해 정확하지도 않은 수치를 근거로 고평가 됐다고 과연 누가 말할 수 있겠는가? 가령 대부분의 성장주들이 주가수익 비율 25정도의 주가에 거래되고 있는데 우리가 선정한 위대한 기업의 현재 주가수익 비율은 35라고 하자. 이 기업은 가까운 장래에 신제품을 출시할 예정이고, 이 제품이 경제적으로 얼마나 중요한지에 대해 증권가에서는 아직 파악하지 못하고 있을지도 모른다. 어쩌면 이런 신제품은 아직까지 볼 수 없었던 획기적인 것인지도 모른다. 성장률이 너무나도 뛰어나 향후 10년 안에 주당 순이익이 4배로 증가할 것이 확실하다면 이 기업의 주가가 다른 성장주보다 40% 정도 더 비싸게 거래된다고 해서 그렇게 큰 문제가 되겠는가? 정말로 중요한 문제는 이 주식의 향후 가치가 어떻게 될 것인지를 객관적으로 바라보는 것이다.

가만히 있었으면 손에 넣었을 큰 이익을 투자자들이 아깝게 놓쳐버리고 마는 또 다른 이유가 있다. 정말이지 가장 어리석은 경우라고 할 수 있다. 자신이 보유하고 있는 종목이 너무 많이 상승했을 때다. 다시 말해 주가가 너무 올랐으므로 상승 잠재력이 아마도 전부 소진했을 것이라는 주장이다. 내가 이 책에서 투자자들이 매수해야만 한다고 강조한 위대한 기업은 결코 이런 식으로 움직이지 않는다. 위대한 기업이 어떻게 다른지에 대해 다소 비현실적이지만 다음과 같은 예를 통해 설명해보겠다:

당신이 대학교를 졸업하는 날이라고 생각해보자. 대학교를 가지 않았다면 그냥 고등학교 졸업식 날이라고 생각해도 관계없다. 함께 졸업하는 친구들 가운데 몇 명이 당신에게 아주 급하게 돈을 빌려달라고 한다. 전부들 똑같은 제안을 내놓는다. 자신들이 일자리를 잡은 뒤 첫 해에 받게 될 1년 치 연봉의 10배에 해당하는 금액을 준다면 자신들이 매년 버는 돈 가운데 4분의 1을 평생동안 당신에게 지급하겠다고 말이다. 당신은 잠시 생각해보니 아주 근사한 제안처럼 들렸다. 그런데 당신이 갖고 있는 돈으로는 모두 세 명의 친구들에게만 이들이 제안한 금액을 줄 수 있다.

이제 당신은 올바른 원칙에 따라 주식을 선정하는 투자자와 매우 유사한 상황이 됐다. 당신은 즉시 어떤 친구들에게 돈을 줄 것인지 분석하기 시작할 것이다. 그 친구들이 얼마나 재미있는지, 혹은 다른 방면에 재능을 갖고 있는지는 전혀 관계 없이 오로지 이들이 얼마나 많은 돈을 벌 수 있는지 분석할 것이다. 함께 졸업하는 친구들이 아주 많다면 우선 잘 모르는 친구들부터 제외시켜 나갈 것이다. 또 이들 가운데 누가 경제적으로 머리가 잘 돌아가는지에 따라 돈을 줄 친구를 판단하는 게 좋을 것이다. 이것 역시 현명한 주식 매수 방식과 매우 흡사하다.

마침내 당신은 장래 경제적인 수입이 가장 클 것 같은 세 명의 친구를 골랐다. 당신은 이들과 계약을 맺었다. 그리고 10년이라는 세월이 흘렀다. 한 친구는 어마어마한 성공을 거두었다. 굴지의 대기업에 들어가더니 승진에 승진을 거듭했다. 이 친구가 다니는 회사에서는 그가 틀림없는 사장 감이라며, 10년 안에 무난히 사장 자리에 오를 것이라는 말이 돌았다. 사장으로 승진하면 당연히 거액의 연봉과 스톡옵션, 연금 혜택 등이 따라올 것이다.

만약 이런 상황에서 누군가가 당신에게 처음에 그 친구에게 준 돈의 여섯 배를 줄 테니 이 친구와의 계약을 팔라고 제안한다면 어떤 생각

위대한 기업에 투자하라

이 들겠는가? 이것은 마치 최고의 주식을 가리키며 단지 "시장 평균 수익률보다 너무 상승했으니" 이익을 취하고 팔라고 말하는 증권가 주변의 이야기나 다름없다. 혹시 이 친구와 맺은 계약을 팔고, 대신 10년 전 학교를 졸업했을 때와 똑같은 연봉을 지금도 그대로 받고 있는 친구와 새로 계약을 맺으라고 누군가가 조언한다면 당신은 정신 나간 사람이라고 생각할 것이다. 성공한 친구는 이미 성공할 만큼 했으며, (경제적으로) 성공하지 못한 친구는 여전히 성공할 가능성이 있다는 주장 역시 매우 우습게 들릴 것이다. 당신이 보유하고 있는 종목을 마치 여기서의 친구들처럼 잘 알고 있다면 훌륭한 주식을 팔라고 하는 주변의 수많은 이야기들도 마찬가지로 우습게 들릴 것이다.

이렇게 설명하면 충분히 수긍하며 고개를 끄덕일지 모르겠지만 실제로 친구들과 주식은 다르다. 분명히 둘 사이에는 아주 중요한 차이가 하나 있다. 이 차이는 단지 큰 폭으로 상승했고, 일시적으로 고평가된 것처럼 보인다는 이유만으로 뛰어난 주식을 팔아서는 절대로 안된다는 점을 더욱 부각시켜준다. 친구들의 생명은 유한하다. 금방 죽을 수도 있고, 언젠가는 생명을 다할 것이다. 이게 가장 큰 차이다. 주식에는 이 같은 수명이 없다. 주식을 발행한 기업은 탁월한 능력을 가진 경영자를 뽑아 기업의 정책과 기술, 경영 활동 등에 충분한 역량을 발휘할 수 있도록 훈련시킬 수 있으므로 계속 유지 가능하고, 또 여러 세대에 걸쳐 젊은 생명력을 지켜갈 수 있다. 두 세기 동안이나 기업 활동을 이어가고 있는 듀폰을 보라. 천재적인 창업자가 죽은 뒤 다우 케미칼이 어떻게 되었는지 보라. 모든 개인에게는 인간의 수명이라는 한계가 있다. 그러나 인간의 욕망은 무한하고 시장은 무궁무진한 바로 지금과 같은 시대에 기업의 성장은 인간의 수명과 같은 한계를 갖지 않고 있다.

이번 장에서 설명한 내용을 단 하나의 문장으로 요약하자면 아마도 다음과 같이 표현할 수 있을 것이다: 주식을 매수할 때 해야 할 일을 정확히 했다면 그 주식을 팔아야 할 시점은 거의 영원히 찾아오지 않을 것이다.

위대한 기업에 투자하라

7

배당금을 둘러싼 소란

주식 투자의 여러 가지 다양한 측면과 관련해 상당히 왜곡된 상식과 마치 한쪽만이 진실인 양 받아들이는 사고방식을 도처에서 발견할 수 있다. 그러나 배당금의 중요성에 관한 문제를 이야기할 때 만큼 대개의 투자자들이 터무니없는 생각을 갖고 있는 경우도 별로 없다.

이런 혼란과 일방적인 사고방식은 전통적으로 배당금과 관련된 문제를 어떤 식으로 접근해야 할 것인지 다양하게 설명하고 있는 여러 문구에서조차 빈번하게 발견된다. 가령 어떤 기업이 그동안 배당금을 전혀 지급하지 않았거나 아주 적은 배당금만 지급해왔다고 하자. 그런데 새로운 사장이 이사회에서 이제부터 고액의 배당금을 지급하자고 제안했다. 사장의 이 같은 제안은 이사회에서 받아들여졌다. 사장과 이사회의 이 같은 결정은 대개 주주들을 위해 "뭔가를 해줄" 시점이 도래했다는 의미로 해석된다. 마찬가지로 배당금을 지급하지 않거나 배당률을 올리지 않겠다고 하면 주주들을 위해 아무것도 하지 않은 것으로 받아들여진다. 어쩌면 이런 접근방식이 맞는 것일 수도 있다. 하지만 배당금을 주지 않는다고 해서 주주들을 위해 아무것도 하지 않는다는 식의 접근은 옳지 않다. 순이익을 배당금으로 지급하지 않고 새로운 공장을 짓는다거나 신제품 생산라인을 증설하고, 혹은 낡은 기계를 대체해 원가를 절감할 수 있도록 한다면 이런 기업의 경영진은 단순히 순이익을 배당금으로 지급하는 것보다 주주들을 위해 훨씬 더 유익한 일을 했다고 할 수 있다. 순이익을 배당금으로 지급하지 않고 다른 생산적인 용도로 사용할 수 있는지 여부는 생각하지 않고 무조건 배당금을 늘리면 주주들을 "위하는" 회사 정책이라고 말하는 것은 잘 못된 것이다. 마찬가지로 배당금을 줄이거나 지급하지 않으면 주주들을 전혀 "위하지 않는" 회사 정책이라고 비난하는 것 역시 옳지 않다.

배당금에 대해 대부분의 사람들이 이렇게 혼동하는 가장 큰 이유 가운데 하나는 기업의 매년 순이익이 주주 자신에게 돌아오지 않고 그 기업의 사업 활동을 위해 유보됐을 경우 주주들이 누릴 수 있는 혜택의 규모가 회사마다 큰 차이가 나기 때문이다. 때로는 순이익을 유보했는데도 주주들에게는 아무런 혜택도 돌아가지 않을 수 있다. 어떤 경우에는 순이익의 유보로 인해 주주가 손해를 볼 수도 있다. 순이익이 전혀 유보되지 않는다면 보유하고 있는 주식의 가치, 즉 주가는 떨어질 것이다. 그러나 순이익을 유보했는데도 주식의 가치가 늘어나지 않았다면 주주 입장에서는 아무런 혜택도 받지 못한 것이나 마찬가지다. 결국 어떤 기업이 순이익을 유보함으로써 그 기업의 주주가 큰 이익을 보는 경우에도 그 정도는 회사들마다 크게 차이가 나고, 심지어

위대한 기업에 투자하라

는 같은 회사의 주주들끼리도 달라질 수 있기 때문에 투자자들은 더욱 혼동되는 것이다. 다시 말해 어떤 기업이 순이익을 배당금으로 지급하지 않고 유보하기로 결정했을 경우 투자자는 주주의 입장에서 실제로 무슨 일이 벌어질 것인가를 정확히 파악해야만 한다. 단순히 배당금의 지급 여부가 아니라 왜 그런 결정이 내려졌는지, 또 그것이 어떤 차이를 갖고 있는지 자세히 살펴본다면 충분히 노력한 대가를 얻을 수 있을 것이다.

그렇다면 순이익을 유보했는데도 주주들이 아무런 이익도 얻지 못하는 경우는 언제인가? 경영진이 현재의 사업 활동은 물론 미래의 사업 계획을 감안하더라도 너무 과다한 현금과 유동자산을 쌓아놓고 있는 경우를 들 수 있다. 물론 이런 경영진이 특별히 흉악한 의도를 갖고 이렇게 한 것은 아닐 수 있다. 기업 경영자들 가운데 일부는 불필요한 유동자산을 계속 쌓아두면 더 안전하고 믿음을 준다고 느낀다. 이들이 느끼는 안전함이란 마땅히 주주들에게 돌아가야 할 재산을 돌려주지 않고 자신의 안전판으로 사용하고 있기 때문이라는 사실을 이런 경영자들은 전혀 생각하지 않는다.

기업의 사업 활동을 위해 순이익을 유보했는데도 주주들에게는 전혀 이익이 되지 않는 더욱 심각한 경우가 있다. 수준이 떨어지는 경영진은 이미 투하된 자본에 대해 정상적인 기업 평균치 이하의 수익률밖에 올리지 못한다. 따라서 이런 경영진은 유보한 순이익을 더 나은 곳에 쓰지 못하고 기껏해야 비생산적인 사업 부문을 확장하는 데 사용한다. 이런 경우 대개는 비생산적인 사업 부문의 확장으로 인해 경영진이 더 많은 업무를 떠안게 됐다는 이유로 자신들의 급여를 더 높이는 구실로 이용하기도 한다. 주주들에게는 당연히 아무런 이익도 돌아가지 않는다.

앞의 두 가지 경우 모두 실은 이 책에서 설명한 위대한 기업의 원칙을 따른 투자자라면 그리 염려하지 않아도 될 것이다. 이런 투자자라면 단순히 주가가 싸기 때문이 아니라 정말로 그 기업이 뛰어나기 때문에 주식을 매수했을 것이기 때문이다. 앞서 지적한 것처럼 비생산적인 사업 부문을 확장하는, 능력이 모자라는 경영진은 15가지 포인트를 충족시키지 못할 것이다. 더구나 15가지 포인트를 충족시키는 위대한 기업의 경영진이라면 순이익을 유보해서 마련한 이익잉여금의 적절한 용도를 틀림없이 발견할 것이며 단순히 안전판으로 쌓아놓지는 않을 것이기 때문이다.

그렇다면 사업 활동에 꼭 필요해서 순이익을 유보한 것인데 이렇게 해서 늘어난 이익잉여금이 어떻게 주가를 올리지 못하는 일이 벌어질 수 있다는 말인가? 이런 경우는 둘 중 하나다. 첫째는 대중들의 기호나 수요 변화로 인해 경쟁업체를 포함한 해당 업종의 기업들이 소위 매출액 증가와는 전혀 관계 없지만 이런 지출을 하지 않으면 사업에 결정적인 타격을 입을 수 있는 자산을 구입하는 데 유보 자금을 써야만 할 때다. 가령 어떤 유통업체가 매장에 비싼 에어컨을 들여놓는 경우가 전형적인 예라고 할 수 있다. 경쟁업체들도 곧 이어 에어컨을 설치할 것이다. 결국 특정 업체가 에어컨을 들여놓았다고 해서 매출액이 늘어나지는 않지만 에어컨 설치 경쟁에서 뒤쳐지면 한여름 장사는 포기해야 할지 모른다.

이익잉여금이 늘어났음에도 불구하고 다음해의 순이익이 증가하지

위대한 기업에 투자하라

못하는 두 번째 경우는 일반적인 회계 방식의 심각한 결함 때문인데 앞서의 경우보다 훨씬 중요하다. 우리는 지금 화폐 단위의 구매력 가치가 빠르게 변화하는 시대에 살아가고 있다. 그러나 회계처리 방식은 화폐 단위를 고정시킨 명목 가치를 기준으로 한다. 회계사들은 모든 회계처리가 이런 방식을 따른다고 말한다. 물론 맞는 말이다; 하지만 그런 식으로 작성한 대차대조표와 실제 자산 가치를 비교한다면 마치 우리가 살아가는 3차원 세계를 오로지 2차원의 단순한 기하학으로만 설명할 때 느끼는 혼란스러움을 감수해야 할 것이다.

고정자산의 감가상각충당금은 이론적으로 현재 사용하고 있는 고정자산이 경제적으로 더 이상 쓸모가 없어졌을 때 이를 대체할 수 있는 충분한 금액이 돼야 한다. 감가상각률을 제대로 적용하고, 또 고정자산의 내용연수 동안 대체 비용에 전혀 변화가 없다면 당연히 이론대로 될 것이다. 그러나 대체 비용이 계속해서 오르는 상황에서는 감가상각충당금만으로 기존의 쓸모가 없어진 자산을 대체할 수 없다. 따라서 기업이 이전에 해왔던 사업을 그대로 유지하려면 이런 차이를 메우기 위해서라도 순이익의 일부를 반드시 유보해두어야 한다.

주식 투자자라면 누구나 마찬가지겠지만 특히 첨단 기술기업의 주식을 보유한 투자자는 이 점에 유의해야 한다. 첨단 기술기업은 새로운 자본재를 취득하는 비율이 (단순히 기존 자산을 대체하는 비율에 비해) 너무 크기 때문에 최근에 취득해서 비교적 실제 가치를 반영하는 자산의 경우에도 감가상각충당금을 더 많이 쌓아두어야 한다. 이런 기업에서 만약 몇 해 전에 취득한 자산을 낮은 비율로 감가상각 했다면 현재 시점에서 대체 비용의 일부분밖에 충당하지 못할 것이다.

신공장을 짓고 신제품을 개발하는 데 이익잉여금을 사용하는 것은 투자자들에게 매우 큰 이익을 줄 수 있다. 다시 한번 이 점을 자세히 설명하도록 하겠다. 순이익의 처리와 관련해서 어떤 투자자가 다른 투자자보다 얼마나 더 큰 이익을 얻을 수 있는가는 두 가지 점에서 매우 중요하다. 이것은 주식시장에 몸담고 있는 사람들 거의 모두가 늘 오해하고 있는 문제이기도 하다. 또한 제대로만 이해한다면 배당금이 실제로 얼마나 중요한 것인지를 평가하는 손쉬운 열쇠를 제공해줄 것이다.

과연 누가 배당금 지급의 최대 수혜자인가에 대한 잘못된 상식을 가공의 사례를 통해 살펴보도록 하자. A라는 잘 나가는 기업이 있다. 이 회사는 지난 몇 년 동안 꾸준하게 순이익이 증가해왔다. 그런데 배당률은 계속 같은 수준을 유지했다. 순이익은 계속 늘어나는데 배당률은 그대로 유지하다 보니 4년 전에는 순이익의 50%를 배당금으로 지급했으나 올해는 순이익의 25%만으로도 배당금을 지급하는 데 충분했다. 임원들 가운데 일부는 배당률을 올리고 싶어했다. 하지만 다른 임원들은 그동안 사업을 해오면서 이익잉여금을 활용할 만한 기회가 지금처럼 좋았던 적은 없었다는 이유를 들어 반대했다. 이들은 한걸음 더 나아가 배당률을 올린다면 투자재원으로 쓸 이익잉여금이 줄어들어 매력적인 투자 기회를 놓칠 것이라고 지적했다. 따라서 배당률을 그대로 유지하는 것만이 최대의 성장을 지속할 수 있는 길이라는 게 이들의 주장이었다. 임원들의 주장이 이렇게 엇갈리고 있는 가운데 다음과 같은 새로운 논쟁이 벌어졌다.

이사회에 참석한 누군가가 배당금에 관한 증권가의 가장 잘못된 상식 가운데 하나를 분명한 어조로 주장한 것이다. A사가 배당률을 올리지 않는다면 그것은 소액주주를 희생시키는 대가로 대주주에게 이익을 주는 셈이라고 말이다. 이런 이론은 대주주가 배당금 정책에 결정적인 역할을 한다는 전제를 깔고 있다. 대주주의 입장에서는 소득세율이 높으므로 같은 배당률로 배당금을 수령해도 세금을 공제하면 소액주주에 비해 상대적으로 훨씬 적은 배당률을 적용받는 셈이 된다. 따라서 대주주는 배당률 인상을 원하지 않는 반면 소액주주는 배당률 인상을 원한다는 논리다.

그러나 실제로는 배당금을 더 주어야 할 것인지, 아니면 기업의 성장을 위해 순이익을 유보할 것인지는 A사 주주 각각의 소득 규모에 따라 그 이해관계가 달라지게 된다. 자신의 소득 가운데 일부를 추가적인 투자를 위해 쓸 수 있는가의 여부에 달려있다는 말이다. 비록 소득 수준이 낮다고 하더라도 수백 만 명에 이르는 소액주주들도 추가적인 투자를 위해 약간의 돈은 매년 저축하고 있다. 이들이 적은 금액이라도 저축하고 있다면, 또 이들 역시 소득세를 내고 있다면 이사회에서 주주들에게 배당금을 더 많이 지급할 것인지, 아니면 이익잉여금을 투자재원으로 활용해 귀중한 기회를 잡을 것인지를 결정하는 문제는 단순한 산술로 해결할 수 있다. 반대로 대주주의 경우에도 배당률의 인상을 바랄 수 있다. 이들의 소득세율이 아무리 높다고 하더라도 전혀 예상하지 못했던 일에 급히 써야 할 자금이 필요할 수 있기 때문이다.

그러면 이제 소액 주주들의 경우 배당률을 올리지 않는 게 왜 유리한지 산술적으로 살펴보자. 주식을 보유할 정도로 여유자금이 있는 투자자라면 거의 대부분 최저 세율이라 하더라도 소득세를 내고 있을 것이다. 따라서 배당금에 대해서도 배당 소득세를 물어야 할 것이다. 게다가 주식을 살 때는 증권회사에 거래 수수료를 내야 한다. 주식을 소규모로 매수할 때는 단위 당 거래비용이 대규모로 매수할 때에 비해 더 높다. 결국 소액주주가 배당금을 받아 주식에 재투자하려면 배당 소득세와 함께 거래 수수료까지 부담해야 한다. 소득수준이 높은 주주의 경우 배당금에 대해 소득세가 합산 과세된다면 그만큼 재투자할 수 있는 배당금은 줄어들게 될 것이다.

물론 대학교나 연기금 펀드와 같이 배당 소득세가 면제되는 특별한 주주들은 예외적인 경우로 별도의 계산이 필요하다. 그러나 이들의 숫자는 많지 않으므로 배당금에 관한 기본적인 명제는 보유 주식의 규모와 관계없이 대다수 주주들에게 모두 적용된다. 만약 소득 가운데 일부를 저축하고 있고, 또 여유 자금을 올바른 주식에 투자해 보유하고 있는 투자자라면 기업 경영진이 배당금을 늘려 주주로 하여금 재투자하도록 하는 것보다는 순이익을 직접 기업 활동에 재투자하는 것이 더 낫다.

배당 소득세와 거래 수수료로 인해 배당금을 받아 재투자할 수 있는 금액이 줄어들기 때문에 그런 것만은 아니다. 투자자의 입장에서 보면 지금 투자한 주식과 같은 위대한 기업의 주식을 고른다는 게 결코 쉬운 일이 아니기 때문이다. 지금까지 이야기한 것처럼 배당금 증액 여부를 고려하는 기업이 정말로 훌륭한 회사라면 투자자로서 올바른 주식을 현명하게 선택했다고 할 수 있다. 따라서 이런 훌륭한 기업의 경영진이 순이익을 유보한 자금을 재투자하는 게 투자자 개인이 배당금으로 이렇게 매력적인 투자 대상을 새로 물색하다가 실수를 저지르

위대한 기업에 투자하라

는 위험을 감수하는 것보다 훨씬 더 안전할 것이다. 순이익 증가분을 배당금으로 지급할 것인지, 아니면 유보할 것인지를 고려하는 회사가 뛰어난 기업일수록 배당금에 관한 이 같은 명제는 더욱 분명해진다.

이런 점을 염두에 두게 되면 배당금을 바라보는 시각은 완전히 달라질 것이다. 주식에 투자해 최대의 이익을 얻고자 하는 투자자라면 증권가에서 대부분 생각하는 것처럼 그렇게 배당금을 중시하지 않을 것이다. 이 점은 기관 투자가들이 선호하는 주식에 투자하는 보수적인 투자자들에게도 해당된다. 이들은 더 높은 수익을 위해서는 더 큰 리스크를 감수해야 하며, 배당 수익률이 높을수록 안전하다고 생각한다. 이런 논리는 배당 수익률이 높은 주식은 이미 평균 이상의 수익률을 제공했으므로 고평가 됐다고 할 수 없고, 따라서 주가도 크게 떨어지지 않을 것이라는 주장에 근거하고 있다. 그러나 이런 주장처럼 진실과 어긋나는 것도 없다. 이 문제와 관련해 내가 지금까지 살펴본 연구 조사 결과는 전혀 그렇지 않다. 역사적으로 투자 수익률이 형편 없었던 주식들 대다수는 배당률이 낮았던 기업의 주식이 아니라 배당률이 높았던 기업의 주식이었다. 순이익을 유보해 기업 활동에 재투자했더라면 잡을 수 있었을 귀중한 기회를 배당금을 늘리는 바람에 놓쳐버린 기업 경영진은 마치 돼지 축산업을 하는 농부가 원가 대비 최대의 가격을 받을 수 있는 시점이 아니라 무조건 시장에 내다팔 수 있는 시점에 돼지를 내다파는 것과 마찬가지다. 이 농부는 지금 당장은 약간의 현금을 손에 쥘 수 있지만 엄청난 기회 비용을 그 대가로 치러야 한다.

내가 지금까지 사례를 들어가며 설명한 기업은 배당금을 더 늘릴 것인지 여부를 고민하는 회사였지 배당금을 전혀 주지않는 회사는 아니었다. 물론 일부 투자자들은 배당금 수입을 별로 원하지 않을 수도 있지만 대부분의 투자자들은 배당금 수입을 원한다. 성장할 수 있는 기회가 너무나 많아서 기업 경영진이 순이익의 일부조차 배당금으로 지급할 여력이 없고, 유보한 순이익은 물론 외부 자금까지 조달해 귀중한 성장 기회를 잡는 데 전부 투자해야만 하는 경우는 아주 뛰어난 기업들 가운데서도 매우 드물다. 이런 경우라면 투자자 스스로 기업의 무배당 정책을 정당화하는 매우 특별한 성장 요인을 살펴본 뒤 이런 기업의 주식에 얼마나 투자할지를 신중하게 결정해야 한다. 그러나 가장 중요한 것은 배당금 증액을 너무 강조해서 기업의 진정한 성장 동력까지 훼손시키는 회사의 주식은 절대로 사지 말아야 한다는 점이다.

이제 우리는 배당금과 관련해 가장 중시해야 하지만 막상 가장 경시되는 주제로 자연스럽게 넘어갈 수 있게 됐다. 배당금의 규칙성, 혹은 예측 가능성에 관한 것이다. 현명한 투자자라면 스스로 계획을 세워 일을 처리해 나갈 것이다. 자신의 소득으로 할 수 있는 것과 할 수 없는 것을 미리 준비할 수 있을 것이다. 갑작스럽게 소득이 늘어난다면 크게 염려할 필요가 없겠지만 소득이 줄어든다거나 예기치 못한 일이 발생해 자신의 계획을 수정해야 할 경우에는 확실하게 대비해두어야 한다. 그런 점에서 순이익의 상당 부분을 유보해 자체 사업에 재투자하는 기업과 성장 속도는 다소 느리지만 순이익의 일부분만 유보하고 나머지는 배당금으로 지급하는 기업 가운데 어느 곳에 투자할 것인가도 투자자 스스로 미리 결정해두어야 한다.

위대한 기업에 투자하라

따라서 현명한 주주 관리 정책을 세워놓고, 또 이런 정책이 뒷받침돼 주가수익 비율도 높게 거래되는 기업은 대개의 기업 재무 담당자들이 혼란을 겪는 문제로부터 자유로울 수 있다. 이런 기업은 일단 배당 정책을 결정하면 여간해서는 바꾸지 않는다. 주주들에게도 기업의 배당 정책이 어떤 것인지 분명히 알린다. 이런 기업의 배당금은 다소 변화할 수 있으나 배당 정책은 절대 변하지 않는다.

이 같은 배당 정책은 기업이 최대한으로 성장하기 위해서는 반드시 유보해야 할 순이익이 어느 정도인가에 따라 결정된다. 신설 기업이나 성장률이 매우 높은 기업의 경우 수 년 동안 배당금을 전혀 지급하지 않을 수 있다. 세월이 지나 고정자산에 대한 감가상각충당금이 충분히 쌓이게 되면 순이익의 25~40%정도를 주주들에게 배당금으로 줄 수 있다. 설립한 지 오래된 기업의 경우에는 회사마다 배당 성향이 다양할 것이다. 그러나 어떤 경우에도 순이익 가운데 몇 퍼센트를 배당금으로 지급한다는 식으로 배당 성향을 고정시켜 배당금을 지급해서는 안된다; 그렇게 되면 매년 배당금이 달라질 것이기 때문이다. 주주들도 이런 것을 원하지 않는다. 투자자의 입장에서 장기적인 계획을 세우기가 어렵기 때문이다. 주주들이 원하는 것은 개략적으로 정해진 배당금을 정기적으로, 즉 분기별로 혹은 반년이나 1년에 한 차례씩 받는 것이다. 순이익이 계속해서 늘어나게 되면 앞서 정해놓은 배당 성향을 높여 배당금 액수 자체가 커질 수도 있다. 그러나 이런 경우는 다음 두 가지 조건을 모두 충족시켜야만 한다. 우선 기업 경영진이 추진하는 귀중한 성장 기회를 하나도 놓치지 않을 수 있는 충분한 자금이 확보돼 있고, 다음으로는 추가적인 성장 기회를 발견하거나 심각한 경기 불황이 닥칠 가능성을 고려하더라도 새로운 배당 성향을 앞으로도 계속해서 유지할 수 있다는 충분한 근거가 마련되어야 한다는 점이다.

지각이 있는 투자자들 사이에 배당 정책이 훌륭하다고 인정 받는 기업의 경영진은 배당금을 늘릴 때면 대단히 신중하게 결정하며, 앞으로 계속해서 그 수준의 배당금을 줄 수 있을 때만 그렇게 한다. 마찬가지로 정말로 아주 위급할 때만 배당금을 줄인다. 그런 점에서 한 해 순이익이 급증했다고 해서 배당금을 크게 늘려 지급하는 재무 담당 책임자들이 얼마나 많은지를 떠올리면 놀라울 정도다. 이들은 예상하지 못했던 "깜짝" 배당금이 주가에 오랫동안 영향을 주는 경우는 거의 없다는 사실을 모르는 것 같다. 이런 배당 정책은 대부분의 장기 투자자들이 원하는 방향과는 상반되는 것이다.

기업의 배당 정책이 비록 주주들에게 인기를 끌지 못하더라도 한번 정해놓은 배당 정책을 일관되게 지켜간다면 언젠가는 주주들도 그 정책을 좋아하게 될 것이다. 많은 투자자들은 그것이 자신의 이익에 부합하는가의 여부와는 관계없이 무조건 배당률이 높은 것을 선호한다. 반면 일부 투자자는 낮은 배당률을 선호하고, 일부는 아예 배당금을 주지 않는 회사를 좋아한다. 어떤 투자자들은 현금 배당금은 적더라도 매년 주식 배당을 해주기를 바란다. 주주들의 요구는 다양하므로 기업 경영진이 자체적인 필요에 따라 배당 정책을 정해서 일관되게 지켜나간다면 자연스럽게 그런 배당 정책을 선호하는 주주 그룹이 형성될 것이다. 자기 회사 주식이 시장에서 특별한 대우를 받기를 원하는 경영진이라면 주주들이 원하는 이 같은 계속성을 훼손하지 않을 것

위대한 기업에 투자하라

이다.

　배당금과 관련된 정책을 세운다는 것은 새로 개업한 음식점의 운영 원칙을 만드는 것과 매우 유사하다. 훌륭한 음식점 경영자라면 과감한 투자로 멋진 음식점 사업을 펼쳐나갈 것이다. 아늑한 내부 시설에 가장 저렴한 가격으로 최고의 음식을 맛볼 수 있는 음식점을 꾸밀 것이다. 헝가리 음식이나 중국 음식, 이탈리아 음식으로 성공을 거둘 수도 있을 것이다. 어느 메뉴나 다 손님을 끌어 모을 수 있다. 손님들은 최상의 음식을 기대하면서 찾아올 것이다. 그러나 아무리 시설이 좋고, 메뉴가 훌륭해도 아무런 예고도 없이 어떤 날은 아주 비싼 음식을 내놓고, 어떤 날은 값싼 음식을 내놓는다면 단골 고객들을 확보할 수 없을 것이다. 배당 정책을 자주 바꾸는 기업 역시 장기 투자자를 주주로 끌어들이는 데 실패할 것이다. 이런 주식은 장기 투자자에게 최선이 될 수 없기 때문이다.

　기업의 배당 정책이 일관성을 유지하는 한 투자자들은 어느 정도 확신을 갖고 장래의 계획을 세울 수 있다. 그렇다면 이런 배당 정책이 더 좋고, 저런 배당 정책은 좋지 않다는 식의 증권가의 끊이지 않는 논쟁에도 불구하고 배당을 둘러싼 문제는 투자 결정에 훨씬 덜 중요한 요소가 될 것이다. 이런 논쟁 거리를 좋아하는 증권가의 대다수 전문가들은 향후 수 년간 결코 많은 배당금을 주지 않을 기업인데도 그 주식을 매수한 투자자는 높은 투자 수익률을 올리는 이유를 설명하지 못할 것이다. 앞서 소개한 여러 기업의 주식이 이런 경우에 해당한다. 한 가지 예를 더 들자면 롬 앤드 하스도 바로 이런 주식에 포함된다. 이 주식은 1949년에 처음으로 주식시장에 상장됐는데, 첫 거래일의 주가는

41.25달러였다. 당시 이 회사는 배당금으로 현금 1달러와 약간의 주식 배당을 해주었을 뿐이다. 많은 투자자들은 이 같은 배당이 보수적인 투자자의 매력을 끌기에는 부족하다고 생각했다. 그러나 그 이후 이 회사는 꾸준히 주식 배당을 했고, 비록 배당 수익률은 낮았지만 일정 기간이 지난 다음에는 현금 배당금도 늘렸다. 그렇게 해서 롬 앤드 하스의 주가는 마침내 400달러를 넘어섰다. 처음에 롬 앤드 하스의 주식을 매수한 투자자는 1949년부터 1955년까지 매년 4%의 주식 배당을 받았고, 1956년에는 3%의 주식 배당을 받았으므로 보유 주식수의 증가를 감안하면 주가는 10배 이상 상승한 셈이다.

사실 위대한 기업의 주식을 고르려는 투자자라면 배당금 문제는 최우선 고려 사항이 아니라 맨 마지막에 고려해야 할 사항이다. 아마도 배당금과 관련된 논의 가운데 가장 특이한 점은 배당금에 대해 가장 대수롭지 않게 여기는 투자자가 결국 가장 많은 배당금을 받게 된다는 것이다. 다시 강조하지만 5년이나 10년 이상의 기간을 놓고 보면 배당금을 가장 많이 주는 기업은 배당률이 높은 기업이 아니라 오히려 배당률이 낮은 기업이다. 예외적일 정도로 탁월한 경영진은 수익성이 뛰어난 새로운 사업을 개척하고, 여기서 나오는 순이익의 적은 부분만을 배당금으로 지급하는 배당 정책을 일관되게 유지하지만 높은 배당률을 고수하는 기업보다 실제로는 더 많은 액수의 배당금을 지급한다. 논리적이며 자연스러운 이런 흐름은 앞으로도 계속되지 않겠는가?

위대한 기업에 투자하라

8

투자자가 저지르지 말아야 할
다섯 가지 잘못

1. 선전하는 기업의 주식을 매수하지 말라.

신제품과 신기술을 개발하거나, 새로운 시장을 개척하고 있는 기업을 찾아내는 것이야말로 투자 성공의 가장 핵심적인 요소라고 할 수 있다. 이제 막 창업했거나 본격적인 사업 활동을 시작하려는 기업들은 대개 이런 요소를 갖추고 있다. 이런 기업들 대부분은 눈길을 끄는 새로운 발명과 함께 출범한다. 또 성장 잠재력이 무궁무진한 첨단 기술 분야에 속해있는 기업들이 많다. 새로운 지하자원이나 자연자원의 탐사를 목적으로 설립된 기업들도 있다. 이런 분야도 탐사 작업이 성공하기만 하면 그 보상은 엄청나다. 이런 이유 덕분에 출범한 지 얼마되지 않은 신생 기업은 아직 영업이익을 내지 못하고 있더라도 언뜻 보기에 투자가치가 대단한 것처럼 보일 수 있다.

이런 기업들에 대한 관심을 더욱 부추기는 또 하나의 주장이 있다. 이런 기업이 주식시장에 처음으로 상장될 때 주식을 매수하게 되면 "가장 낮은 가격으로 들어갈 수 있다"는 주장이다. 성공을 거둔 기업들의 주가는 맨 처음 주식시장에 상장됐을 때보다 몇 배나 올랐다. 그렇다면 굳이 이런 기업의 주가가 오를 때까지 머뭇거리다가 다른 사람들이 주가 상승에 따른 이익을 다 챙겨가도록 기다릴 필요가 있을까? 오히려 앞서 살펴봤던 것처럼 위대한 기업을 찾아내기 위한 질문과 조사의 방식을 이미 설립된 지 오래된 기업이 아니라 이제 비로소 사람들의 입에 오르내리고 있는 신생 기업을 대상으로 하는 게 좋지 않을까?

투자자의 입장에서 나는 적어도 영업 활동을 시작한 지 2~3년이 지나지 않았거나, 이미 사업 기반을 잡은 기업과는 전혀 다른 분야에서 최소한 1년간 영업이익을 내지 않은 기업에 투자하는 것은 기본적으로 문제가 있다고 생각한다. 신생 기업의 연간 매출액이 100만 달러를 넘지 않더라도 어쨌든 단 몇 푼의 영업이익은 내야 한다. 설립된 지 오래된 기업의 모든 주요 사업 활동은 현재 진행형으로 이루어진다. 투자자는 이런 기업의 제품을 잘 알고 있고, 매출액과 매출원가, 경영진의 능력 등 사업 활동의 다양한 측면들을 모두 파악할 수 있다. 잘 알려진 기업을 투자 대상으로 고려할 경우 아마도 더욱 중요한 것은 이 기업의 강점과 약점에 대해 정기적으로 분석하고 있는 검증된 전문가의 의견을 구할 수 있다는 점이다. 이와는 반대로 이제 비로소 증권가에서 선전을 시작한 기업의 경우에는 어떤 투자자들이건 할 수 있는 일이라고는 기업이 제공한 청사진을 들여다보며 문제점은 무엇인지,

위대한 기업에 투자하라

또 강점은 무엇인지를 추측하는 정도일 것이다. 이것은 사실 매우 어려운 일이다. 정확한 판단을 내리기까지 숱한 시행착오를 겪을 가능성이 상당히 높다.

실제로 투자자의 능력이 제아무리 출중하다 해도 정말로 뛰어난 기업을 고르는 데 "평균 타율" 정도를 기록하기란 불가능하다. 심지어 이미 기반을 확실히 다져놓은 기업들로 투자 대상을 한정한다 해도 그렇다. 증권가에서 이제 막 선전을 시작한 신생 기업들은 거의 대부분 한두 명의 핵심인물이 이끌어가는데, 이들은 특정한 사업 국면에서는 아주 탁월한 재능을 갖고 있지만 사업 활동에 필요한 다른 능력은 결여돼 있는 경우가 많다. 가령 영업에는 타고났지만 다른 비즈니스 분야는 전혀 모르는 식이다. 발명가나 엔지니어가 창업한 경우는 이보다 더 자주 발견된다. 이들은 최고의 제품을 만들 수는 있어도 마케팅이나 제조 활동에 필요한 현장 기술은 전혀 의식하지 않는다. 이처럼 기본적인 비즈니스 역량마저 결여돼 있는 조직을 이끌어가는 개인이 이제 막 창업한 기업에는 절대 투자해서는 안된다. 이런 기업은 투자하기에 앞서 우선 역량 있는 인물을 어디서 구할 수 있는지 생각해보는 게 좋다.

이런 이유로 인해 나는 처음 볼 때 아무리 구미가 당긴다고 하더라도 화려한 선전문구로 무장한 신생 기업의 자금 조달은 특별한 목적을 갖고 있는 투자 집단에게 맡겨두어야 한다고 생각한다. 벤처 캐피털과 같은 투자 집단은 젊은 기업이 사업 활동을 진행할 때 나타나는 약점을 보완해줄 수 있는 역량 있는 경영진을 보유하고 있다. 이렇게 능력 있는 경영진을 보충해줄 수 있고, 또 젊은 기업의 창업자에게 이런 도움이 왜 필요한지를 납득시킬 수 있는 특별한 투자 집단이 아니라면 솔깃한 선전에 현혹되지 말고 이미 사업 기반을 확실히 잡은 기업들 가운데 투자 대상을 찾아야 한다. 설립한 지 오래된 기업들 중에도 투자 기회는 얼마든지 있다. 평범한 개인 투자자라면 제아무리 화려하고 매력적인 수식어로 치장했다 해도 이제 막 선전하기 시작하는 기업에는 투자하지 않는다는 원칙을 가져야 한다.

2. 훌륭한 주식인데 단지 "장외시장"에서 거래된다고 해서 무시해서는 안된다.

공식적인 증권거래소에 상장된 주식에 비해 비상장 주식이 덜 매력적으로 보이는 이유는 아마도 시장성이 떨어지기 때문일 것이다. 시장성의 중요함에 대해서는 누구나 알고 있을 것이다. 반드시 그런 것은 아니지만 주식을 살 때는 나중에 팔 수 있는 종목으로 한정해야 한다. 그래야 경제적인 이유건, 개인적인 이유건 현금화할 필요가 있을 경우 팔 수 있기 때문이다. 그러나 투자자들은 마음속으로 이런 점과 연관지어 무엇이 정말 안전한 것이며, 무엇이 불안한 것인가에 대해 다소 혼동하고 있는 것 같다. 그래서 공식적인 증권거래소에 상장돼있지 않은 주식은 무조건 불안하게 느끼는 혼란을 겪게 되는 것이다. 이런 주식은 대개 "장외시장"에서 거래되는 주식이라고 부른다.

　이런 혼란이 나오게 된 배경은 우선 20세기 초의 주식시장 환경과 현재의 상황이 크게 변한 데 기인한다. 1920년대 이전까지 주식 중개인은 비교적 부유한 소수의 고객들만을 상대했다. 대부분의 주식 매

　위대한 기업에 투자하라

수는 한 건 당 몇 만 주에 달할 정도로 대규모로 이뤄졌다. 이렇게 대규모로 주식을 매수한 이유는 다른 사람들에게 더 높은 가격을 받고 팔기 위해서였다. 당시 주식 거래가 투자보다는 도박에 가까웠던 것도 이런 이유 때문이다. 특히 이 무렵에는 돈을 빌려 주식을 매수하는 게 당연하게 받아들여졌다. 요즘 주식 거래의 대부분이 현금 결제로 이뤄지는 것과는 대조적이다.

그 사이 많은 일들이 벌어졌고, 이런 시장 상황도 많이 변했다. 소득 수준이 높아진 것이나 상속세율의 인상도 한 변화 요인이었다. 더욱 중요한 요인은 해가 갈수록 소득 계층에 변화가 생겨났다는 점이다. 최상위 소득 계층과 최하위 소득 계층은 해마다 그 숫자가 줄어들고 있다. 반면 중산층의 숫자는 매년 늘어나고 있다. 이에 따라 대규모 주식 매수자의 숫자는 꾸준히 줄어드는 반면 소규모로 주식을 매수하는 투자자의 숫자는 크게 늘어났다. 이와 함께 기관 투자가라고 하는 또 다른 주식 매수자가 급성장했다. 수많은 기관 투자가들 가운데 몇 개를 꼽자면 투자신탁회사나 연기금 펀드, 뮤추얼 펀드, 대형 투자은행의 신탁 부서 등이 될 것이다. 하지만 이들의 실상은 수많은 소액 투자자의 자금을 모아 관리하는 전문적인 펀드 매니저에 불과할 뿐이다.

어쨌든 이런 변화의 결과로, 또 이런 변화를 낳게 된 한 원인으로 주식시장에 영향을 미치는 법률과 기관의 성격에 근본적인 개혁이 이루어졌다. 증권감독위원회(SEC)가 과거 주식시장을 도박판처럼 만들었던 주가 조작과 주식 공동 인수를 금지시킨 것이다. 종전까지 관행처럼 여겨졌던 신용 거래도 매우 제한적으로만 허용됐다. 그러나 무엇보다 중요한 점은 앞서 이미 언급했던 것처럼 오늘날의 기업 자체가 과거의 기업과 전혀 다른 존재가 됐다는 사실이다. 이제 기업은 단기적으로 매매하기보다는 장기적인 성장을 기대하는 투자자에게 보다 적합한 투자 수단으로 그 모습이 변화했다.

이런 모든 요인들이 주식시장을 근본적으로 바꾸어버렸다. 획기적인 진보임에는 틀림없지만 그 대가로 시장성은 떨어지게 됐다. 평균적인 주식의 유동성은 증가하기보다는 오히려 감소했다. 끊임없이 주식을 거래하며 주식시장을 도박판처럼 만들었던 매수자와 주가 조작을 위해 주식 공동 인수 작전을 폈던 "꾼들"은 건전한 경제에서 더 이상 설자리를 잃었다. 하지만 이들은 과거 시장이 돌아가게 하는 윤활유 역할을 하기도 했다.

굳이 여기서 단어의 의미에 얽매이고 싶지는 않다. 그러나 이로 인해 "주식 중개인(stock broker)"은 점차 사양길로 접어들고, "주식 영업인(stock salesman)"이라고 불리는 사람들이 부상했다는 점은 지적해야 할 것 같다. 주식시장에서 중개인이 하는 역할은 경매시장을 만드는 것이다. 주식 중개인은 이미 스스로 투자 결정을 내린 누군가로부터 주문을 받는다. 그리고 이것이 매수 주문이라면 매도 주문을 받은 다른 중개인과 거래를 성사시킨다. 이 과정은 그리 많은 시간이 소요되지 않는다. 주문을 받은 물량이 소규모가 아니라 대규모 물량일 경우 주식 중개인은 1주 당 거래 수수료로 아주 적은 금액만 받아도 한 해 수수료를 모두 합치게 되면 상당한 이익을 거둘 수 있다.

이와는 대조적으로 주식 영업인은 고객들을 설득하느라 훨씬 더 많은 시간을 들여야 한다. 하루에 활동할 수 있는 시간은 한정돼 있다. 따라서 주식 중개인에 버금가는 이익을 거두기 위해 주식 영업인은 상

위대한 기업에 투자하라

당히 높은 수수료를 받아야만 한다. 특히 대규모 거래를 하는 소수 고객이 아니라 소규모 거래를 하는 다수 고객을 상대로 한다면 더욱 그렇다. 오늘날 주식시장 환경에서 주식 영업인은 소액 투자자 고객을 상대로 하지 않으면 안된다.

공식적인 증권거래소는 지금도 여전히 주식 중개인의 활동 덕분에 돌아간다. 주식 영업인이 아니다. 그런데도 이들이 받는 수수료는 계속 올라가기만 한다. 하지만 장외시장에서는 이와는 다른 원칙에 따라 움직인다. 장외시장을 개설해놓고 있는 주식 거래인들의 모임인 전미증권거래인협회(NASD)에서는 매일 지방 신문에 해당 지역 주민들이 관심을 갖고 있는 비상장 주식 가운데 가장 거래가 활발한 종목들의 주가를 싣고 있다. 증권거래소에 상장된 주식과 다른 점은 여기에 실린 주가가 실제로 거래가 이루어진 범위의 주가가 아니라는 점이다. 사실 장외시장은 증권거래소처럼 매일매일의 거래를 집계해서 보고하는 중앙 결제소가 없으니 그렇게 할 수도 없다. 그 대신 매수 가격과 매도 가격이 나와 있다. 어떤 주식을 사고자 하는 장외시장 회원사의 가장 높은 가격과 팔고자 하는 장외시장 회원사의 가장 낮은 가격을 실어놓고 있는 것이다.

매도 가격은 매수 가격보다 높은데, 그 차이는 대개 증권거래소에서 같은 가격의 주식을 사고 파는 데 드는 거래 수수료의 몇 배에 이른다. 장외시장을 열고 있는 쪽에서는 이 같은 차이가 있기 때문에 낮은 가격을 지불하고 주식을 사서 보유하다가 마땅한 매수자를 물색한 주식 영업인이 나타나 팔게 되면 그에게 수수료를 주고도 괜찮은 이익을 올릴 수 있는 것이다. 반대로 고객의 입장에서는 주식 영업인에게 수수료를 주지 않고도 매수 가격과 아주 적은 금액의 장외시장 운영 수수료만 지급하고 주식을 살 수 있다.

　물론 부도덕한 장외시장 회원사가 있을 경우 이런 시스템을 왜곡시킬 수 있다. 이 점은 다른 시스템들 역시 마찬가지다. 하지만 투자자가 여러 장외시장 거래인들 가운데 괜찮은 곳을 신중하게 고른다면 자신에게 맞는, 또 아주 마음에 드는 전문가를 만날 수 있을 것이다. 사실 대개의 투자자들은 직접 주식을 선정하기에는 시간과 능력이 모두 부족하다. 장외시장 거래인들은 철저한 감독을 통해 소속돼 있는 주식 영업인들에게 주식 판매를 위임하고, 이들은 투자 자문가와 유사하게 활동한다. 이들이 제공하는 서비스는 충분히 비용을 지불할 만하다.

　그러나 좀 더 노련한 투자자라면 이런 시스템으로부터 얻는 이익은 단순히 주식을 싸게 매수할 수 있다는 데 그치지 않는다. 이런 시스템 덕분에 자신이 매수하려고 하는 비상장 주식의 유동성과 시장성이 늘어난다는 게 가장 큰 이점이다. 장외시장 거래인들은 비상장 주식을 이렇게 거래하며 상당히 큰 영업이익을 거둘 수 있고, 그래서 수많은 장외시장 거래인들은 늘 비상장 주식을 거래할 수 있도록 일정 규모의 주식 재고를 보유하게 되는 것이다. 이들은 또 자금 여유가 있을 때면 추가적으로 몇 천 주 정도의 주식은 언제든지 매수할 수 있다.

　그렇다면 이렇게 장외시장에서 거래되는 비상장 주식과 공식적인 증권거래소에서 거래되는 상장 주식 간의 시장성에는 어떤 차이가 있을까? 이에 대한 답은 전적으로 그 주식이 어떤 주식이며, 어떤 증권거래소에서 거래되느냐에 달려있다. 미국에서 가장 큰 뉴욕증권거래소에 상장돼 있는 대기업으로 거래도 활발히 이루어지는 종목의 경우 대

위대한 기업에 투자하라

규모 물량을 내놓더라도 비교적 저렴한 거래 수수료만 부담하면 현재 주가 수준보다 그리 낮지 않은 가격에 팔 수 있다. 거래가 활발하지 않은 종목이라 하더라도 뉴욕증권거래소에 상장돼 있다면 시장성은 그런대로 괜찮은 편이다. 하지만 이런 종목을 갑자기 대규모로 매도하고자 할 경우 거래가 어려워질 수 있다. 더구나 아메리칸증권거래소와 같은 작은 증권거래소에 상장된 종목은 적어도 내 의견으로는 시장성이 상당히 떨어진다.

시장성이라는 측면에서 볼 때 뉴욕증권거래소에 상장돼 있고, 잘 알려져 있으며, 또 거래도 활발히 이루어지는 종목의 경우 장외시장의 비상장 주식보다 더 낮지 않다는 게 아니다. 내가 말하고자 하는 요지는 장외시장에서 거래가 활발하게 이루어지는 주식은 아메리칸증권거래소와 같은 작은 증권거래소에 상장된 대다수 주식들보다 유동성이 더 좋다는 것이다. 물론 소형 증권거래소 측에서는 나의 이 같은 주장에 동의하지 않을 것이다. 하지만 객관적인 사실을 기초로 조사해보면 이것이 명백한 사실로 입증될 것이라고 나는 확신한다. 뛰어난 성장성으로 아주 잘 알려진 수많은 중소기업들이 최근 작은 증권거래소로부터 상장 제의를 받았으나 거절한 것도 바로 이런 이유 때문이다. 이들은 규모를 키워 "큰 시장(big board)", 즉 뉴욕증권거래소에 상장할 수 있을 때까지 차라리 장외시장에서 거래되기를 원하고 있는 것이다.

다시 말하지만 장외시장에서 거래되는 주식 역시 투자자들이 지켜야 할 원칙은 증권거래소에 상장된 주식과 전혀 다르지 않다. 우선 올바른 주식을 선택해야 한다. 그 다음에 능력 있고 양심적인 주식 중개인을 골라야 한다. 투자자가 이런 두 가지 일을 모두 확실하게 처리했다면 증권거래소가 아니라 "장외시장"에서 거래되는 주식이라고 해서 매수하기를 두려워할 필요는 전혀 없다.

3. 사업보고서의 "표현"이 마음에 든다고 해서 주식을 매수하지 말라.

왜 다른 주식이 아닌 그 주식을 사게 됐는지 늘 신중하게 분석해보는 투자자들은 별로 없다. 만약 그렇게 하는 투자자라면 기업이 매년 발표하는 사업보고서의 문구나 형식에 왜 그렇게 큰 영향을 받는지 생각해보면 놀라울 것이다. 사업보고서에 나와있는 표현들은 회계감사를 받은 재무제표가 일정 기간의 사업 실적을 보여주듯이 경영진의 철학과 정책, 목표 등을 매우 정확하게 반영하는 것일 수 있다. 그러나 한편으로 사업보고서에는 해당 기업에 대한 일반인들의 호감을 사기 위해 단순한 홍보 이상의 기술이 배어있다. 사실 사업보고서에 나와있는 문구를 사장이 실제로 썼는지, 혹은 홍보 담당자가 대신 쓰고 사장은 서명만 한 것인지는 알 수 없다. 멋진 사진과 화려한 색상의 차트로 사업보고서를 치장했다고 해서 이 회사가 열정을 갖고 협력하며 일하는 뛰어난 경영진을 갖고 있다는 것은 아니다.

사업보고서에 나와있는 문구나 표현에 현혹돼 그 회사의 주식을 매수하는 것은 광고판에 적혀 있는 선전 문구에 반해 그 제품을 사는 것이나 마찬가지다. 광고 내용처럼 그 제품이 좋을 수도 있다. 하지만 그렇지 않을 수도 있다. 가격이 얼마되지 않는 제품의 경우 광고 내용처럼 실제로 근사한 물건인지 확인하기 위해 이런 식으로 샀다면 이해가

된다. 하지만 주식의 경우에는 이런 식으로 충동 구매를 할 수 있는 여유를 가진 투자자는 거의 없다. 요즘 사업보고서는 주주들에게 호감을 살 수 있도록 작성되는 게 일반적이다. 따라서 사업보고서의 문구 이면에 숨어있는 의미를 파악하는 게 중요하다. 기업의 여러 판매 수단과 마찬가지로 사업보고서 역시 기업의 "최전방 공격수" 역할을 한다. 따라서 사업보고서는 절대 그 기업의 진정한 문제점과 어려움을 균형된 시각으로 솔직하게 털어놓지 않는다. 대개는 너무나 낙관적이다.

그렇다면, 즉 투자자들이 사업보고서의 표현에 긍정적인 느낌을 받더라도 이로 인해 곧장 행동에 나서지 말아야 한다면 그 반대는 어떨까? 부정적인 느낌을 받았다면 곧장 행동에 나서도 괜찮은가? 대개는 그렇지 않다. 다시 말하지만 이렇게 행동하는 것은 상자 안에 들어있는 내용물을 단순히 겉으로 드러난 포장지만 보고 판단하는 것이나 마찬가지다. 그러나 여기에는 한 가지 예외가 있다. 투자자들에게 정말로 중요한 문제에 관한 적절한 정보를 사업보고서에서 제공하지 않는 기업이다. 이런 식으로 사업보고서를 작성하는 기업은 성공적인 투자 대상이 될 자격이 전혀 없다고 봐도 될 것이다.

4. 순이익에 비해 주가가 높아 보인다고 해서 반드시 앞으로의 추가적인 순이익 성장이 이미 주가에 반영됐다고 속단하지 말라.

투자 판단을 잘못해 값비싼 대가를 치르는 경우가 자주 있다면 특별히 언급해둘 필요가 있을 것이다. 이를 설명하기 위해 우선 가상의 기업

A가 있다고 해보자. A사는 오랫동안 우리가 지적한 15가지 포인트를 아주 훌륭하게 충족시켜왔다. 지난 30년간 매출액과 순이익이 모두 꾸준히 성장해왔고, 앞으로도 강력한 성장세를 뒷받침할 상당히 많은 신제품들이 개발 중에 있다. 증권가에서도 이 회사의 뛰어난 점을 대체로 잘 인식하고 있다. 이 회사의 주가는 최근 몇 년 사이 주당 순이익의 20~30배 수준을 오르내리고 있다. 이 같은 주가는 다우존스 평균주가를 구성하는 30개 우량 종목의 주가수익 비율을 감안하면 2배 수준에 이르는 것이다.

바로 오늘 A사의 주가는 다우존스 평균주가 구성종목에 비해 주가수익 비율이 정확히 2배에 거래되고 있다. 다시 말해 A사의 주가를 주당 순이익으로 나눈 값(주가수익 비율)이 다우존스 평균주가 구성종목의 주가수익 비율 평균치의 2배라는 얘기다. A사의 경영진은 며칠 전 향후 5년 이내에 순이익이 두 배로 늘어날 것이라는 전망을 내놓았다. A사의 기업 여건을 볼 때 이 같은 예측은 충분히 가능한 것으로 분석됐다.

그런데 거의 모든 투자자들이 잘못된 결론으로 빠져들었다. 이들은 A사가 현재 다우존스 평균주가 구성종목에 비해 2배나 높은 주가를 기록하고 있고, 앞으로 5년 뒤에 A사의 순이익이 두 배로 늘어날 것이므로 A사의 현재 주가는 미래의 순이익 증가를 이미 반영하고 있는 것이라고 이야기한다. 더구나 이들은 주식시장이 기업의 미래 순이익을 할인해서 반영한다는 것을 고려하면 A사의 주가가 고평가 됐다고 생각한다.

5년 뒤의 순이익을 할인해서 주가에 반영하면 A사의 주가가 고평가

위대한 기업에 투자하라

됐다는 주장은 누구도 자신할 수 없다. 이 같은 판단은 앞으로 5년 후에는 A사의 주가수익 비율이 이들이 비교 대상으로 삼고 있는 다우존스 평균주가 구성종목과 똑같아질 것이라는 전제를 깔고 있다는 데서 오류를 범하고 있다. 이 주식은 위대한 기업이 가져야 할 모든 조건을 충족시켰고, 그 덕분에 지난 30년 동안 다른 우량 주식들보다 주가수익 비율이 2배에 달했다. 과거의 이런 주가 수준은 이 회사에 대한 믿음을 견지했던 투자자들에게 값진 보상을 해주었다. A사의 경영 정책이 똑같이 지속된다면 5년 후에도 이 회사의 경영진은 과거 20년 전이나 15년 전, 10년 전, 5년 전, 그리고 올해의 당기순이익을 배가시켰던 신제품과 마찬가지로 앞으로도 순이익을 지속적으로 늘려줄 수 있는 또 다른 신제품을 내놓을 것이다. 그렇게 된다면 A사의 주가가 5년 뒤에도 지금이나 또 과거에 그랬던 것처럼 다른 우량 주식들에 비해 주가수익 비율이 2배에 이르지 못할 이유가 없을 것이다. 만약 다른 우량 주식들의 주가수익 비율이 5년 뒤에도 지금과 똑같고, A사의 순이익은 지금보다 두 배로 늘어난다면 5년 후 A사의 주가는 지금의 2배가 되어 있을 것이다. 바로 이런 이유로 위대한 기업의 주가수익 비율은 미래의 순이익을 할인해서 판단할 수 없는 것이다!

너무나 자명한 이야기이지 않은가? 하지만 주위를 둘러보면 소위 노련한 투자자라고 자신하는 수많은 사람들이 바로 이런 문제의 벽에 가로막혀 있다. 이들은 미래의 순이익을 할인한 수치로 주가수익 비율을 계산해 어떤 기업의 주가가 얼마나 고평가 됐는지 분석하려고 한다. 만약 분석 대상 기업의 제반 여건이 예상한 대로 변화한다면 맞을 수도 있다. 이제 A사 대신 B사를 예로 들어보자. 이들 두 기업은 다른 면에서는 모두 똑같지만 B사가 A사에 비해 훨씬 더 젊은 기업이라는 점만 다르다. B사의 뛰어난 실적은 불과 지난 2년 동안의 결과밖에 없지만 증권가에서는 이를 충분히 인정해 B사의 현재 주가수익 비율 역시 다우존스 평균주가 구성종목에 비해 2배에 이른다. 이처럼 과거에 그렇게 높은 주가수익 비율로 거래됐던 적이 없는 종목인데도 지금은 높은 주가수익 비율로 거래되는 것이 그 기업의 내재가치를 반영한 것이며, 결코 앞으로의 성장을 무리하게 할인해서 적용한 것이 아니라는 점을 많은 투자자들은 제대로 인식하지 못하고 있다.

여기서 중요한 점은 해당 기업의 본질이 무엇인지 철저히 이해해야 한다는 것이다. 특히 향후 몇 년 동안 기대할 수 있는 것이 무엇인지 분명히 파악해야 한다. 순이익의 급증이 예상되지만 그것이 일과성에 그치는 것이라든가, 해당 기업이 본질적으로 현재의 순이익 성장을 견인하는 신제품의 수명이 다하게 된 뒤 새로운 신제품을 계속 내놓을 회사가 아니라면 문제는 완전히 달라진다. 그렇다면 높은 주가수익 비율은 미래의 순이익을 할인한 것으로 볼 수 있다. 현재의 순이익 급증세가 끝나버리면 주가는 다시 평범한 기업의 주가수익 비율 수준으로 돌아갈 것이기 때문이다. 하지만 이 회사가 꾸준히 전력을 기울여 순이익 창출의 새로운 원천을 개발하고 있다면 5~10년 후의 주가수익 비율은 오히려 지금보다도 훨씬 더 높아질 것이다. 바로 이런 종류의 주식이 많은 투자자들이 믿는 미래의 실적에 비해 너무 할인돼 거래되는 경우를 자주 발견할 수 있다. 언뜻 볼 때는 굉장히 비싼 것처럼 보이지만 잘 분석해보면 그야말로 아주 헐값에 거래되고 있다는 사실을 발견하는 게 다름아닌 이런 종목이다.

위대한 기업에 투자하라

5. 너무 적은 호가 차이에 연연해 하지 말라.

지금까지 다른 문제들을 설명하면서 내가 이해를 돕기 위해 들었던 예는 모두 가공의 것이었다. 이번에는 실제로 있었던 사례를 들겠다. 약 20년 전 투자 업계에서도 상당히 능력이 있는 것으로 정평이 난 한 신사가 뉴욕증권거래소에 상장돼 있는 기업의 주식 100주를 매수하려고 했다. 그가 주식을 사기로 결정을 내린 날, 그 종목의 주가는 35.50달러였다. 다음날에도 주가는 그대로였다. 하지만 이 신사는 35.50달러는 주고 싶지 않았다. 그는 35달러에 주문을 내기로 결정했다. 100주를 다 합쳐 50달러를 절약하고자 한 셈이다. 그는 주문 단가를 끝내 높이지 않았다. 주가도 끝내 35달러로 떨어지지 않았다. 20년 이상이 흐른 지금 이 주식의 전망은 그 때보다 훨씬 더 밝다. 그 사이 주식 배당과 주식 분할을 감안하면 현재 이 종목의 주가는 500달러가 넘는다.

한마디로 이 투자자는 50달러를 절약하려고 하는 바람에 최소한 4만6500달러를 벌 수 있는 기회를 놓친 셈이다. 물론 이 투자자가 매번 주식을 싸게 매수해서 절약한 돈을 모두 합치면 4만6500달러가 될 수도 있다. 하지만 4만6500달러는 50달러의 930배다. 이 투자자가 주식을 싸게 매수해서 4만6500달러를 벌려면 무려 930번을 그렇게 싸게 매수해야 한다. 이런 확률을 믿고 그렇게 행동한다면 그것은 거의 정신 나간 짓일 것이다.

이런 사례는 결코 극단적인 경우가 아니다. 그나마 내가 사례로 든 종목은 당시 수 년 동안 주식시장에서 선도주가 아니라 둔한 움직임을 보여준 주식이었다. 만약 이 투자자가 뉴욕증권거래소에 상장된 주식 가운데 성장주로 손꼽히는 50개 종목 가운데 하나를 매수하려고 했고, 50달러를 아끼느라 3500달러 어치의 주식을 사지 못했다면 4만6500달러 이상의 훨씬 더 큰 기회손실을 입었을 것이다.

몇 백 주 정도의 주식을 매수하고자 하는 소액 투자자가 지켜야 할 원칙은 매우 간단하다. 매수하고자 하는 종목이 올바른 기업이고, 현재의 주가도 합리적인 수준에서 매력적이라면 "시장 가격"으로 사라는 것이다. 25~50센트, 심지어 몇 센트 정도의 호가 차이는 만약 이 주식을 매수하지 못했을 경우 놓치게 될 이익 규모에 비하면 그야말로 아무것도 아니다. 만약 이 주식이 장기적인 잠재력을 충분히 갖고 있지 못하다면 처음부터 매수할 이유도 없다.

적어도 수만 주 이상의 주식을 매수하고자 하는 대규모 투자자들에게 이 문제는 그렇게 단순하지 않다. 몇몇 종목을 제외하고는 대개의 주식들이 공급량이 충분치 않다. 그래서 대규모 투자자가 당초 매수하고자 마음 먹은 물량의 절반 정도만 시장 가격으로 매수 주문을 내도 이로 인해 주가가 큰 폭으로 오를 수 있다. 갑작스런 주가 상승은 이 투자자가 당초 매수하고자 했던 물량을 확보하는 데 두 가지 면에서 부정적인 영향을 미친다. 주가의 급등 자체가 다른 매수자들의 관심을 불러일으켜 경쟁적으로 이 주식을 사겠다고 뛰어들 수 있다. 또 원래 이 주식을 팔려고 했던 사람들마저 주가가 더 오를 것을 기대해 물량을 거둬들일 수 있다. 그렇다면 이런 상황에서 대규모 투자자는 어떻게 할 것인가?

대규모 투자자는 주식 중개인이나 증권회사의 딜러를 찾아가야 한다. 그리고 정확히 자신이 매수하고자 하는 주식의 물량을 말해주어

위대한 기업에 투자하라

야 한다. 또 주식 중개인에게 가능한 물량의 주식을 확보하되 경쟁적인 매수자가 많이 출현할 경우 매수한 물량 중 일부를 매도할 수 있게 해주어야 한다. 가장 중요한 점은 최근의 매도 호가 이상 수준에서 주식 중개인이 자유롭게 매수할 수 있는 매수 가격의 상한선을 정해주어야 한다는 것이다. 매수 가격의 상한선은 사고자 하는 주식의 매수 규모와 그동안의 주가 움직임, 다른 일반 투자자들이 얼마나 보유하고 있는지, 그리고 매수를 시작하면 주가에 영향을 미치게 될 다른 특별한 요인들을 모두 감안해 주식 중개인이나 증권회사 딜러와 협의한 다음 결정해야 한다.

어떤 투자자들은 이런 일을 처리하는 데 충분한 판단력과 식견을 갖춘 믿을 만한 주식 중개인이나 증권회사 딜러를 알지 못한다고 말할지도 모르겠다. 그렇다면 우선 자신이 믿을 수 있는 주식 중개인이나 딜러를 물색하는 일부터 해야 한다. 이런 일을 정확히 수행하는 것이야말로 주식 중개인이나 증권회사 딜러의 고유 업무이기 때문이다.

9

투자자가 저지르지 말아야 할
다섯 가지 잘못-추가

1. 너무 과도하게 분산 투자하지 말라.

분산 투자만큼 모두가 수긍하며 널리 받아들이는 투자 원칙도 없을 것이다. (일부 회의론자들은 이 원칙이 너무 간단해 주식 중개인들조차 이해할 수 있기 때문이라고 이야기할 정도다!) 실제로 그렇다면 일반 투자자들이 분산 투자를 제대로 하지 않아 불이익을 받는 경우는 거의 없을 것이다. "갖고 있는 계란을 전부 한 바구니에 담은" 투자자에게 벌어질 수 있는 끔찍한 일은 늘 너무나도 섬뜩하게 다가왔다.

그러나 또 한편의 극단에 있는 이 원칙의 부정적인 측면에 대해 충분히 생각하는 사람은 거의 없다. 갖고 있는 계란을 너무 많은 바구니에 담는 바람에 많은 계란들이 그리 매력적이지 않은 바구니에 담겨지

위대한 기업에 투자하라

는 불이익이다. 또 너무 많은 바구니에 계란을 담다 보면 모든 바구니들을 세심하게 관리하기가 사실상 불가능해진다. 가령 몇 십 만 달러 정도의 주식 투자 자금을 굴리는 투자자 가운데 상당수가 25개 이상의 종목을 보유하고 있다는 사실은 놀라울 정도다. 단지 이들이 25개 이상의 많은 종목을 보유하고 있다는 게 놀랍다는 말이 아니다. 정말로 놀라운 사실은 대부분의 경우 이들이 보유하고 있는 종목 가운데 극히 일부만이 투자자 자신이나 투자 자문가가 기업 내용에 대해 잘 알고 있는 매력적인 주식이라는 점이다. 투자자들은 분산 투자의 원칙에 너무 집착해 한 바구니에 많은 계란을 담아서는 안된다는 점을 과도할 정도로 두려워 한다. 이로 인해 자신이 확실하게 잘 아는 기업에 대해서는 거의 신경을 쓰지 않으면서도 자신이 전혀 모르는 기업에 너무 많은 관심을 쏟는다. 어떤 기업에 대한 충분한 지식 없이 그 주식을 매수하는 것은 분산 투자를 제대로 하지 않는 것보다 훨씬 더 위험하다는 사실을 이들은 잘 모르는 것 같다.

그렇다면 분산 투자를 어느 수준에서 하는 게 실제로 필요하며, 분산 투자를 하지 않을 경우 위험은 얼마나 될까? 이것은 마치 군대에서 소총으로 걸어총을 하는 것과 비슷하다. 두 자루의 소총으로는 걸어총을 하기가 어렵지만 대여섯 자루의 소총이라면 차라리 걸어총을 하기가 쉽다. 그렇다고 50자루의 소총으로 걸어총을 하는 것보다는 다섯 자루의 소총으로 걸어총을 하는 게 훨씬 안전하다. 물론 주식을 분산 투자하는 하는 것과 소총을 걸어총 하는 것에는 큰 차이가 있다. 걸어총을 균형 있게 하는 데는 소총이 몇 자루인가만 중요하지 소총의 성격은 문제가 되지 않는다. 하지만 주식에서는 분산 투자를 하는 종목 그 자체의 성격이 매우 중요하다.

어떤 기업들은 그 회사 자체만으로도 상당히 분산 투자를 하고 있다. 대부분의 주요 화학 제조업체들이 대표적이다. 이들이 생산하는 제품들이 전부 화학제품으로 분류된다 해도 저마다 완전히 다른 산업에 속해있는 제품인 경우가 많다. 제조 방식이 전혀 다른 제품들을 생산하기도 한다. 또 전혀 다른 고객을 상대로 전혀 다른 업체와 경쟁한다. 더구나 한 가지 화학제품의 경우에도 고객 군(群)이 다양한 산업별로 나뉘어져 있다면 그 자체로 내부적인 분산 투자가 이루어진 셈이다.

어떤 기업의 경영진이 얼마나 층이 두터우면서도 전문적인 지식을 갖추고 있는가 하는 점 역시 기업 내부적으로 분산 투자에 필요한 요건을 갖추었는지를 판단할 때 매우 중요한 잣대가 된다. 즉, 한 명의 최고 경영자가 좌지우지하는 상황에서 어느 정도나 벗어났는가 하는 점이다. 마지막으로 보유하고 있는 주식이 경기에 얼마나 민감한 기업인가도 중요하다. 경기 사이클의 변화에 즉각적인 영향을 받는 주식을 보유할 경우 경기 변동에 영향을 적게 받는 주식을 보유할 때에 비해 분산 투자를 통해 균형을 잡는 게 더욱 중요해진다.

이처럼 주식 그 자체의 성격에 기인한 분산 투자의 요건을 감안하면 평균적인 투자자들이 통상적으로 생각하는 최소한의 분산 투자 원칙은 성립할 수 없다. 분산 투자를 위해 편입한 종목들이 어떤 산업에 속해 있는가도 생각해야 할 문제다. 가령 분산 투자를 한다고 10개 종목의 주식에 똑같은 금액을 투자했는데, 이 가운데 8개 종목이 은행주라면 이건 분산 투자와는 한참 거리가 멀 것이다. 이와는 반대로 10개 종

위대한 기업에 투자하라

목 모두 완전히 다른 산업에 속해 있는 주식이라면 당초 의도했던 것보다 더욱 큰 분산 효과를 보게 될 것이다.

따라서 분산 투자란 각각의 경우마다 다르고, 일률적인 원칙은 있을 수 없다는 점을 이해해야 할 것이다. 그런 점에서 소액 투자자가 자신에게 필요한 최소한의 분산 투자를 고려할 때 염두에 두어야 할 개략적인 가이드라인을 소개하고자 한다:

A그룹 사업 기반이 충분히 확보된 성장주로 투자 대상 기업을 한정하는 경우다. 이 경우 앞에서 설명한 다우 케미칼이나 듀폰, IBM 등이 대표적인 편입 종목이 될 것이다. 투자 대상을 이런 종목으로 한정한다면 최소한 5개 종목에 투자해야 분산 투자의 목적을 달성할 수 있다. 이 말은 한 종목의 투자 금액이 최초 투자 자금의 20%를 넘어서는 안된다는 것이다. 그러나 어떤 종목이 다른 종목들에 비해 큰 폭으로 상승해 몇 년 뒤 그 종목의 투자 비중이 40%로 늘어났다고 해서 이 종목을 억지로 처분하라는 말은 아니다. 자신이 보유하고 있는 종목들을 잘 관찰하고, 이들 주식이 과거에 그랬던 것처럼 앞으로도 전망이 밝다는 사실을 계속 확인하는 게 필요하다.

이처럼 5개 종목에 투자하면서 종목 당 투자 비중을 최초 투자 자금의 20% 이내로 하는 원칙을 따를 경우 투자한 기업들의 생산 제품이 서로 경쟁하는 제품이거나 대체되는 제품이어서는 안된다. 가령 5개 종목 가운데 하나로 다우 케미칼 주식에 투자했다면 듀폰은 함께 투자해도 전혀 관계가 없다. 이들 두 회사가 서로 경쟁하거나 중복되는 제품 생산라인은 없기 때문이다. 그런데 어떤 투자자가 나름대로 합리적인 이유가 있어서 다우 케미칼과 유사한 분야의 화학 기업에도 투자했고, 그것이 현명한 투자라고 생각할 수도 있다. 비슷한 생산라인을 갖고 있는 두 회사의 주식이 몇 년 동안 동반 상승할 수도 있기 때문이다. 그러나 이런 경우 분산 투자라는 측면에서 보면 분명히 불완전하다는 사실을 염두에 두어야 한다. 특히 두 기업이 속해 있는 산업 전체가 어려움에 빠질 경우를 항상 대비해야 한다.

B그룹 투자 종목의 전부 혹은 일부를 중견 기업으로 하는 경우다. 여기서 중견 기업이란 설립된 지 얼마 되지 않아 리스크가 큰 젊은 성장 기업과 앞서 설명한 기관 투자가가 선호하는 대형 우량 기업의 중간쯤에 있는 회사를 말한다. 이런 기업은 이미 1인 최고 경영자 시대를 지나 훌륭한 경영진을 구성한 상태일 것이다. 또 한 해 매출액이 5000만 달러에서 1억 달러에 이르고, 해당 업종에서 충분한 기반을 구축해놓은 기업이다. 이 그룹에 속하는 기업이 분산 투자라는 목적에서 앞서의 A그룹에 속한 기업과 균형을 맞추려면 적어도 두 개의 기업이 필요하다. 다시 말해 투자 대상 종목을 B그룹에 속한 기업으로 한정할 경우 한 종목 당 최초 투자 자금의 10% 이하만 투자해야 한다는 말이다. 그러면 전체적으로 최소한 10개 종목에 투자하는 셈이 된다. 하지만 B그룹에 속하는 기업들은 리스크라는 측면에서 종목 별로 천차만별이다. 그런 점에서 기업 리스크가 큰 종목의 경우 투자 비중을 10%가 아닌 8%로 줄이는 게 더 신중한 방법일 수 있다. 어떤 경우든 이런 종목들은 A그룹의 종목 별 투자 비중이 20% 이하인 것과는 달리 8~10%로 해야 적절한 분산 투자의 최소한의 틀을 갖출 수 있다.

투자자 입장에서 보면 A그룹에 속한 기업이나 기관 투자가가 선호

위대한 기업에 투자하라

하는 대형 우량 기업들에 비해 B그룹에 속한 기업은 찾기가 더 어렵다. 그런 점에서 내가 과거에 매우 자세히 관찰할 수 있는 기회를 가졌으며, 또 이런 기업의 대표적인 예가 될 수 있는 한두 기업에 대해 간단히 설명하겠다.

그러면 우선 내가 초판에서 썼던 내용을 먼저 소개하고, 이들 기업이 현재 어떻게 됐는지 살펴보도록 하자. 내가 처음 소개할 B그룹의 기업은 P.R. 멀로리라는 회사다:

P.R. 멀로리는 기업 내부적으로 상당한 수준의 사업 다각화 효과를 거두고 있는 회사다. 이 회사가 생산하는 주력 제품은 전기전자 산업에서 쓰이는 부품과 특수 금속, 각종 전지 등이다. 이들 주력 제품 생산라인은 해당 산업 분야에서 선두권 공급업체이며, 일부 제품은 최대 생산업체의 자리를 지키고 있다. 특히 전자 부품이나 특수 금속 제품과 같은 여러 생산라인은 미국의 전산업을 통틀어 가장 빨리 성장하는 분야로 P.R. 멀로리의 성장이 앞으로도 계속될 것임을 뒷받침해주고 있다. 지난 10년간 이 회사의 매출액은 4배나 늘어나 1957년에는 8000만 달러에 달했다. 이 같은 매출 증가의 3분의 1은 신중하게 진행된 외부 기업의 인수를 통해 이루어졌고, 나머지 3분의 2는 자체적인 성장에 의해 달성한 것이다.

이 기간 중 영업이익률은 약간 낮아져 B그룹에 속해 있는 기업으로서는 만족할 만한 수준은 아니지만 연구개발비 지출이 평균 이상으로 늘어났기 때문이라는 점을 감안해야 한다. 더욱 주목해야 할 것은 기업 내부적으로 매우 중요한 발전의 징후가 나타나기 시작했다는 점이다. 경영진은 매우 적극적인 최고 경영자의 지휘 아래 뛰어난 역량을 발휘해왔고, 최근에는 더욱 전문적인 경영진이 보강되고 있다. P.R. 멀로리의 주가는 1946년부터 1956년까지 10년간 약 5배나 상승했고, 주가수익 비율은 이 기간 중 평균 15배에 달했다.

아마도 영리한 투자자라면 P.R. 멀로리의 가장 중요한 투자 포인트는 기업 그 차제보다도 3분의 1의 지분을 갖고 있는 자회사 멀로리-샤론 메탈 코퍼레이션에 대한 기대 때문이라고 말할 것이다. 이 회사는 현재 P.R. 멀로리가 절반의 지분을 갖고 있으며 P.R. 멀로리의 성공적인 벤처 자회사인 멀로리-샤론 티타늄 코퍼레이션, 그리고 같은 원자재 가공 사업부문을 갖고 있는 내셔널 디스틸러스의 사업부문과 합병을 계획하고 있다. 이렇게 세 회사가 합쳐지면 티타늄 생산업체로는 원가 경쟁력이 가장 뛰어난 기업으로 부상할 것이며, 이제 막 떠오르고 있는 티타늄 산업의 성장을 주도할 것으로 기대되고 있다. 더구나 이 회사는 1958년에 최초의 상업적인 지르코늄 제품을 출시할 예정이고, 탄탈과 콜룸븀 같은 "획기적인 신소재 금속"을 상품화할 수 있는 노하우도 갖고 있다. 이처럼 새로 출범할 P.R. 멀로리의 자회사는 미래의 핵물리학 및 화학 시대에 점점 더 그 역할이 중요해질 일련의 금속 제품 분야에서 세계적인 주도 업체가 될 것으로 기대되고 있는 것이다. 그런 점에서 이 회사의 지분을 보유하고 있는 P.R. 멀로리의 내재적인 성장 가능성도 금액으로 따져 엄청난 자산이 될 수 있다.

이 글을 쓴 지 2년이 조금 더 지났다. 지금 만약 다시 쓰게 된다면 내용이 약간 달라졌을 것이다. 우선 P.R. 멀로리가 3분의 1의 지분을 갖고 있는 멀로리-샤론 메탈 코퍼레이션이 기여할 수 있는 부분에 대해서는 그렇게 대단하게 평가하지 않을 것 같다. 물론 내가 2년 전에 쓴 내용처럼 사업은 진행되고 있다. 하지만 티타늄 산업의 경우 충분한 시장이 만들어질 정도로 발전하려면 2년보다는 훨씬 더 긴 시간이 필요할 것으로 보인다.

이와는 반대로 P.R. 멀로리라는 기업 자체에 대해서는 훨씬 더 강한 어조로 언급할 것 같다. 내가 지적했던 경영진의 전문성 확보는 이 기간 중에 눈에 띄게 진전됐다. 경기 변동의 영향을 많이 받는 가전 산업에 부품을 공급하는 업체이기도 한 P.R. 멀로리는 경기 후퇴 시 엄청난 타격을 입을 수밖에 없다. 그런데도 이 회사의 경영진은 1958년의 침체 국면에서 보기 드문 수완을 발휘해 그 해 1.89달러의 주당 순이익을 기록했다. 이 같은 주당 순이익은 전년도에 기록했던 사상 최대치 2.06달러에 근접하는 것이다. 1959년에는 순이익이 빠르게 회복해 주당 2.75달러로 사상 최고치를 경신할 것이 확실시되고 있다. 더구나 이 같은 순이익은 여전히 경기가 좋지 않고, 신규 사업부문의 원가 부담이 큰 상황에서 기록한 것이어서 특히 주목할 만하다. 그런 점에서 만약 경제 전반이 다시 호황 국면을 유지하게 된다면 1960년에는 급격한 순이익 증가를 기록할 것이 틀림없다.

이 기간 중 P.R. 멀로리의 주가 상승률은 내가 이 책에서 사례로 든 기업들 가운데 극히 예외적으로 시장 전체 수익률에도 못미쳤다. 내가 보기에 이 회사는 전자 부품 분야의 일본 경쟁업체들보다도 뛰어나다는 생각이 들지만 어쨌든 일본 업체들에 대한 두려움이 이 회사 주가의 상승을 가로막은 이유인 것 같다. 또 명확하게 어떤 산업 분야의 제품으로 구분되지 않고, 여러 산업 분야를 넘나드는 제품에 대해서는 증권가에서 그리 관심을 갖지 않는다는 점도 한 요인이 됐을 것이다. 시간이 흐르면 이런 인식은 변하게 될 것이다. 특히 이 회사의 미니 전지 생산라인은 여전히 초고속 성장세를 이어가고 있다. 전자 제품의 소형화 추세가 계속될수록 미니 전지 산업도 꾸준히 성장할 것이기 때문이다. 내가 초판을 쓸 무렵 이 회사의 주가는 35달러 수준이었는데, 그 사이 2%의 주식배당을 실시하기는 했지만 지금도 이 회사의 주가는 37.50달러에 그치고 있다.

그러면 이제 내가 초판에서 설명했던 B그룹의 다른 기업을 살펴보도록 하자:

베릴륨 코퍼레이션은 B그룹에 속한 투자 대상 기업의 또 다른 좋은 예다. 이 주식은 낯선 회사 이름으로 인해 신생 기업 같은 느낌을 준다. 그래서 잘 모르는 사람들은 리스크가 대단히 큰 주식으로 받아들이기 십상이다. 이 회사는 베릴륨 구리와 베릴륨 알루미늄을 합금 처리하는 유일한 종합 가공회사로 생산원가가 매우 낮은 기업이다. 또 금속을 합금 처리한 뒤 자체 조립 공장에서 봉재(棒材)와 선재(線材), 합금괴를 만들고, 압출 과정을 거쳐 각종 기구를 비롯한 최종 제품까지 생산해낸다. 이 회사의 매출액은 1957년까지 10년 동안 약 6배나 증가해 1600만 달러에 달했다. 매출액 증가의 상당 부분은 전자 기기와 컴퓨터를 비롯해 향후 급속한 성장이 확실시되는 산업에서 이루어진 것이다. 특히 베릴륨 구리를 생산하는 압출기가 등장하면서 이 회사의 매출액이 급증하기 시작한 것처럼 지난 10년간의 높은 성장률은

위대한 기업에 투자하라

향후 성장률을 전망하는 데 충분한 자료가 될 것이다. 과거 5년간 이 회사 주식의 주가수익 비율이 20배 수준을 유지한 것도 이런 뒷받침이 있었기 때문이다.

언론 보도를 보면 미 공군의 최고 연구개발 조직인 랜드 코퍼레이션은 이 같은 성장세가 앞으로도 계속 이어질 것이라고 밝히면서 1960년대에는 지금까지 보지 못한 베릴륨 합금이 중요한 금속 재료로 사용될 것이라고 내다봤다. 랜드 코퍼레이션은 앞서 정확한 예측을 수없이 내놓았는데, 제 2차 세계대전 직후에는 티타늄의 개발을 예상하기도 했다.

베릴륨 합금이 중요한 금속 재료로 발전하며 새로운 시장을 창출할 것이라는 기대보다도 더욱 가시적인 진전은 1958년에 이 회사가 또 하나의 신제품을 대량 생산하기 시작한 데서 찾을 수 있을 것이다. 다름 아닌 베릴륨 합금을 원자력 개발에 사용하게 된 것이다. 기존의 합금 생산라인과는 전혀 별개의 공장에서 만들어지는 이 제품은 미국 원자력위원회와의 장기 계약에 따라 생산하는 것이다. 이것은 정부는 물론 민간 부문의 수요도 크게 늘고 있는 원자력 산업 분야에서 아주 밝은 미래가 있음을 말해주는 것이다. 이 회사의 경영진은 늘 긴장하고 있다. 사실 이 회사는 우리가 앞서 봤던 15가지 포인트 가운데 단 하나를 제외하고는 모두 충족시키고 있으며, 경영진은 그 한 가지도 이미 파악하고서 개선 작업에 착수했다.

P.R. 멀로리의 경우처럼 베릴륨 코퍼레이션도 지난 2년간 내가 위에서 기술한 내용보다 더 나은 성과와 부족한 결과를 모두 보여주었다.

하지만 긍정적인 측면이 부정적인 측면을 압도했다는 점에서 이 회사는 올바른 투자 대상이었다고 할 수 있을 것이다. 우선 부정적인 측면을 보자면 앞서 언급했던 것처럼 베릴륨 구리 합금을 생산하는 압출기의 도입은 당초 기대에 못미쳤고, 합금 처리 생산물을 최종적으로 사용하는 시장의 장기적인 성장 곡선도 내가 예상했던 수준만큼 대단하지는 않았다. 또 베릴륨 합금을 원자력 개발에 활용하는 것도 향후 몇 년간은 지금처럼 부진할 것으로 보인다. 그러나 이런 것들을 전부 상쇄하고도 남는 것이 있다. 다양한 분야의 항공 산업에서 베릴륨 합금에 대한 수요가 폭발적으로 늘어날 것이라는 신호가 꾸준히 포착되고 있는 것이다. 이런 수요는 이미 시작됐다. 현재 상태로는 워낙 많은 곳에서 워낙 다른 제품용으로 쓰고 있기 때문에 수요의 한계가 어디까지인지 확실하게 예상할 수 없을 정도다. 어쩌면 이것을 그렇게 좋게만 생각할 수도 없을지 모른다. 너무나 매력적인 분야다 보니 지금은 전혀 생각할 수 없는 기업이 뛰어들어 획기적인 기술적 진보와 함께 위협적인 경쟁자가 될 수도 있을 것이기 때문이다. 그러나 다행히도 이회사는 우리가 지적했던 15가지 포인트 가운데 단 한 가지 충족시키지 못했던 요소를 강화하기 위해 전력을 기울이고 있다. 그 한 가지란 연구개발 활동이다.

그렇다면 베릴륨 코퍼레이션의 주가는 이 모든 상황을 어떻게 반영했을까? 초판이 쓰여졌을 무렵 이 회사의 주가는 16.16달러였다. 이는 그 사이 있었던 주식 배당을 감안한 것이다. 지금 주가는 26.50달러로 64% 상승했다.

이들 두 기업만큼은 잘 알지 못하지만 내가 생각하기에 뛰어난 경영

위대한 기업에 투자하라

진과 훌륭한 노사 관계, 밝은 성장 전망 등을 갖추고 있으며, 다른 요인들도 B그룹에 속하기에 충분한 기업을 몇 개 손꼽자면 푸트 미네랄스 컴퍼니와 프라이든 캘큐레이팅 머신 컴퍼니, 스프라그 일렉트릭 컴퍼니 등이 있을 것이다. 이들 기업은 모두 지난 수년간 주식을 보유했던 투자자들에게 상당히 괜찮은 투자 대상이었음을 보여주었다. 스프라그 일렉트릭의 주가는 1947년부터 1957년까지 약 4배나 상승했다. 프라이든은 1954년에 처음으로 주식시장에 상장됐지만 3년도 채 되지 않아 주가가 2.5배 올랐다. 주식시장에 상장되기 약 1년 전 기관 투자가에게 대규모로 주식을 넘겼을 때의 주가에 비해서는 4배 이상으로 거래되고 있는 셈이다. 대부분의 투자자들은 이 정도의 주가 상승에 만족스러워 하겠지만 푸트 미네랄스의 주가 상승률에 비하면 대단한 게 아니다. 푸트 미네랄스의 주식은 1957년 초 뉴욕증권거래소에 상장됐다. 이 회사 주식은 상장되기에 앞서 1947년부터 장외시장에서 거래되기 시작했다. 장외시장에서 처음 거래될 당시 이 회사의 주가는 40달러였다. 1947년에 장외시장에서 이 회사 주식을 100주 매수한 투자자는 그 후 주식 배당과 주식 분할에 따라 지금은 2400주 이상을 갖고 있을 것이다. 최근 이 회사의 주가는 50달러를 오르내리고 있다.

C그룹 마지막으로 소형 기업이 있다. 이들 기업의 주식은 성공할 경우 엄청난 수익을 가져다 줄 수도 있지만 성공하지 못하면 투자 원금의 거의 전부를 날릴 수도 있다. 이런 주식에 투자하는 금액은 투자자별로 자신의 목표와 자신의 처해있는 상황에 따라 다양하게 정할 수 있다는 점을 나는 앞서 설명했다. 그러나 이런 주식에 투자할 경우 지켜야 할 두 가지 원칙이 있다. 하나는 절대로 날려버려서는 안될 자금

을 이런 주식에 투자해서는 안된다는 것이다. 또 하나는 대규모 자금을 운용하는 투자자의 경우에도 이런 주식에는 종목 별로 최초 투자 자금의 5% 이상을 투자해서는 안된다는 것이다. 이미 지적했던 것처럼 소액 투자자의 경우 운용 자금 규모가 워낙 작아 이런 기업에 투자한다 해도 장기적으로 크게 성장하는 것을 가만히 지켜보지 못할 수 있고, 또 적절한 분산 투자의 효과도 거두지 못한다.

나는 이 책의 초판에서 잠재적인 성장 가능성은 대단하지만 리스크 역시 무척 큰 C그룹으로 분류할 만한 기업으로 1953년 무렵의 암펙스와 1956년의 엘록스를 들었다. 이들 기업은 그 이후 어떻게 됐을까? 엘록스의 주가는 초판이 출간됐을 때 10달러였는데, 지금은 7.625달러다. 반면 암펙스의 주가는 놀라울 정도의 상승률을 기록했다. 이 회사를 보면 탁월한 경영진이 그 능력을 입증하고, 기본적인 기업 여건이 변화하지 않는다면 단순히 주가가 엄청나게 상승했고, 일시적으로 너무 높은 가격에 거래된다고 해도 절대 매도해서는 안된다는 사실을 확실히 알 수 있다. 이 회사의 주가는 1953년에 주식시장에 상장된 뒤 처음 4년 동안 700% 상승했다. 이 책의 초판이 출간됐을 무렵 주가는 20달러 수준이었다. (그 뒤에 단행된 1주 당 2.5주로의 주식 분할을 감안한 것이다.) 이 회사의 매출액과 순이익은 매년 폭발적으로 늘어났고, 최근의 매출액 가운데 80%는 4년 전에는 존재하지도 않았던 제품에서 나오고 있다. 지금 이 회사의 주가는 107.5달러다. 불과 2년 만에 437%나 상승한 셈이다. 주식시장에 처음 상장된 시점부터 따지자면 6년 동안 3500%나 오른 것이다. 다시 말해 1953년 첫 상장 당시 암펙스 주식에 1만 달러를 투자했다면 이 회사의 기술적 개가와 사업 성공이

위대한 기업에 투자하라

하나씩 터질 때마다 보유 주식의 가치는 눈덩이처럼 불어나 지금은 35만 달러의 시장 가치를 갖게 됐다는 이야기다.

이들 두 기업 만큼은 내가 잘 알지 못하지만 충분히 C그룹에 속할 것으로 보이는 기업은 기업 공개 당시의 리튼 인더스트리즈와 메탈 하이드리즈다. 그러나 이런 부류의 기업은 반드시 분산 투자라는 시각에서 바라보아야 한다. 이들 기업은 화려한 전망과 함께 매우 큰 리스크를 수반하기 때문에 대개 두 가지 중 하나로 귀결된다. 실패하거나 아니면 전문적인 경영진과 뛰어난 경쟁력을 확보해 C그룹이 아닌 B그룹에 속하는 기업으로 성장하게 되는 것이다.

이렇게 B그룹 기업으로 성장하게 되면 주가도 그야말로 급등하게 된다. 투자자의 전체적인 포트폴리오 구성에 따라 다르기는 하겠지만 이 종목이 포트폴리오에서 차지하는 비중도 증가할 것이다. 그러나 B그룹 주식은 C그룹에 비해 더 안전하므로 적절한 분산 투자를 위해 굳이 보유 주식을 줄일 필요는 없을 것이다. 그러므로 C그룹에서 B그룹으로 올라선 주식은 결코 팔아야 할 이유가 없다. 적어도 이런 주식의 주가 상승폭이 너무 커서 전체 포트폴리오에서 차지하는 비중이 과도할 정도로 늘어난 경우가 아니라면 말이다.

암펙스의 경우 1956년부터 1957년 사이에 정확히 C그룹에서 B그룹으로 올라서는 변화가 나타났다. 이미 3배나 커진 이 회사의 매출액과 순이익은 더욱 빠른 속도로 늘어나고 있다. 마그네틱 레코더와 전자 부품 시장이 점점 더 큰 시장으로 성장함에 따라 이 회사의 내재 가치도 B그룹 기업으로 분류되기에 충분할 정도로 강력해졌다. 극단적인 투자 리스크가 수반되는 C그룹 기업의 범주에서 벗어나게 된 것이다.

이런 시점에 이르게 되면 당초 계획했던 비중보다 훨씬 더 많은 금액을 암펙스에 투자했다고 해서 신중한 분산 투자의 원칙을 어겼다고 볼 수 없다.

지금까지 설명하는 가운데 그룹 별로 종목 당 보유 비중의 상한선을 둔 것은 분산 투자를 위한 최소한의 기준으로 제시한 것이다. 이 같은 상한선을 높이게 되면 마치 제한 속도 이상으로 자동차를 모는 것과 비슷하다. 이렇게 차를 몰면 그렇게 하지 않을 때보다 목적지에 좀 더 빨리 도착할 수 있을 것이다. 그러나 속도가 높아진 만큼 운전자는 더 긴장하고 경계심을 늦추지 않아야 한다. 이 점을 명심하지 않으면 목적지에 더 빨리 도착할 수 없을 뿐만 아니라 자칫 영원히 그곳에 가지 못할 수도 있다.

그렇다면 그 반대의 경우는 어떨까? 앞에서 지적한 종목별 비중을 더 낮춰 분산 투자하는 종목의 수를 더 늘려서는 안될 이유가 있는가? 분산 투자를 염두에 두고 최소한의 종목을 보유하고 있는 상황에서 새로운 주식을 추가한 다음에도 다음 두 가지 면에서 동일한 조건을 만든다면 문제가 되지 않는다. 새로 추가되는 주식은 기존의 보유 종목에 비해 리스크가 크지 않으면서도 같은 수준의 성장성을 가져야 한다. 또한 일단 이 주식에 추가로 투자한 뒤에도 모든 종목에 대해 지금과 마찬가지로 주의를 기울여야 한다. 그러나 실제로 투자자들이 어려워하는 것은 정말로 뛰어난 투자 대상을 찾아내는 것이다. 수많은 뛰어난 주식 가운데 몇 개를 고르는 게 아니다. 이렇게 뛰어난 주식을 필요 이상으로 끊임없이 찾아낼 수 있는 예외적인 투자자라면 새로 추가하는 주식을 관리할 수 있는 충분한 시간을 갖기 어려울 것이다.

　　　　　　　　　　　　　　　　　　위대한 기업에 투자하라

어떤 투자자의 보유 종목 수가 너무 많다는 것은 그 투자자가 주도 면밀하다는 말이 아니라 자신에게 확신을 갖지 못하고 있다는 말이다. 자신이 직접적으로든, 간접적으로든 제대로 관리할 수 없을 정도로 많은 종목을 갖고 있을 경우 오히려 아주 적은 숫자의 종목에 투자한 경우보다 낮은 투자 수익률을 올리는 경우가 많다. 어떤 투자자든 약간의 실수는 불가피하다는 사실을 인정하고, 충분한 분산 투자를 통해 이 같은 실수가 치명적인 것이 되지 않도록 하는 게 중요하다. 그러나 이보다 더 중요한 것은 수많은 종목이 아니라 최고의 주식에 전력을 기울여야 한다는 점이다. 주식 투자에서는 수많은 종목에서 조금씩 이익을 얻은 것을 모두 합쳐도 뛰어난 몇 종목에서 거둔 투자 수익에 훨씬 못미친다는 사실을 명심해야 한다.

2. 전쟁 우려로 인해 매수하기를 두려워해서는 안된다.

주식이란 인간의 상상력에 따라 움직이는 경우가 많다. 전쟁에 대한 공포는 우리의 상상력을 뒤흔들어버린다. 국제적인 긴장이 고조돼 전쟁에 대한 두려움이 증폭되거나 실제로 전쟁이 벌어지게 되면 주식시장 역시 이를 그대로 반영한다. 이것은 금융 논리만으로는 설명할 수 없는 심리적인 현상이다.

보통 사람이라면 전쟁으로 인한 대규모 살상과 참혹함에 당혹스러움을 느낄 것이다. 특히 오늘날과 같은 핵시대에는 전쟁에 대한 공포가 더욱 커지고 있다. 전쟁으로 인해 앞으로 무슨 일이 벌어질 것인가에 대한 우려와 두려움, 혐오 등은 냉정하게 경제적으로 접근해야 할 문제들마저 왜곡시키곤 한다. 전쟁으로 인해 생산시설이 파괴되고, 전비 조달을 위해 엄청난 세금이 부과되고, 기업 활동에 대한 정부의 간섭이 더욱 커질 것이라는 생각이 금융시장에도 파급된다. 사람들은 이런 생각에 사로잡히게 되면 가장 기본적인 경제적 요인들조차 무시해버리는 경향이 있다.

그 결과는 언제나 똑같다. 20세기를 통틀어 세계 어디서든 대규모 전쟁이 발발하거나 미군이 전쟁에 개입하게 되면 미국 주식시장은 늘 급락하는 일이 벌어졌다. 물론 단 한 차례 예외도 있었다. 1939년 제 2차 세계대전이 발발했을 때였다. 당시 미국은 중립을 지키고 있었고, 전쟁 특수 기대감으로 오히려 랠리를 보였지만 독일군이 연전연승 하고 있다는 소식이 전해지면서 주식시장은 몇 달 후 전형적인 급락 장세를 연출했다. 이런 경우를 감안해도 전선의 총성이 멎고 난 뒤에는, 즉 제 1차 세계대전이나 제 2차 세계대전, 한국 전쟁 등 어떤 대규모 전쟁이든 일단 끝난 다음의 주가 수준은 전쟁이 벌어지기 전보다 훨씬 높았다. 더구나 최근 22년간 적어도 열 번은 국제적인 긴장감이 고조돼 대규모 전쟁이 발발할 것이라는 뉴스가 전해졌는데, 이 때도 마찬가지였다. 이런 뉴스가 전해질 때마다 주식시장은 전쟁 우려로 급락했지만 전쟁에 대한 공포가 가라앉으면 곧 급반등했다.

이처럼 전쟁이 끝난 다음의 주가 수준은 전쟁 이전에 비해 낮아지기는커녕 훨씬 높아지는데도 불구하고 투자자들이 전쟁에 대한 두려움으로, 혹은 전쟁 발발 그 자체에 대응해 무작정 주식을 내다파는 이유는 무엇일까? 이들은 주가가 명목 화폐 가치로 표시된다는 점을 간과하고 있는 것이다. 현대전은 언제나 해당 정부로 하여금 전비 조달을 위해 세금 징수액 이상의 돈을 지출하도록 만든다. 이로 인해 통화량이 엄청나게 증가한다. 이에 따라 화폐 한 단위의 가치, 가령 1달러의 가치는 전쟁 이전보다 떨어지게 된다. 이제 같은 수량의 주식을 사기 위해서는 더 많은 달러가 필요해지는 것이다. 이 같은 상황은 고전적인 인플레이션의 한 형태다.

달리 표현하자면 전쟁은 언제나 통화 팽창 요인으로 작용한다. 전쟁 위협이 고조되거나 실제로 전쟁이 발발하는 시점에 주식을 팔아 현금을 보유하는 것은 자금 관리 측면에서 매우 잘못된 것이다. 실제로는 그 반대로 해야 한다. 어떤 투자자가 특정 종목의 주식을 매수하기로 마음 먹었는데 갑자기 전쟁 위기감이 고조되면서 주가가 급락했다고 하자. 그래도 이 투자자는 순간적인 심리적 두려움은 무시하고 당초에 결심한 종목의 매수에 착수해야 한다. 이 시점은 여유 자금을 현금으로 보유하는 것이 가장 좋을 때가 아니라 가장 나쁠 때다. 그러나 여기에도 문제는 있다. 과연 얼마나 빨리 주식을 매수해야 할 것인가? 주가는 얼마나 더 떨어질 것인가? 하락 요인이 전쟁 발발이 아니라 전쟁에 대한 우려 때문이라면 정확한 답은 없다. 일촉즉발의 전쟁 위기감이 고조되고 있다면 주가는 당분간 계속 하락할 것이고, 아마도 하락폭은 깊을 것이다. 따라서 주식을 매수하되 천천히, 그리고 전쟁에 대한 공포를 확인해가면서 분할 매수해야 한다. 실제로 전쟁이 터지게 되면 매수 속도를 급히 당겨야 한다. 매수 종목은 전쟁이 계속되는 동안 수요가 이어질 제품과 용역을 생산하는 기업이나 기존의 생산 시설을 전시 물자 생산용으로 돌릴 수 있는 기업이 좋을 것이다. 물론 현대적인 기업들은 대다수가 전면전이 벌어질 경우 생산 시설을 유연하게 전환할 수 있는 능력을 갖추고 있다.

그렇다면 주식의 실제 가치는 전쟁 발발로 인해 늘어나는 것인가, 아니면 단지 화폐 가치가 떨어지기 때문에 주가가 오르는 것인가? 이 문제는 상황에 따라 다르다. 다행히도 미국은 아직까지 전쟁에서 패배한 적이 없다. 전쟁에서 패배한 쪽의 화폐 가치는 거의 쓸모없는 것이 되어버린다. 그 나라의 주식도 마찬가지다. 만약 미국이 소련과 전쟁을 벌여 패배한다면 미국의 달러화나 주식 모두 종이 조각이 되어버릴 것이다. 이런 경우 앞서의 문제에 대한 답을 찾는다는 것 자체가 아무런 의미도 없다.

반대로 전쟁에서 승리하거나 정전 상태로 끝나게 된다면 주식의 실질 가치는 해당 전쟁의 성격에 따라, 또 개별 주식의 특성에 따라 달라진다. 제 1차 세계대전 당시에는 전쟁 발발 이전에 영국과 프랑스가 미국 내에 거액의 저축 자금을 갖고 있었다. 그런 점에서 전쟁 기간 중의 주가는 전쟁이 터지지 않고 평화로운 상태가 지속됐을 경우에 비해 아마도 더 높았을 것이다. 그러나 이런 경우가 반복되는 것은 아니다. 제 2차 세계대전이나 한국 전쟁이 발발했을 때는 실질 가치로 평가한 주가 수준이 차라리 평화가 지속됐을 경우에 비해 더 낮았을 것이다. 전시에 부과되는 높은 세율은 제쳐 놓더라도 평화로운 시기에 높은 이익을 올리던 생산라인들을 전시에는 거의 이익이 나지 않는 방위 산업으로 돌려야 하기 때문이다. 영업이익률이 아주 낮은 방위 산업 프로젝트에 투입할 엄청난 금액의 연구개발비를 평시의 생산라인이 활용할 수 있도록 한다면 주주들에게 돌아갈 이익은 몇 배로 커질 것이다. 물론 이것은 미국이 자유 국가를 유지하고, 주주들이 자신의 이익을

위대한 기업에 투자하라

향유할 수 있다는 것을 전제로 한다. 전쟁이 터지거나 전쟁 우려가 고조됐을 때 주식을 사야 하는 이유는 전쟁 그 자체가 주주들에게 이익이 되어서가 아니다. 그것은 화폐 가치가 떨어지고, 이로 인해 화폐 단위로 표시되는 주가는 당연히 오를 것이기 때문이다.

3. 관련 없는 통계 수치들은 무시하라.

길버트와 설리반(19세기 후반부터 20세기 초까지 활동한 오페라 작곡가 윌리엄 S. 길버트와 아서 S. 설리반-옮긴이)을 주식시장의 권위 있는 전문가라고 생각하는 사람은 없을 것이다. 하지만 우리는 누구나 이들이 작곡한 노래 가운데 한 소절을 기억한다. "봄이면 꽃들이 만발한다네, 트랄랄라~"라는 소절인데, 이 노래의 의미는 "때가 되면 특별한 이유가 없어도 다 그렇게 된다"는 뜻이다. 각종 통계 수치들 가운데는 정말로 너무나 피상적인 내용임에도 불구하고 많은 투자자들이 과도할 정도로 관심을 기울이는 것들이 있다. 이런 통계 수치들은 다소 과장하자면 길버트와 설리반의 노래에 나오는, 봄이면 만발하는 꽃들이나 마찬가지다. 현재의 주가와 아무런 상관도 없는 것은 아니지만 거의 관계없는 것들이기 때문이다.

이런 통계 수치들 가운데 가장 대표적인 것이 과거의 주가 범위를 기록한 도표다. 여러 가지 이유가 있겠지만 많은 투자자들이 어떤 주식을 매수하려고 할 때면 최근 5~10년간 이 주식의 최고가와 최저가를 기록해놓은 도표를 맨 처음에 찾아본다. 그리고는 미신에 가까운 믿음을 갖고서 이 주식을 얼마에 사는 게 적당할지 생각해보고는 대충 그 가격이 적당할 것이라는 결론에 도달한다.

　너무 비논리적이지 않은가? 또 자금 운용이라는 측면에서 위험하지 않은가? 먼저 이 같은 두 질문에 대한 실증적인 답을 이야기하자면 모두 그렇다는 것이다. 무엇보다 특별히 문제가 되지 않는 것에 너무 집착하고, 이로 인해 정작 중요한 곳에 주의를 집중하지 못한다는 점에서 위험하다. 또 우리의 정신이 인식하는 과정이 왜 그렇게 비논리적인가를 이해하게 되면 이 문제를 이해할 수 있다.

　어떤 종목의 현재 주가를 결정하는 것은 무엇인가? 현재의 주가는 이 종목에 관심을 갖고 있는 모든 사람들이 생각하는 이 주식의 적정한 가치를 현재 시점을 기준으로 모두 합친 것의 근사치라고 할 수 있다. 즉, 이 주식에 대한 잠재적인 매수자와 매도자의 전망이 전부 합산된 것이다. 매수자와 매도자의 전망은 이들이 매매하고자 하는 물량에 따라 가중평균 될 것이며, 이들 각자가 갖고 있는 다른 기업에 대한 현재 시점의 전망에 따라 조정될 것이다. 때로는 그 시점의 유동성 같은 요인들이 현재 주가에 영향을 미칠 수 있다. 가령 대규모로 주식을 보유한 투자자가 그 주식의 실질적인 가치에 대한 시각이 바뀌어서가 아니라 갑작스럽게 돈이 필요해져서 주식을 매물로 내놓는 경우다. 그러나 이런 매도 압력은 시장에서 결정된 현재의 주가 수준에 별로 큰 영향을 미치지는 않는다. 왜냐하면 언제든 이런 상황이 벌어지면 싼값에 주식을 사려는 "바긴 헌터(bargain hunter)"가 뛰어들어 이익을 챙기려 하고, 그러면 주가는 제자리를 찾기 때문이다.

　정말로 중요한 점은 주가란 어떤 상황에 대한 현재의 평가에 따라 결정된다는 것이다. 어떤 기업의 상황이 변했다는 사실이 알려지게

210　　　　　　　　　　　　　　　　　　　　　위대한 기업에 투자하라

되면 이런 평가도 긍정적으로, 혹은 부정적으로 영향을 받게 마련이다. 다른 주식들과의 비교도 달라질 것이고, 따라서 주가는 올라가거나 내려갈 것이다. 이런 요인들이 정확하게 판단된 것이라면 주가는 다른 주식들과 비교해 더 높은 가치를 갖거나 더 낮은 가치를 갖도록 계속해서 오르내릴 것이다. 그리고는 한동안 그 수준을 유지할 것이다. 만약 시간이 흐를수록 이 같은 요인들이 더욱 커지게 되면 증권가 전체에 퍼지게 될 것이다. 그러면 주가는 앞서의 경우보다 훨씬 더 큰 폭으로 오르내릴지 모른다.

따라서 어떤 기업의 주가가 4년 전에 얼마였는가는 오늘의 주가와 거의 아무런 관계도 갖지 않을 것이다. 그 기업은 그 사이 능력 있는 최고 경영진을 새로이 구성했을 수 있고, 수익성이 뛰어난 신제품들을 잇달아 출시했거나 기업의 내재 가치를 4년 전에 비해 4배 이상 늘려준 수많은 성과들을 내놓았을 수 있다. 반대로 비효율적인 경영진이 기업을 장악하는 바람에 경쟁업체에 비해 크게 뒤지게 됐고, 주식을 추가로 발행해 새로운 자본을 끌어들이는 게 이 기업이 회생할 수 있는 유일한 방법일 수도 있다. 이런 상황에서는 주식의 가치가 희석될 수밖에 없고, 그런 점에서 오늘의 주가는 4년 전의 주가에 비해 4분의 1에도 못미칠 수도 있다.

지금까지 설명한 이런 사실에도 불구하고 많은 투자자들은 장래에 엄청난 투자 수익을 가져다줄 주식을 내다 팔고, 이익이 생겨봐야 아주 작을 주식을 매수한다. "아직 오르지 않은 주식"에 너무 관심을 집중하다 보니 자신도 모르게 모든 주식이 같은 비율만큼 올라야 한다는 착각에 빠져드는 것이다. 그래서 이미 많이 상승한 종목은 더 이상 오르지 않을 것이며, 아직 오르지 않은 종목은 "당연히" 상승할 것이라고 믿게 된다. 이것은 진실과 거리가 멀어도 한참 먼 것이다. 어떤 주식이 지난 몇 년간 올랐다거나 오르지 않았다는 사실은 현재의 주가 수준을 결정하는 데 전혀 중요하지 않다. 정말로 중요한 것은 지금 시장이 결정한 주가 수준보다 주가를 결정적으로 더 높여줄 수 있는 충분한 개선이 일어나고 있으며, 혹은 일어날 가능성이 있는가 하는 점이다.

이와 유사한 오류는 또 있다. 많은 투자자들은 현재의 주가 수준이 어느 정도여야 하는가를 판단하면서 지난 5년간의 주가수익 비율에 너무 큰 비중을 두는 것 같다. 주가수익 비율을 따져보면서 4~5년 전의 수치에 집착하는 것은 마치 자동차의 엔진과 바퀴를 연결하지도 않고서 엔진을 돌리려는 것이나 마찬가지다. 4~5년 전의 주가수익 비율이 몇 배였건 그것을 안다고 해서 어떤 주식의 현재 주가 수준을 가늠하는 데 도움이 되는 것은 아니다. 다시 말하지만 정말로 중요한 것은 현재 그 회사가 놓여있는 상황을 정확하게 파악하는 것이다. 앞으로 몇 년 동안 어떤 일이 벌어질지를 이해하는 것이 훨씬 더 중요하다는 말이다.

투자자들은 어떤 기업의 지난 5년간 주가와 순이익 등을 기초로 분석한 수많은 보고서들을 끊임없이 접하게 된다. 그러나 명심해야 할 사항은 자신에게 지금 중요한 것은 과거 5년간의 순이익이 아니라 향후 5년간의 순이익이라는 점이다. 투자자들에게 과거의 통계 수치를 바탕으로 한 보고서가 넘쳐나는 한 가지 이유는 이런 수치로 작성한 내용은 정확하다는 믿음을 주기 때문이다. 만약 앞으로 벌어질 다른

위대한 기업에 투자하라

중요한 문제를 지적했는데 갑작스럽게 상황이 달라진다면 보고서를 작성한 사람은 우스운 꼴이 된다. 그래서 미래의 사실이 얼마나 중요한가의 여부는 따지지 않고, 일단 논란의 여지가 없는 과거의 사실들을 나열해 보고서를 작성하고 싶은 생각이 드는 것이다. 그러나 증권가의 많은 사람들이 지난 몇 년 동안의 통계 수치를 중시하는 또 다른 이유도 있다. 현대적인 기업들의 경우 주식의 진정한 가치가 앞으로 어떻게 변할지 감을 잡기 힘들기 때문이다. 그래서 이들은 아주 자세하게 작성한 회계 수치를 통해 지난해에 무슨 일이 벌어졌는지 알게 되면 내년에 무슨 일이 벌어질지도 예측할 수 있다는 순수한 믿음으로 과거의 순이익에 집착하게 되는 것이다. 물론 이런 방식은 규제가 엄격하고 사업 범위가 일정한 공공 기업의 경우 적용될 수 있다. 하지만 투자자들이 최고의 투자 성과를 거두기 위해 관심을 집중해야 할 기업의 경우에는 전혀 맞지 않는다는 게 내 생각이다.

지금까지 설명한 내용들을 확실하게 보여주는 사례이자 개인적으로 내가 큰 투자 수익을 올린 경우를 소개하겠다. 1956년 여름 텍사스 인스트루먼츠의 고위 임원들이자 최대 주주들이 이 회사의 대규모 주식을 팔겠다고 제안해왔다. 나로서는 좋은 기회였다. 이 회사에 대해 자세히 연구해보니 앞서 지적했던 15가지 포인트에 부합하는 정도가 아니라 그 이상이었다. 이들이 보유 주식을 팔려고 하는 이유는 충분히 이해가 되는 것이었다; 이런 일은 성장률이 매우 뛰어난 기업들에서 자주 벌어진다. 이들이 보유하고 있는 주식은 이미 주가가 너무 많이 상승해 갖고 있는 자기 회사 주식만으로도 백만장자의 반열에 올라 있었다. 반면 이들이 보유하고 있는 다른 자산들은 보잘것 없었다. 그래서 자신들이 갖고 있는 주식의 일부만 팔아도 보유 자산을 충분히 다양하게 가져갈 수 있었다. 보유 지분의 양도 차익에 대한 세금 문제도 이들 입장에서는 주식 매각을 충분히 고려할 수 있는 요인이었다. 다시 말해 주식 매각은 이들이 고위 임원으로 있는 회사의 장래와는 전혀 관계가 없었다.

어쨌든 협상은 순조롭게 끝나 나는 이들로부터 1주 당 14달러에 주식을 매수하기로 했다. 이 같은 매수 가격은 1956년도의 예상 주당 순이익 70센트를 감안할 때 20배의 주가수익 비율에 해당하는 것이었다. 과거의 통계 수치를 중시하는 사람들이라면 이 같은 매수 가격은 상당히 높은 것으로 보일 것이다. 텍사스 인스트루먼츠의 주당 순이익은 1952년부터 1955년까지 4년간 39센트, 40센트, 48센트, 50센트로 늘어났지만 그렇게 대단한 성장세를 기록하지는 않았기 때문이다. 더구나 기업의 경영진이나 현재의 사업 활동 흐름보다는 과거의 피상적인 통계 수치를 비교하는 것을 더 중시하는 사람이라면 이 기간 중에 텍사스 인스트루먼츠가 법인세 절감 효과를 얻기 위해 적자를 내고 있던 기업을 인수했다는 사실도 무시했을 것이다. 이 점을 감안하면 이 기간 중의 통계 수치에 근거해 계산한 주가 수준도 틀림없이 더 높아져야 할 것이다. 마지막으로 1956년의 순이익을 평가하는 데 있어서도 피상적인 통계 수치를 우선하는 사람들은 심각한 오류를 저지를 수 있다. 사실 이 회사는 전도유망한 반도체 산업 분야에서 아주 잘 나가고 있다. 그러나 반도체 산업의 전망이 제아무리 밝고 화려하다고 해도 이 정도 규모의 기업이 더 크고 연륜도 오래된 경쟁업체들에 맞서 얼마나 오랫동안이나 강력한 경쟁력을 유지할 것인가? 더구나 경쟁

위대한 기업에 투자하라

상대인 대기업들은 재무구조도 훨씬 건실하고 틀림없이 반도체 분야에 집중적인 노력을 기울일 텐데 말이다.

게다가 증권감독위원회에서 이 회사의 고위 임원들이 보유 주식의 일부를 매각했다는 발표를 하자 주식시장에서는 갑작스러운 대규모 물량이 쏟아졌다. 주가는 그리 크게 떨어지지는 않았다. 내가 생각하기에 이때 출회된 텍사스 인스트루먼츠의 매도 물량 대부분은 여러 증권사에서 내놓은 보고서 내용 때문이었다. 이들의 보고서는 과거의 통계 수치로 무장하고서 현재 주가가 역사적인 고점에 도달한데다, 앞으로 치열한 경쟁이 벌어질 것이며, 내부자들(고위 임원들)도 주식을 팔고 있다는 점을 지적했다. 그 중의 하나는 자신들의 의견이 텍사스 인스트루먼츠의 경영진이 갖고 있는 생각과 일치하는 것이라고 이야기할 정도였다. 보고서에서는 고위 임원들이 주식을 팔고 있다며 이렇게 적었다: "우리는 이들과 같은 의견이며, 따라서 이들과 똑같이 하도록 권고한다." 내가 들은 바로는 이 시기에 텍사스 인스트루먼츠의 주식을 대규모로 사들인 쪽은 정보력이 뛰어난 대형 기관 투자가들이었다.

그 후 1년간 어떤 일이 벌어졌을까? 논란의 와중에서도 전혀 주목을 받지 못했던 텍사스 인스트루먼츠의 군사 및 지리 전자장비 사업은 꾸준히 성장해나갔다. 반도체 사업부문은 더욱 빠른 속도로 성장했다. 반도체 매출액이 늘어난 것보다 더욱 고무적인 것은 이 회사의 경영진이 연구개발 분야는 물론 생산 공정의 기계화와 반도체 산업 분야에서 결정적인 역할을 하는 유통망을 정비하는 데 획기적인 진전을 이룬 것이었다. 1956년의 실적은 단순히 놀라울 정도가 아니라 비교적 규모

가 작은 이 회사가 앞으로 계속 성장해 미국에서 가장 크고 원가 경쟁
력도 가장 뛰어난 반도체 생산업체 중 한 곳으로 부상할 것이라는 사
실을 뒷받침하기에 충분했다. 반도체 분야는 전산업을 통틀어 가장
빠르게 성장하는 산업이었고, 증권가에서도 이렇게 잘 나가는 회사의
주가에 적용할 주가수익 비율을 상향조정하기 시작했다. 1957년 여름
이 되자 텍사스 인스트루먼츠의 경영진은 그 해의 주당 순이익이 전년
도보다 54% 상승한 1.10달러로 추청된다고 공식 발표했다. 주가는 그
사이 12개월 동안 약 100%나 상승했다.

내가 이 책의 초판에서 썼던 내용을 옮겨보겠다:

이 회사의 주요 사업장이 텍사스 주의 댈라스와 휴스턴에 자리잡고
있지 않았더라면, 다시 말해 증권가의 애널리스트와 주요 펀드매니저
들이 회사 사정을 쉽게 알 수 있는 뉴욕이나 보스턴, 로스앤젤레스 같
은 곳에 있었다면 이 기간 중 훨씬 높은 주가수익 비율이 적용됐을 것
이라고 생각한다. 아마도 텍사스 인스트루먼츠의 매출액과 순이익은
앞으로 몇 년 동안 계속 급증할 것이다. 이 같은 성장세에도 불구하고
이 회사 주가에 적용되는 주가수익 비율이 조만간 상향조정되지 않는
다면 그 자체로 매우 놀라운 일이 될 것이다. 주가수익 비율이 조정된
다면 주가는 순이익이 증가하는 속도보다 더욱 빠르게 오를 것이다.
순이익의 증가와 주가수익 비율의 이런 환상적인 결합이야말로 언제
나 가장 큰 폭의 주가 상승을 가져왔다.

나의 이 같은 낙관적인 예측은 들어맞았을까? 과거의 순이익을 비

못한 피상적인 통계 수치를 분석해 투자 대상을 적절하게 평가할 수 있다는 생각을 버리지 못하는 사람이라면 매우 당혹스러워 할 기록을 보도록 하자. 이 회사의 주당 순이익은 1957년에는 1.11달러, 1958년에는 1.84달러를 기록했고, 1959년에는 3.50달러로 또 다시 사상 최대치를 갈아치울 게 확실시되고 있다. 이 책의 초판이 출간된 이후 텍사스 인스트루먼츠는 꽤 좋은 평판을 얻었고, 증권가에서도 이 회사에 매우 큰 관심을 기울이게 됐다. 1958년에는 세계 최대의 전자계산기 제조업체로 이 회사와는 규모면에서 비교가 되지 않는 IBM과 같은 전기전자 산업 분야의 초대형 기업 몇 곳이 경쟁에 뛰어들었고, 텍사스 인스트루먼츠는 이에 맞서 전기전자 장비에 사용할 수 있는 반도체를 개발하기 위한 공동 연구조직을 구축했다. 다음해인 1959년에는 기존의 트랜지스터와 거의 같은 크기의 반도체에 트랜지스터 하나가 아니라 하나의 완성된 전자회로를 집어넣는 그야말로 획기적인 기술적 개가를 올렸다고 발표했다! 이로써 전자기기의 소형화는 우리의 상상을 초월해 더욱 가속화할 것으로 기대된다. 텍사스 인스트루먼츠가 성장을 거듭해 나갈수록 비상할 정도로 탁월한 이 회사의 연구개발 조직도 꾸준히 커나갈 것이다. 이 회사가 그동안 기록했던 기술 분야와 사업 활동 분야에서의 "최초"라는 수식어가 앞으로도 계속 이어질 것이라는 점을 의심하는 사람은 이제 거의 없다.

주식시장에서는 이 모든 사실들에 어떻게 반응했을까? 내가 22개월 전에 그렇게 될 것이라고 지적했던 것처럼 이 회사의 주가수익 비율은 그렇게 높아졌을까? 지금까지의 결과를 놓고 보면 그렇다고 말할 수 있을 것이다. 1957년 이후 이 회사의 주당 순이익은 3배가 약간 넘게 늘어났다. 이 책의 초판이 처음 나왔을 무렵 26.50달러였던 이 회사의 주가는 그 사이 5배 이상 상승했다. 이 책의 초판에서도 언급했듯이 불과 3년 반 전 내가 대규모 물량으로 나온 이 회사의 주식을 14달러에 산 것과 비교하자면 그 사이 1000% 이상의 투자 수익을 올린 셈이다. 이 같은 놀라운 주가 상승에도 불구하고 앞으로 이 회사의 매출액과 순이익은 계속해서 늘어날 것이며, 주가 역시 더욱 큰 폭으로 상승할 수 있다는 사실은 흥미로울 정도다.

이런 사례를 살펴보면 과거의 주가 수준과 주가수익 비율 같은 전혀 관련 없는 통계 수치에 집착하는 투자자들이 왜 그렇게 하는지 또 다른 단서를 알려준다. 지난 수 년 동안 벌어졌던 일들이 앞으로도 계속해서 반복될 것이라는 믿음 때문이다. 다시 말하자면 이런 투자자들은 어떤 주식의 주가수익 비율과 주가가 지난 5년간, 혹은 10년간 높아져왔음을 찾아낼 것이다. 그리고는 거의 틀림없이 이런 추세가 무한정 지속될 것이라고 단정 지을 것이다. 물론 그렇게 될 수도 있다. 그러나 이런 성장을 뒷받침할 연구개발 성과가 제때에 나오지 않을 수도 있고, 신제품 출시로 인한 원가 부담이 너무 클 수도 있다. 이런 시각에서 보자면 제아무리 뛰어난 성장 기업이라 해도 한두 해 정도는 순이익 증가율이 크게 떨어질 수 있다. 이런 일이 벌어지면 주가도 역시 급락할 수 있다. 따라서 미래의 순이익을 결정할 여러 조건들을 자세히 따져보지 않고 과거의 순이익 수치 따위에 너무 집착하는 것은 자칫 매우 큰 손실을 초래할 수 있다.

그러면 주식을 매수할 것인지의 여부를 결정할 때 과거의 순이익이나 주가는 완전히 무시해야만 한다는 말인가? 그렇지 않다. 다만 이

위대한 기업에 투자하라

같은 통계 수치를 과다할 정도로 중시할 경우 위험해질 수 있다는 것이다. 이런 통계 수치는 주식이 얼마나 매력적인가를 결정하는 데 주된 요인으로서가 아니라 특별한 목적을 위해 보조적인 수단으로만 활용될 때 도움을 줄 수 있다. 가령 어떤 주식의 과거 주가수익 비율을 살펴보면 이 종목이 경기에 얼마나 민감한지 알아낼 수 있고, 이 기업의 순이익이 다양한 경기 변동 국면에서 어떻게 변화할지 윤곽을 잡을 수 있다. 더욱 중요한 것은 과거의 주가 수준과 주당 순이익을 비교해 봄으로써 과거의 주가수익 비율이 실제로 어느 정도였는지를 정확하게 판단할 수 있다는 점이다. 이것은 미래의 주가수익 비율을 예상하는 출발점이 될 수 있다. 그러나 다시 강조하지만 현재의 주가를 결정하는 것은 과거의 주가수익 비율이 아니라 미래의 주가수익 비율이라는 점을 명심해야 한다. 가령 어떤 주식이 지난 몇 년 동안 8배의 주가수익 비율로 거래됐다고 하자. 그러나 지금은 경영진이 바뀌고 연구개발 부서가 확실하게 자리잡는 등 회사의 기본적인 상황이 변해 8배가 아니라 15배의 주가수익 비율로 거래될 수 있다. 그런데도 미래의 순이익을 추정하고서 여기에 15배가 아닌 8배의 주가수익 비율을 곱해 이 주식의 적정 주가를 계산해 낸 투자자라면 과거의 통계 수치에 너무 집착하는 경우라고 말할 수 있다.

나는 이 같은 오류를 설명하면서 "관련 없는 통계 수치들은 무시하라"고 이름 붙였다. 이 말은 "중요하지 않은 것들에 현혹되지 말라"는 뜻으로 해석할 수 있을 것이다. 과거의 순이익 수치들, 특히 지난 몇 년 동안의 주당 순이익 범위 같은 통계 수치는 "현재 주가를 결정하는 데 아무런 관련도 없는" 경우가 훨씬 많다.

4. 진정한 성장주를 매수할 때는 주가 뿐만 아니라 시점도 정확해야 한다.

주변에서 자주 발견할 수 있는 투자 사례를 한 가지 소개하겠다. 어떤 기업의 내용을 살펴보니 우리의 15가지 포인트에 따라 설정한 기준에 훌륭할 정도로 부합했다. 더구나 1년쯤 뒤에는 매우 중요한 의미를 지닌 순이익 증가가 예상되고 있는데, 증권가에서는 새로운 순이익이 창출되는 요인에 대해 아직 충분히 인식하지 못하고 있다. 더더욱 중요한 사실은 이 같은 요인 덕분에 적어도 향후 몇 년 동안 순이익이 급증할 것이 확실하다는 점이다.

정상적인 상황에서라면 이런 주식은 당연히 매수해야 할 투자 대상이다. 그러나 잠시 한번 더 생각해봐야 할 측면이 있다. 실은 최근 몇 년 동안 다른 벤처 기업들이 잇달아 성공하면서 이 기업 역시 주목 받게 된 것인데, 만약 이런 새로운 분위기나 영향이 아니었다면 이 기업의 주가는 지금처럼 32달러가 아니라 20달러 언저리에 머무르고 있을 것이다. 그렇다면 앞으로 5년 뒤 앞서 이야기했던 새로운 순이익 창출 요인이 충분히 주가에 반영될 경우 75달러의 가치가 있다고 할 때 지금 우리가 적정하다고 생각하는 가치보다 60%의 프리미엄을 더 얹은 32달러를 주고 이 주식을 사야 할 것인가? 이런 경우에는 새로운 순이익 창출 요인이 생각처럼 좋지 않은 것으로 드러날 가능성도 상존한다. 더구나 주가란 우리가 지금 적정한 가치라고 생각하는 20달러로 다시 떨어질 가능성도 언제든 있는 것이다.

많은 보수적인 투자자들은 이런 상황에 대처하는 방법으로 매일같

위대한 기업에 투자하라

이 순간순간의 주가 변동을 세심하게 살펴볼 것이다. 주가가 20달러 근방에 다다르면 적극적으로 매수한다. 그렇지 않으면 일단 주가 움직임을 지켜본다. 이렇게 주가를 면밀히 살펴보는 방법이 꽤 괜찮은 투자 수익을 올려주는 경우도 종종 있다.

　그렇다면 20달러에 매수하면 걱정할 게 없다는 말인가? 그렇다. 걱정할 게 없다. 우리는 여기서 미래 가치에 영향을 미치는 중요한 요소로 우리가 알고 있는 것만을 상정했기 때문이다. 즉, 5년 뒤 이 주식이 75달러로 오를 만한 충분한 요인이 있지만 다른 대부분의 사람들은 모른다고 가정했다. 이제 정말로 중요한 것은 어느 정도 낮은 수준의 주가로 매수할 수 있느냐 하는 것이다. 우리가 염려하는 것은 만약 이 주식을 32달러에 매수했는데, 곧 이어 20달러 정도로 떨어져 버리지 않을까 하는 점이다. 이것은 단순히 일시적인 손실에 그치지 않는다. 예상했던 대로 이 주식이 75달러 오른다고 해도 우리가 32달러에 이 주식을 매수했다면, 좀 더 기다렸다가 20달러에 매수한 것에 비해 보유 물량이 40%나 적을 것이기 때문이다. 만약 20년쯤 후에 앞서 분위기를 띄웠던 것과 유사한 벤처 기업들이 더 많이 나타나 이 주식도 75달러가 아니라 200달러 수준까지 오른다면 최초 투자자금으로 매수한 보유 주식의 수량이 얼마나 중요한 것인지 뼈저리게 느낄 것이다.

　그런데 다행히도 이런 상황에서 어느 정도 의지할 만한 방법이 하나 있다. 물론 보험회사와 은행에 다니는 친구들 가운데는 이런 방법이 매우 비현실적이라고 폄하하는 경우도 있지만 말이다. 이것은 주식을 특정 주가에 맞춰서 사는 것이 아니라 특정 시점에 맞춰 사는 것이다. 앞서 예로 든 회사처럼 과거에 성공을 거둔 벤처 기업들의 주가를 연구해보면 기업이 일정한 수준에 도달했을 때 비로소 주가가 이를 반영하기 시작한다는 사실을 알게 될 것이다. 그 시기를 기업별로 평균치를 내서 계산해보니 시험생산 공장을 가동하기 1개월 전이었다고 하자. 그런데 지금 우리가 예로 든 기업의 주가가 32달러 수준이라고 하자. 그리고 이 기업의 시험생산 공장이 6개월 후에 가동을 시작할 예정이라면 지금으로부터 5개월 뒤에 이 주식을 매수하는 방식이다. 물론 이 주식을 매수한 뒤 주가가 더 떨어질 수 있다. 그러나 만약 이 주식을 20달러에 매수했다고 하면 추가로 더 떨어질 가능성은 없다. 우리가 당초 설정한 가정에 따라 최대한 낮은 주가로 이 주식을 매수했다면 비록 일반적으로 알려진 요인들에 따라 판단할 경우 추가로 하락할 수 있다 하더라도 어쨌든 목적은 달성한 것이 아닌가? 이런 상황이라면 특정 주가에 맞춰서 주식을 매수하는 것보다 특정 시점에 맞춰 매수하는 것이 더 안전할지 모른다.

기본적으로 이런 접근방식은 가치라고 하는 개념을 전혀 훼손시키지 않는다. 단지 그렇게 보일 뿐이다. 만약 미래에 이 주식의 가치가 크게 상승할 가능성이 없다면 특정 주가가 아니라 미래의 특정 시점에 맞춰서 주식을 매수하는 방식은 내 몇몇 친구들의 말처럼 비논리적일 것이다. 하지만 이런 가치 상승이 나타날 가능성이 매우 크다면 얼마에 이 주식을 사느냐 보다는 언제 이 주식을 사느냐 하는 게 더 중요할 수 있다. 그래야만 앞으로 극적인 성장세를 이어갈 성장주를 최대한 낮은 주가 수준에 매수할 수 있을 것이기 때문이다. 성장주가 아닌 어떤 주식을 매수하더라도 이런 방식을 써볼 필요가 있다.

위대한 기업에 투자하라

5. 군중을 따라가지 말라.

금융시장에서 상당한 경험을 쌓은 경우가 아니면 이해하기 어려울 때가 많은 매우 중요한 투자 개념이 한 가지 있다. 이해하기가 어려운 이유는 쉽게 설명할 만한 정확한 단어를 찾을 수 없기 때문이다. 더구나 수학적인 공식으로도 이를 제대로 표현할 수 없다.

주가의 등락에 영향을 미치는 여러 가지 다양한 요인들에 대해서는 이 책의 여러 군데에서 언급했다. 순이익의 증감, 경영진의 변화, 새로운 발명품의 도입이나 획기적인 발견, 금리의 변경과 세법의 개정 등은 어떤 기업의 주가를 움직이는 몇 가지 요인에 불과할 것이다. 주가에 영향을 미치는 이런 요인들은 그래도 한 가지 공통점을 갖고 있다. 우리가 살아가는 세계에서 실제로 벌어지는 일이라는 점이다. 어떤 움직임이 이미 일어났거나 곧 일어날 것이라는 이야기다. 그런데 이와는 전혀 다른 방식으로 주가에 영향을 미치는 요인이 있다. 이것은 순전히 심리적인 변화다. 눈에 보이는 세상, 혹은 경제 상황은 전혀 변하지 않았다. 그런데 금융시장의 대다수 사람들이 앞서와 똑같은 상황을 이전과는 전혀 다른 시각으로 바라보는 것이다. 이처럼 기본적인 사실들을 평가하는 방식이 달라진 결과 같은 주식에 대해 그들이 지불하고자 하는 주가나 주가수익 비율의 산정도 달라지게 되는 것이다.

여성복을 보면 그렇듯이 주식시장에도 유행과 스타일이 있다. 이런 유행과 스타일이 길게는 몇 년에 걸쳐 실제 가치와 주가의 관계를 엇갈리게 만든다. 마치 한번 미니 스커트가 유행을 타게 되면 1년 정도는 아무리 멋지고 세련된 롱 스커트가 새로 나와도 자리를 잡기 힘든 것과 마찬가지다. 한 가지 예를 들어보겠다: 1948년에 나는 투자 업계에서 매우 유능하다는 인물과 이야기를 나눌 기회가 있었다. 당시 그는 뉴욕 증권 애널리스트 연합의 회장을 맡고 있었고, 이 자리에 있다는 것만으로도 증권가에서 그의 능력을 인정해주고 있는 셈이었다. 어쨌든 내가 그를 만난 것은 미시간 주 미들랜드에 있는 다우 케미칼의 본사에 들른 뒤 뉴욕에 막 도착했을 때였다. 나는 다우 케미칼의 그해 순이익이 사상 최대치를 경신할 것이며, 주식을 매수할 시점이라고 이야기했다. 그는 다우 케미칼 같은 회사의 주당 순이익이 그 정도 수준이라면 정말 대단하다며 역사적으로, 또 통계적으로 관심을 모을 것이라고 대답했다. 그러나 그는 이런 순이익 때문에 다우 케미칼의 주식이 매력적일 수는 없다고 덧붙였다. 이 회사는 결코 오랫동안 이어질 수 없는 전후의 일시적인 경기 확장 덕분에 이런 순이익을 기록한 것이라는 말이었다. 그는 한 걸음 더 나아가 과거 남북전쟁과 제 1차 세계대전 이후 벌어졌던 전후의 심각한 경기 침체를 겪기 이전까지는 이런 주식의 진정한 가치를 판단하기도 어렵다고 지적했다. 안타깝게도 그는 당시 한창 개발 중이던 이 회사의 수많은 신제품이 다우 케미칼 주식의 가치를 얼마나 더 늘려줄 만한 잠재력을 가졌는지에 대해 완전히 무시하고 있었던 것이다.

우리가 여기서 주의를 기울여야 할 부분은 역사적일 정도로 불어난 다우 케미칼의 순이익이 그 후 다시 줄어들었는지의 여부가 아니다. 당시의 주가에 비해 그 뒤 수백 퍼센트의 주가 상승률을 기록했는지의 여부도 아니다. 우리가 관심을 가져야 할 것은 증권가에서도 능력을

위대한 기업에 투자하라

인정한 바로 이 사람이 왜 그런 사실을 앞에 두고도 다우 케미칼의 내재 가치에 대해 전혀 엉뚱한 결론을 내렸느냐 하는 점이다. 아마도 다른 때 같았으면 그는 똑같은 사실을 놓고서 완전히 상반된 결론을 내렸을 것이다.

이렇게 된 원인은 1947년부터 1949년까지 3년 동안 금융시장의 거의 모든 사람들이 거대한 환상에 빠져들었기 때문이다. 한참 시간이 지난 다음이니까 이제 우리는 쉽게 뒤돌아볼 수 있다. 하지만 당시 사람들은 마치 1492년에 인도를 찾아 항해를 떠났던 크리스토퍼 콜럼버스의 휘하 선원들이 느꼈던 공포 만큼이나 비현실적인 두려움에 사로잡혀 있었다. 산타마리아 호에 승선한 선원 거의 대부분은 어느 순간 바다의 끝에서 떨어져 영원히 사라질지도 모른다는 공포로 인해 밤마다 잠을 이루지 못했다. 1948년에도 증권가에는 앞서의 두 차례 대규모 전쟁이 끝난 뒤 수 년간씩 이어졌던 극심한 불황과 주가 폭락이 곧 닥칠 것이며, 어떤 수단으로도 이를 막을 수 없을 것이라는 두려움이 팽배해있었다. 1949년에 작은 경기 후퇴가 찾아왔다. 그런데 막상 경기 후퇴가 별게 아니라는 생각이 들자 금융시장에서는 새로운 흐름이 내리막길이 아니라 오르막길이라는 사실을 발견했다. 이런 엄청난 심리적 변화는 주식을 바라보는 시각도 완전히 바꿔버렸다. 단지 이 같은 심리적 변화 덕분에 그 후 몇 년간 많은 종목들의 주가가 두 배 이상 올랐다. 펀더멘털의 진정한 가치를 재평가 받은 기업들은 단순히 주가가 두 배로 오른 것 이상의 이익을 보았다.

이처럼 똑같은 사실을 놓고 시기에 따라 금융시장의 평가가 180도 달라지는 것은 결코 주식시장 전반에만 국한된 것이 아니다. 특정한 산업이나 그 업종에 속해 있는 개별 기업에 대한 증권가의 선호도 역시 기본적인 사실들을 바라보는 방식이 바뀔 때마다 끊임없이 변화한다.

가령 어떤 시기에는 투자 업계에서 방위 산업체에 대해 그리 매력을 느끼지 못할 수 있다. 방위 산업의 가장 두드러진 특징 가운데 하나는 단 한 명의 고객, 즉 정부의 결정에 따라 좌우된다고 여겨진다는 점이다. 이 고객은 한동안 대규모 군비 증강에 열을 올리다가도 또 한동안은 군비 삭감에 나서기도 한다. 그래서 방위 산업에 속해있는 기업들조차 내년에 갑자기 주요 군사장비의 납품 계약이 취소되면서 자신들의 사업 기반이 송두리째 날아갈지 알 수 없다.

여기에 더해 방위 산업은 정부가 집행하는 사업이 원래 그런 것처럼 일반적으로 이익률이 매우 낮다. 또 법적으로 보장된 정부의 재협상 규정은 방위 산업체가 거둔 이익을 전부 반납하게 만들 수 있지만 정부에게 손실을 끼치는 실수는 절대 용납하지 않는다. 더구나 방위 산업은 기술적인 변화로 인해 매일같이 리스크와 혼란이 가중되는 분야여서 끊임없이 새로운 모델로 입찰에 나서야 한다. 어떤 한 기업의 기술이 아무리 뛰어나다 해도 치열한 경쟁 속에서 장기적으로 우위를 차지할 수 있도록 기술을 표준화하는 것은 불가능하다. 마지막으로 평화가 찾아와 사업 기반이 동반 추락할 "위험"도 상존한다. 이런 시각이 우세해지면 지난 수십 년 동안 몇 번이나 그랬던 것처럼 방위 산업체들의 주가도 순이익에 비해 매우 낮게 거래된다.

그러나 증권가에서는 최근에 그랬던 것처럼 이와 똑같은 사실을 앞에 놓고 전혀 다른 결론을 내리기도 한다. 세계적으로 공중 군사장비

위대한 기업에 투자하라

에 대한 거액의 군사비 지출 필요성이 상당 기간 지속될 것이라는 식이다. 군사장비의 가격은 해마다 달라지겠지만 기술 변화의 속도가 빨라질수록 더 비싼 장비가 필요해질 것이고, 따라서 장기적인 군사비 지출액도 늘어날 것이라는 전망이다. 그렇다면 방위 산업체의 주식을 보유한 투자자는 앞으로 경기 침체가 찾아와 다른 대부분의 산업이 어려움을 겪을 때에도 걱정하지 않아도 된다는 이야기다. 방위 산업의 이익률은 법률로 상한선이 정해져 있지만 잘 운영되는 방위 산업체는 여러 가지 다른 사업도 함께 할 것이므로 순이익의 상한선이 정해진 것은 아니다. 이런 시각이 우세해지면 방위 산업에 대한 똑같은 사실을 놓고도 전혀 다른 평가를 내리게 된다. 즉, 방위 산업체의 주가 수준은 앞서의 경우와는 판이하게 달라지는 것이다.

이런 식으로 지난 20년간 처음에는 증권가의 시각이 이랬다가 곧 이어 시각이 정반대로 바뀌면서 주가도 함께 변했던 사례는 거의 모든 산업에서 발견할 수 있다. 1950년에는 제약주가 과거 화학 기업이 그랬던 것처럼 장래가 밝은 주식으로 각광 받았다. 연구개발 분야의 눈부신 성장이 꾸준히 이어지고, 생활수준도 계속 높아짐에 따라 제약주는 최고의 화학 기업과 같은 수준의 주가수익 비율로 거래됐다. 그러던 중 한 제약업체가 그동안 잘 나갔던 분야에서 큰 어려움에 부딪쳤다. 증권가에서는 이런 소식을 접하게 되자 제약 업계가 비록 오늘은 독보적인 기업이라 하더라도 내일은 선두 기업의 자리에서 물러날 수도 있는 곳이라는 사실을 깨달았다. 당연히 제약 산업 전체에 대한 재평가가 뒤따랐다. 곧 이어 완전히 다른 주가수익 비율이 적용됐다. 사실이 달라져서 변한 게 아니라 똑같은 사실에 대한 평가가 달라졌기 때문이다.

1958년에는 이와 정반대의 일이 벌어졌다. 경기 침체기였던 그 해 제품 수요가 줄어들지 않은 산업은 극소수에 불과했는데, 제약 산업이 그 중 하나였다. 대부분의 제약 업체들이 그 해 사상 최대의 순이익을 기록했다. 반면 같은 기간 화학제품 생산업체들의 순이익은 비교적 큰 폭으로 감소했다. 주요 업체들의 생산 시설 확장이 끝나면서 시설 과잉 상태로 빠져든 것이 가장 큰 원인이었다. 순식간에 마음이 변해 버리는 증권가에서는 제약주에 대한 주가수익 비율을 다시 크게 올리기 시작했다. 이와 동시에 화학주를 매력적으로 바라봤던 지금까지의 시각은 사라졌다. 이 모든 것은 증권가의 변화된 평가를 반영한 것일 뿐이다. 펀더멘털의 변화나 내재가치에 대한 고려는 전혀 개입되지 않았다.

이런 새로운 분위기도 1년 만에 다시 변해버렸다. 뛰어난 화학 업체 한 곳이 처음으로 예전의 순이익 창출 능력을 보여주고, 성장 동력도 다시 살아나 순이익이 사상 최대를 기록하자 화학 업종 전체가 일시적으로 잃어버렸던 과거의 명성을 되찾은 것이다. 제약주의 강점이라면 계속 늘어나고 있는 획기적인 신약의 중요성이 갈수록 커진다는 것이지만 약가(藥價) 산정 및 특허권 정책에 정부가 개입한다는 점은 업계 전체적으로 불리하게 작용한다. 그런 점에서 제약주의 성장을 바라보는 최근의 시각이 앞으로 몇 년간에 걸쳐 더 이어질지 아니면 가라앉을지를 지켜보는 것도 흥미로울 것이다.

증권가의 평가가 이런 식으로 바뀌는 것과 관련해 내가 이 책의 초판에서 들었던 한 가지 사례를 옮겨보겠다:

위대한 기업에 투자하라

한 가지 사례를 더 들자면 바로 지금 나타나고 있는 전망의 변화다. 지난 몇 년 동안 기계장비 제조업체들의 주식은 매우 낮은 주가수익 비율로 거래됐다. 기계장비 산업은 극단적인 호황과 불황을 오락가락 하는 대표적인 업종이라고 누구나 생각하고 있었기 때문이다. 기계장 비 제조업체가 아무리 훌륭한 실적을 발표했다 해도 그 기업이 생산하 는 제품이 오랫동안 붐을 타는 것도 아니고, 그래서 지속적인 것도 아 니라면 사실 큰 의미가 없다. 그러나 이런 문제에 관해 과거에는 전혀 찾아볼 수 없었던 새로운 학파가 최근 출현해 변화의 물결을 이끌어가 고 있다. 새로운 학파는 제 2차 세계대전 이후 나타난 펀더멘털 상의 변화가 기계장비 제조업체들에게 영향을 미치기 시작했다고 생각한 다. 요즘 모든 산업에서 과거 단기 위주의 자본 지출 계획을 장기 위주 로 바꾸고 있다. 이에 따라 기계장비 제조업체가 겪어야 했던 극단적 인 호황과 불황은 사라졌다. 높은 임금 수준과 계속적인 임금 상승 추 세 역시 당분간 기계장비 산업이 경기의 온탕과 냉탕을 오락가락 하는 것을 막아줄 것이다. 이 분야의 기술 진보 역시 꾸준하게 이뤄지고 있 고, 이에 따라 기계장비의 노후화 속도도 더 빨라질 것이다. 결국 기계 장비 업종은 제 2차 세계대전 이전까지 경기변동에 매우 민감했지만 앞으로는 최근에 나타난 것과 같은 성장 흐름이 계속 이어질 것이다. 자동화 역시 이 같은 성장 흐름을 더욱 가속화할 것이다.

이런 식으로 생각하는 사람들의 영향 덕분에 경쟁력 있는 기계장비 생산업체들의 주식은 이제 불과 몇 년 전보다 훨씬 우호적인 평가를 받고 있다. 물론 과거에 비해서는 다소 누그러졌지만 기계장비 산업 은 여전히 경기의 극적인 변동이 강하다는 분위기가 남아있어 아직은 주가수익 비율이 비교적 낮은 편이다. 기계장비 주식이 더 이상 경기 변동 민감주가 아니며 성장주라는 시각이 증권가에 퍼져나갈수록 주가수익 비율도 함께 올라갈 것이다. 만약 과거와 같은 경기 변동 민감주라는 개념이 다시 자리잡게 된다면 기계장비 주식의 주가수익 비율역시 지금보다 더 낮아질 것이다.

지금까지 설명한 기계장비 제조주의 사례를 잘 살펴보면 투자자가 가장 유리한 입장에서 주식을 매수하려면 어떻게 해야 하는가를 분명하게 알 수 있다. 우선 투자자는 매수하고자 하는 주식은 물론 그 기업이 속해있는 업종에 대해 증권가에서 현재 어떻게 평가하고 있는지를 사실적으로, 또 분석적으로 짚어봐야 한다. 어떤 업종이나 기업과 관련해 증권가에 널리 퍼져있는 분위기와 바라보는 시각이 확실하게 드러난 사실들보다도 매우 부정적으로 치우쳤다는 것을 발견했다면 군중을 따르지 않음으로써 추가적인 이익을 거둘 수 있다. 또 현재 증권가에서 가장 주목하는 기업이나 업종의 주식을 매수할 경우에는 자신이 매수하려는 이유가 충분히 사실에 근거한 것인지, 또 분위기에 휩싸여 너무 높은 가격을 지불하는 것은 아닌지 다시 한번 주의 깊게 돌아봐야 한다. 기본적인 사실마저 너무 긍정적으로 해석하는 것이야말로 일시적인 유행에 따라 투자하는 것이기 때문이다.

물론 지금은 기계장비 산업이 본질적으로 경기 변동에 따라 극단적으로 움직이지 않는 업종이 됐다는 사실을 모두들 잘 알고 있다. 이들 주식은 경기 사이클의 하강 국면에서 극단적인 취약성을 드러내는 게 일반적이었지만 1957년의 경기 후퇴 당시 그랬듯이 이제는 기업들의

위대한 기업에 투자하라

장기적인 투자 계획이 완충 작용을 하게 됐다. 그러나 이런 모든 문제가 해결되었다 해도 더욱 빨라지고 있는 현대적인 기술의 발전 속도 덕분에 현명한 투자자가 스스로 군중들과는 독립된 생각을 하고 있으며, 증권가의 대다수 의견이 한쪽으로 치우쳤을 때 다른 방향에서 올바른 답을 찾을 수 있다고 생각한다면 충분히 이익을 얻을 수 있는 기회가 있다. 요즘 증권가에서 입이 마르도록 높게 평가하고 있는 "색다른" 에너지 주식이나 몇몇 소형 전자주의 경우 내재가치가 실제로 그정도 되는 것일까? 일반적인 주가수익 비율을 적용해서는 안된다고 하는 초음속 항공기 산업의 미래는 과연 그렇게 밝은 것일까? 순이익의 거의 대부분을 해외 사업장에서 거두는 기업에 투자하는 것은 미국 투자자들에게 더 좋은 것일까, 아니면 더 나쁜 것일까? 이런 모든 문제들은 현재 논의가 너무 극단적으로 진행됐거나, 혹은 충분히 논의되지 않은 것일 수 있다. 현명한 투자자라면 시장의 관심이 쏟아지고 있는 기업에 투자하려고 할 때 펀더멘털에 기초한 흐름이 어디까지 이어질 것인지, 혹시 한순간의 유행은 아닌지 분명하게 따져봐야 한다.

투자의 세계에서 일시적인 유행이나 사실에 대한 잘못된 해석은 몇 달, 심지어 몇 년씩 이어질 수 있다. 그러나 장기적으로 실상이 드러나게 되면 환상이 깨지는 데 그치는 것이 아니라 환상에 사로잡혔던 주식이 반대 방향의 극단으로 치닫는 경우를 종종 발견할 수 있다. 대다수 군중들의 의견을 꿰뚫어보고 현재의 진실이 무엇인지를 찾아낼 수 있는 능력을 갖추고 있다면 주식 투자 분야에서 엄청난 성과를 얻을 수 있을 것이다. 그러나 말처럼 쉽지는 않다. 우리가 만나고 함께 이야기를 나누는 사람들의 종합적인 의견이란 워낙 우리 마음속에 강력한 영향을 미치기 때문이다. 다만 우리 모두가 깨달을 수 있고, 또 군중을 따르지 않도록 도와줄 수 있는 것이 한 가지 있다. 금융시장에서는 펀더멘털 측면에서 상황이 변하는 것을 늦게 인식하는 게 일반적이다. 다만 그 변화의 중심에 유명 인사가 있거나 큰 사건과 함께 그런 변화가 일어났다면 그렇지 않다. 가령 A라는 회사의 주식은 그 기업이 속해 있는 업종이 꽤 괜찮은데도 불구하고 경영진이 형편없다는 이유로 인해 주가가 매우 낮다고 하자. 그런데 많은 사람들에게 알려진 유명 인사가 이 회사의 새로운 사장으로 임명됐다면 A사의 주가는 즉각 여기에 반응할 뿐만 아니라 과잉 반응을 할 가능성이 높다. 이것은 뉴스가 처음 알려졌을 때의 흥분이 워낙 커서 기본적인 기업 개선 작업에 상당한 시일이 소요된다는 점을 무시했기 때문일 것이다. 그러나 그동안 잘 알려지지 않았던 최고 경영자를 소위 유명한 최고 경영자로 교체한 뒤에도 몇 개월 혹은 몇 년 동안은 여전히 재무상태가 좋지않을 수 있고, 그 결과 주가수익 비율도 다시 낮아질 수 있다. 갑작스러운 증권가의 호들갑으로 인해 주가가 급등하기 이전에 이런 상황을 미리 정확하게 인식하는 것은 아마추어 투자가들이 군중을 따르기 보다는 스스로 생각하는 훈련을 할 수 있는 가장 간단하면서도 가장 필요한 방법이다.

위대한 기업에 투자하라

10

나의 성장주 발굴법

《위대한 기업에 투자하라》 초판이 출간된 이후 전국 각지에서 놀라울 정도로 많은 편지들이 쏟아졌다. 가장 많았던 사연은 주식에 투자해 그야말로 대단한 평가 차익을 거두려면 어떻게 해야 하는지 좀더 자세히 설명해 달라는 것이었다. 이 문제에 대한 독자들의 관심이 이처럼 높으므로 여기서 부연 설명하는 게 도움이 될 것 같다.

　주식 투자로 높은 수익을 올리기 위해서는 상당한 시간은 물론 어느 정도의 기술과 주의를 필요로 한다. 소액 투자자 입장에서는 투자 금액도 많지 않은데 해야 할 일이 너무 과도한 게 아닌가 하는 생각이 들 수도 있을 것이다. 하지만 소액 투자자는 물론이고 거액을 투자하는 소위 '큰손'의 경우에도 '대박' 주식을 고르는 아주 쉽고 간단한 방법이 있다면 바랄 게 없을 것이다. 물론 이런 문제와 관련해 얼마나 많은 시간을 투자할 것인가는 자신이 투자하는 자금 규모는 얼마인지, 또 주식 투자에 얼마나 관심을 갖고 있으며 자신의 능력은 어느 정도인가에 따라 각자가 스스로 결정해야만 한다.

내 방식이 최고의 주식을 찾는 유일한 시스템이라고는 전혀 생각하지 않는다. 더구나 내 방식이 최선의 방법인지에 대해서도 결코 확신할 수 없다. 어쩌면 내가 쓰지 않은 다른 방식이 더 나은 것일 수도 있다고 생각한다. 그러나 나는 여기서 자세히 소개하고자 하는 여러 단계들을 오랫동안 차근차근 밟아왔다: 이런 절차가 나에게는 맞았고, 정말 잘 들어맞았다. 특히 가장 중요한 투자의 초기 단계에서 나보다 경제와 기업에 대해 더 많은 사전 지식을 갖고 있고, 더 많은 사람들을 알고 있으며, 더 많은 능력을 갖고 있다면 아마도 나보다 더 나은 방식을 사용할 수 있을 것이고, 그 결과 전체적인 투자 수익률도 더 좋을 것이다.

지금부터 설명할 투자의 두 가지 단계는 각각 어떤 결정을 내리는가에 따라 나중에 얻게 될 투자 성과에 결정적인 영향을 미칠 것이다. 이들 두 가지 결정적인 단계 가운데서도 두 번째 결정이 얼마나 중요한지는 누구나 즉시 이해할 수 있을 것이다. 다름아닌 "지금 이 주식을 사야 할 것인가, 사지 말아야 할 것인가?" 하는 결정이다. 주식을 선정할 때는 처음부터 정확한 판단으로 골라야 한다. 10년 후 몇 배 정도가 아니라 몇 십 배 이상으로 주가가 상승해 투자자에게 엄청난 투자 수익을 안겨줄 주식을 찾아내는 데는 처음의 정확한 판단이 결정적인 영향을 미친다.

성장주 중에서도 시장을 이끌어가는 주도주를 발굴하려는 투자자라면 누구나 직면하는 문제가 바로 이것이다: 주식시장에는 수십 가지

위대한 기업에 투자하라

업종의 수천 개에 달하는 주식이 있고, 이 주식들을 전부 조사하려면 엄청난 시간과 노력이 필요하다. 웬만큼 공부하지 않으면 이들 주식에 대해 잘 알 수 없다. 그러나 주식시장에 상장된 종목들을 전부 자세하게 조사할 수 있을 정도로 시간이 있는 투자자는 아마 없을 것이다. 대개는 전체 종목 가운데 몇 퍼센트를 조사하는 정도일 것이다. 그렇다면 당신이 주식 투자에 귀중한 시간을 할애해 한 개 혹은 몇 개의 종목을 자세히 조사하려고 한다면 과연 어떤 종목을 조사 대상으로 해야 할까?

이것은 보기보다 매우 복잡한 문제다. 몇 년 후 대단한 투자 수익을 올려줄 수 있는 주식을 선정하기 위해 우선 사전에 조사할 일종의 후보 종목들을 결정하는 것이기 때문이다. 어쩌면 황량한 벌판에서 정확한 답도 없는 결정을 내린다는 기분이 들지도 모르겠다. 그러나 더 많은 자료를 구해 공부하면 할수록 시야가 점점 더 명확해지는 느낌이 들 것이다. 조사해야 할 내용은 산더미 같겠지만 이렇게 해야만 구하고자 하는 답에 다가갈 수 있다. 그저 평범하거나 약간 더 나아보이는 기업을 찾았다면 이런 주식은 엄청난 투자 수익을 가져다 줄 소위 '대박' 주식은 결코 될 수 없다.

처음에 조사 대상 기업을 선정하는 작업이 투자 성공의 열쇠를 쥐고 있다. 비교적 적은 지식만 갖고 있는 상태에서 어느 곳이 금광인지를 결정하는 것이기 때문이다. 다시 말해 나중에 더욱 충실히 연구를 한 다음 최종적인 투자 결정을 내리기에 앞서 어느 종목에 귀중한 시간을 투자할 것인지를 결정하는 것이다. 이런 식으로 적절한 사전 준비 작업을 충분히 마쳤다면 이미 상당한 노력을 기울인 셈이고, 이제 비로소 가장 중요한 첫 번째 투자 결정을 하기 위한 기본은 갖춘 것이다.

이 첫 번째 단계에서 내가 예전부터 써왔던 방식을 솔직하게 이야기해보겠다. 조사 대상 기업을 선정하는 문제를 해결하는 데 아주 간단한 방법처럼 보이지만 가끔씩 실수도 저질렀다. 나는 오랫동안 상당히 많은 기업들을 관찰해왔고, 특히 내가 관리하는 펀드와 직접적으로 관련 있는 기업들도 여럿 있어서 자연스럽게 꽤 많은 기업의 고위 임원과 실력 있는 과학자들과 친하게 지내고 있다. 나는 주로 이들이 몸담고 있는 회사가 아닌 다른 기업에 관해 이들과 이야기를 나눈다. 기업이 돌아가는 상황에 대해 아주 잘 알고 있는 이들과 접촉하면서 투자 아이디어를 떠올리고 단서를 잡아나가는 것은 매우 의미 있는 조사 작업을 가능케 해준다. 특히 내가 끊임없이 찾고 있는 위대한 기업의 탁월한 특징을 어떤 기업이 갖고 있는지를 파악하는 데 큰 도움이 된다.

그런데 내가 하는 사업에서도 이와 똑같이 분석적이며 냉정한 방식을 써보기로 했다. 내가 투자한 기업들이 더 나은 사업 활동을 위해 어떻게 하는지 배우려고 한 것이다. 그래서 몇 해 전 두 가지 문제를 곰곰이 생각하게 됐다. 과연 내가 조사 대상 기업을 고를 때 무엇을 기준으로 삼고 있는가? 내가 잘 아는 기업체 임원이나 과학자들로부터 얻은 "번득이는" 아이디어의 결과로 조사한 기업과 이와는 전혀 다른 출처에서 얻은 단서를 근거로 조사한 기업 간의 투자 성과는 얼마나 큰 차이가 나는가? (두 번째 문제는 조사 작업을 마친 다음 최종적으로 매수한 주식을 고려 대상으로 한 것인데, 느낌만으로도 대충 알 수 있다.)

위대한 기업에 투자하라

내가 발견한 사실은 놀라운 것이었다. 하지만 충분히 논리적인 추론이 가능했다. 나는 그때까지 조사 대상 기업을 선정한 이유가 대부분 이들 기업체 임원이나 과학자들로부터 얻은 아이디어 때문이라고 생각해왔다. 그러나 실은 내가 정말로 흥미를 느끼게 됐고, 그래서 더욱 깊이 연구하게 된 기업 가운데 5분의 1만 이들로부터 단서를 얻었다는 사실을 발견했다. 더욱 중요한 사실은 이들로부터 얻은 단서를 근거로 최종 투자 대상을 선정했을 때 그 기업이 뛰어난 투자 성과를 가져다 준 경우는 더 적었다는 점이다. 훌륭한 투자 성과를 거둔 기업 가운데 이들로부터 단서를 얻어 조사를 시작한 경우는 전체의 6분의 1에 불과했다.

이와는 대조적으로 내가 깊이 조사한 투자 대상 기업의 5분의 4, 그리고 매수한 다음 궁극적으로 높은 투자 수익률을 올려준 기업의 6분의 5는 전혀 다른 곳에서 단서를 구한 것이었다. 사업을 오래 하다 보니 성장주를 선정하는 데 나름대로 탁월한 실적을 보여준 사람들을 하나 둘씩 알게 됐다. 이들은 전국 각지에 퍼져 있었는데, 나는 이들을 상당히 높이 평가했다. 굳이 이들의 면면을 열거하지 않더라도 뉴욕이나 보스턴, 필라델피아, 버펄로, 시카고, 샌프란시스코, 로스앤젤레스, 샌디에고 같은 도시에 한두 명씩은 다 있는 것 같다. 많은 경우 이들이 특별히 선호하고, 나름대로 꽤 노력해서 찾아낸 주식이라고 해도 나는 이들의 의견에 동의하지 않았다. 어떤 경우에는 이들의 연구가 정말로 철저하게 이루어진 것인지 의심의 눈초리로 바라보기도 했다. 하지만 주식시장을 바라보는 이들의 시각은 매우 날카롭고, 그동안의 실적 역시 탁월했으므로 나는 강력한 주가 상승세를 이끌 것으로 기대되는 아주 뛰어난 주식에 대해 이들이 자세히 조사한 내용은 기꺼이 성심 성의껏 들어볼 준비가 되어있었다.

더구나 이들은 훈련 받은 투자 전문가들이었다. 나는 당연히 어떤 기업을 조사하는 게 좋을 것인지 결정하기에 앞서 가장 핵심적인 문제에 대한 이들의 의견을 언제든 구할 수 있었다. 그렇다면 핵심적인 문제란 무엇인가? 우선 어떤 기업이 앞서 소개한 15가지 포인트를 충족시키는지 파악하는 것이다. 여기서는 특히 두 가지 사항을 미리 분명하게 확인하는 게 중요하다. 그 기업의 주된 사업은 돋보일 정도의 매출액 성장률을 지속하기에 충분한가? 주된 사업이 속해 있는 산업 전반이 성장하게 되면 새로운 경쟁업체가 등장해 그 기업의 시장 선도적인 지위를 위협하기가 용이하지 않은가? 만약 그 기업이 주력으로 하는 사업 자체가 경쟁업체의 신규 진입을 막을 수 없다면 비록 빠르게 성장하는 기업이라 해도 투자 가치는 비교적 작다고 할 수 있다.

어떤 기업을 정밀 조사할 것인가에 대한 단서를 구하면서 능력이 최고 수준에 미달하거나 내세울 만한 과거 실적도 많지 않은 투자 전문가의 도움을 받는 것은 어떨까? 더 나은 투자 전문가가 없다면, 또 나 혼자 하는 것보다 낫다면 그렇게 할 것이다. 나는 이제 막 투자 업계에 진출해 날카로운 시각을 유지하고 있는 젊은 투자 전문가나 내가 결코 빠뜨릴 수 없는 투자 전문가라면 누구든 최소한 한 번 이상은 만나려고 한다. 내가 만난 투자 전문가의 판단력이 떨어진다고 느낄 때, 혹은 그가 제시한 사실의 신뢰성에 의문이 갈 때면 나는 이렇게 단서를 구한 기업의 조사 시간을 확 줄여버리는 경향이 있다.

증권회사의 리포트와 같은 인쇄물에서 아이디어를 떠올려 조사 대상 기업의 첫 단서를 구하는 것은 어떨까? 가장 믿을 만한 증권회사에서 만들어 광범위한 사람들에게 뿌리지 않고 미리 정한 몇 사람에게만 돌리는 특별한 리포트의 경우 내가 투자 결정을 내리는 데 가끔 영향을 미치기도 한다. 그러나 증권회사에서 누구에게나 제공하는 리포트는 정보원으로서 전혀 가치가 없다고 생각한다. 정확하지 않은 내용은 매우 위험하기 때문이다. 더구나 이미 증권가에서 상식처럼 된 이야기를 중언부언하는 경우도 많다. 이와 마찬가지로 산업계와 금융계의 소식을 전하는 정기간행물에서도 괜찮은 아이디어를 구하기도 한다(사실 내가 이런 정기간행물을 읽는 이유는 전혀 다른 데 있다): 하지만 내가 관심을 쏟고 있는 많은 문제들을 이런 정기간행물이 다루는 데는 분명히 한계가 있기 때문에 최적의 조사 대상 기업을 찾는 아이디어의 원천으로는 어쩔 수 없이 한계를 갖고 있다고 생각한다.

그런가 하면 나는 지금까지 제대로 활용하지 못했지만 기술적인 면에서나 과거의 실적이라는 면에서 모두 이익을 줄 수 있는 또 다른 정보원이 있다. 아서 D. 리틀, 스탠포드 리서치 인스티튜트 같은 메이저급 컨설팅 연구소들이다. 이런 조직에서 일하는 사람들은 업계의 사정과 최신 기술의 동향을 아주 잘 이해하고 있다. 당연히 귀중한 투자의 단서를 충분히 제공할 수 있을 것이다. 하지만 이들을 활용하는 데는 상당한 제약이 따른다. 자신들이 컨설팅 하는 고객 회사와의 신뢰 문제로 인해 알고 있는 것을 이야기하지 않으려고 하기 때문이다.(이 점은 사실 높이 평가할 만하다.) 그런데 나보다 더 영리한 누군가는 컨설팅 연구소와 고객 간의 신뢰에 손상을 입히지 않고도 이들이 갖고 있는 투자 정보의 보고를 캐낼 수 있을지 모른다. 그렇게 한다면 내가 성장주 발굴을 위한 탐색 단계에서 소개한 방법들을 결정적으로 개선할 수 있을 것이다.

이제 첫 번째 단계가 거의 끝났다. 뛰어난 투자 전문가와 몇 시간 대화를 나누고, 혹은 기업체 임원이나 과학자들을 만나서 이야기를 나눈 결과 특정한 기업에 관심을 쏟아야겠다는 생각이 들었다. 그래서 조사를 시작하기로 했다. 그러면 다음 단계에는 무슨 일을 해야 할까?

우선 나는 이 단계에서 다음 세 가지 일은 절대로 하지 않는다. 조사 대상 기업의 경영진을 만나지 않는다.(그 이유는 곧 이해하게 될 것이다.) 오래 전의 사업보고서를 몇 시간씩 읽으면서 대차대조표 상의 작은 변동을 일일이 연구하지 않는다. 내가 알고 있는 주주들에게 그 회사에 대해 어떻게 생각하는지 묻지 않는다. 이렇게 세 가지 일은 하지 않지만 현재의 재무구조와 발행주식수 등을 알기 위해 대차대조표를 훑어보기는 할 것이다. 또 증권감독위원회에 제출한 사업계획서가 있다면 제품별 매출액과 경쟁업체, 주식 보유 상황, 간부 직원들의 면면 등을 살펴볼 것이고, 감가상각비와 감가상각충당금, 영업이익률, 연구개발비의 비중, 전년도에 발생한 특별이익과 특별손실 등도 주의 깊게 체크할 것이다.

이제 비로소 진정으로 일할 준비가 된 셈이다. 나는 앞서 설명한 사실 수집 방법을 가능한 한 많이 활용할 것이다. 이 단계에서는 최초의 투자 아이디어를 구할 때와는 달리 내가 알고 있는 기업체 임원과 과학자들을 활용하는 게 정말로 필요하다. 나는 조사 대상 기업의 핵심적인 고객과 납품업체, 경쟁업체, 전직 임직원, 관련 분야에서 활동하는 과학자들과 직접 만나거나 전화로 통화한다. 내가 알고 있는 경우도 있고, 그렇지 않으면 잘 아는 사람에게 소개를 부탁하기도 한다. 그러나 내가 꼭 필요한 사항을 알려줄 사람인데, 그를 전혀 알지 못하고 소개를 부탁할 만한 친구도 없다면 어떻게 해야 할까?

솔직히 말하자면 나는 필요한 정보를 충분히 얻을 수 없는 상황이라고 생각되면 조사를 중단하고 다른 기업을 찾아볼 것이다. 투자의 세계에서는 자신이 고려하는 모든 투자 문제에 대해 전부 해답을 구할 필요는 없다. 그렇게 한다고 큰돈을 벌 수 있는 게 아니다. 필요한 것은 실제로 주식을 매수하는, 몇 번 안되는 경우에 정확한 답을 갖는 것이다. 이런 이유로 인해 나는 조사 대상 기업의 현재 상황을 파악할 수 없거나 중요한 사업계획이 불확실할 때는 일단 옆으로 제쳐놓고 다른 일을 하는 게 현명하다고 생각한다.

그런데 전부는 아니더라도 몇 가지 현황은 구할 수 있는 경우도 있다. 이런 경우 당신은 아마도 알고 있는 사람들에게 모두 전화를 걸어볼 것이고, 충분히 대화를 나누면 조사 대상 기업의 윤곽을 그려내는 데 도움을 줄 수 있는 한두 사람의 이름을 알아낼 수 있다. 나는 그렇다고 해서 곧장 이들을 만나러 가지 않는다. 이들은 자신이 몸담고 있는 산업에 정통하다 해도 낯선 사람이 찾아오면 어떤 회사의 진짜 강점과 약점이 무엇인지에 대해 솔직하게 이야기하지 않으려고 한다. 고객이나 경쟁업체, 납품업체들에 대해서도 마찬가지다. 이런 경우라면 나는 시중은행에 있는 아는 사람을 찾아 갈 것이다. 당신도 이런 경우에 부딪치면 잘 아는 시중은행을 찾아가 어떤 사람을 만나고 싶어하며, 왜 그런지에 대해 정확하게 털어놓아보라. 놀랍게도 대부분의 은행원들은 기꺼이 당신을 도와주려고 할 것이다. 물론 이들에게 너무 자주 도움을 요청해서는 안되겠지만 말이다. 더구나 대부분의 기업인들은 은행원이 소개한 사람에게는 역시 놀랍도록 도움을 주고자 애쓴다. 물론 이런 도움을 받기 위해서는 당신이 얻은 정보는 순전히 투자 판단을 위해서만 쓸 것이며, 혹시 대외적으로 문제가 될 수 있는 정보라 하더라도 이를 외부에 알려서 누군가를 곤란에 빠뜨리는 일은 없을 것이라는 점을 확실히 해두어야 한다. 당신이 이런 원칙을 지킨다면, 은행원은 당신이 선정한 기업의 정밀 조사 단계에서 누구도 줄 수 없는 아주 귀중한 도움을 제공할 것이다.

사실 수집을 통해 조사 대상 기업에 관한 자세한 자료를 수집했다면 내가 15가지 포인트에서 설명한 내용들도 충분히 파악했을 것이다. 그러면 이제 비로소 다음 단계로 넘어가 그 기업의 경영진을 만나볼 차례가 됐다. 왜 이런 순서를 지켜야 하는지에 대해 투자자가 철저히 이해하는 것이 무엇보다 중요하다고 생각한다.

훌륭한 경영진은 기업의 강점에 대해서는 물론 약점에 대한 질문에도 매우 솔직하게 답한다. 그래야 뛰어난 투자 대상 기업이라고 할 수 있다. 하지만 제아무리 철두철미한 경영진이라 해도 묻지도 않았는데 투자자인 당신에게 중요한 문제라고 해서 먼저 털어놓지는 않는다. 가령 어떤 기업의 부사장을 만나 이렇게 물어보았다고 하자. "당신이 생각하기에 잠재적인 투자자로서 내가 당신네 회사에 대해 알아야 할 것이 무엇이라고 생각합니까?" 이런 질문을 듣고서 부사장이 경영진 가운데 누구는 아주 출중한 실적을 내고 있는데 마케팅 담당 임원이 몇 년째 부진해 판매가 취약하다고 대답하겠는가? 혹은 탁월한 역량을 갖고 있는 젊은 간부를 마케팅 담당 임원으로 발탁해 6개월 안에 판매 상황을 다시 호전시킬 것이라는 이야기를 굳이 먼저 꺼내겠는가? 당연히 이런 이야기는 질문이 없으면 하지 않을 것이다. 하지만 사전에 이 회사의 마케팅에 문제가 있다는 사실을 알고서 이에 관한 질문을 던진다면 외교적인 수사를 섞어서라도 언급한다는 것을 나는 경험을 통해 알고 있다. 물론 당신이 만난 경영진이 올바른 인물이고 당신에 대해 신뢰하고 있어야 한다. 그러면 지금 회사가 처한 문제를 어떻게 치유할 것인지 현실적인 대답을 내놓을 것이다.

　다시 말하지만 경영진을 만나기에 앞서 사실 수집을 해야만 그 회사를 방문해서 알아내려고 하는 내용을 직접 들을 수 있다. 그렇지 않으면 가장 기본적인 사항, 즉 최고 경영진이 얼마나 경쟁력을 갖추고 있는지에 대해서조차 판단할 수 없을 것이다. 중간 규모의 기업이라 해도 기업의 핵심 최고 경영진은 최소한 다섯 명 정도 된다. 기업체를 한두 번 방문한다 해도 이들 최고 경영진을 모두 만날 수는 없을 것이다. 전부 만난다 해도 짧은 시간 동안 최고 경영진 각자의 역량을 정확히 파악하기는 어려울 것이다. 최고 경영진이 다섯 명으로 이루어져 있다면 대개 능력이 아주 뛰어나거나 매우 뒤떨어지는 한두 명은 섞여 있게 마련이다. 사전에 사실 수집을 하지 않고 최고 경영진을 만나게 되면 누구를 만났는가에 따라 전체 최고 경영진에 대한 판단이 크게 달라질 것이다. 사실 수집을 충분히 수행했다면 최고 경영진 가운데 누가 특별히 뛰어나고 누가 떨어지는 인물인지 비교적 정확히 알고 있을 것이다. 따라서 어떤 최고 경영진을 만나야 더 많은 정보를 얻을 수 있는지 미리 판단할 수 있고, 또 자신이 사실 수집을 정확하게 수행했는지에 대해서도 확인할 수 있을 것이다.

어떤 분야든 정확히 하지 않는다면 처음부터 시작할 필요가 없다. 성장주를 선정할 때 적절한 판단에 따른 보상은 무척 크다. 반대로 잘못된 판단으로 인한 손해는 치명적이다. 그런 점에서 피상적인 지식에 근거해 성장주를 고르는 사람들을 보면 이해하기 어렵다. 개인 투자자든 기관 투자가든 올바른 성장주를 찾고자 한다면 반드시 한 가지 원칙을 따라야 한다는 게 내 생각이다: 적어도 자신이 투자 결정을 내리는 데 필요한 정보의 50%를 확보하지 않은 상태에서는 투자를 고려하고 있는 기업의 어떤 경영진도 찾아가서는 안된다. 먼저 해야 할 일을 하지 않고 경영진부터 접촉한다면 자신에게 필요한 정보를 제대로 얻을 가능성은 매우 적고, 올바른 답을 구하기도 사실상 불가능하다.

조사 대상 기업을 찾아가기 전에 먼저 필요한 정보의 절반 이상을 챙기는 게 중요한 이유는 또 있다. 성장성이 뛰어난 산업에서 잘 나가는 기업의 탁월한 경영진일수록 투자 업계에서 일하는 사람들로부터의 면담 요청이 끊이지 않는다. 경영진 입장에서도 자기 회사의 주가는 여러 면에서 매우 중요하므로 이런 면담 요청이 들어오면 최대한 시간을 내려고 한다. 하지만 내가 이런 경영진에게서 듣는 이야기는 한결같다. 경영진이 얼마나 친절하게 대하며, 얼마나 많은 시간을 할애해주는가는 그 방문객이 얼마나 많은 돈을 굴리고 얼마나 큰 투자기관에서 일하는가 보다는 자기 회사에 대해 그 방문객이 얼마나 많이 알고 있느냐에 달려 있다는 것이다. 경영진이 어느 정도의 정보를 기꺼이 제공하는가는 더욱 중요하다. 즉, 특별한 질문에 어떻게 답하고, 핵심적인 문제를 얼마나 깊이 논의하는가는 자신의 회사에서 판단하기에 각각의 방문객이 얼마나 경쟁력을 갖추고 있는가에 달려있다.

위대한 기업에 투자하라

그런 점에서 무턱대고 회사를 방문한다면 충분한 사전 준비를 하지 않은 데서 오는 불리함과 투자에 도움이 되는 실질적인 대답을 듣지 못하는 손실까지 이중의 피해를 입게 되는 것이다.

누구를 만날 것인가도 매우 중요한 문제다.(단순히 투자 담당 홍보 책임자가 아니라 직접 의사결정을 하는 경영진을 말하는 것이다.) 그래서 길목을 정확히 알고 있는 사람에게 소개를 받는 게 현명하다. 어떤 기업의 중요한 고객이나, 꽤 큰 지분을 갖고 있으면서 경영진도 잘 아는 주요 주주에게 소개를 받아 그 회사의 경영진을 처음 찾아가는 것은 아주 큰 도움이 된다. 그 기업이 거래하는 투자은행을 통해서 소개 받는 것도 좋을 것이다. 어떤 경우든 처음 방문해서 최상의 결과를 얻고자 하는 투자자라면 경영진을 소개해준 사람이 자신을 상당히 존중하고 있으며, 또 경영진에게 좋은 이야기를 건넸을 것이라는 점을 확실히 해두어야 한다.

이 글을 쓰기 불과 몇 주 전에 있었던 일을 소개하겠다. 내가 경영진에게 처음 전화하기 이전에 사전 준비를 얼마나 철저히 해야 한다고 생각하는지를 보여주는 사례. 그 날 나는 메이저급 투자기관의 대표 두 명과 점심을 하고 있었다. 이들이 일하는 투자기관은 내가 관리하는 펀드에 투자한 몇 안되는 회사이기도 했다. 이들은 내가 워낙 적은 숫자의 기업에 투자하며 한번 투자하면 상당히 장기간 보유한다는 사실을 알고 있었다. 한 친구가 나에게 이렇게 물었다. 내가 처음으로 방문하는 기업과 실제로 주식을 매입하는 회사의 비율은 어느 정도 되냐는 것이었다. 나는 한번 알아 맞춰 보라고 했다. 그러자 250개 기업을 방문하면 그 중 한 회사의 주식을 매수할 것이라고 대답했다. 옆에 있던 또 한 친구는 25개 기업을 방문하면 그 중 한 회사의 주식을 살 것이라고 이야기했다. 실제로는 2개 내지는 2.5개 기업을 방문하면 그 중 한 회사의 주식을 매수한다! 이 말은 어떤 기업이 내가 정한 엄격한 매수 기준을 충족시키는지 여부를 판단하는 조사 단계에서 2.5개 기업 당 하나씩 주식을 산다는 말이 아니다. 만약 내가 "방문하는 기업"이 아니라 "조사하는 기업"이라고 질문을 바꿔서 했더라면 40~50개 기업당 하나씩 주식을 매수한다고 대답했을 것이다. 또 "조사할지 여부를 고려하는 기업"이라고 물어봤다면 250개 기업당 하나 정도를 최종 매수하는 게 맞을지도 모르겠다. 나에게 질문을 던진 친구는 내가 조사 대상 기업과 관련된 사실 수집 작업을 충분히 하기 이전까지는 기업체를 방문해도 큰 도움을 받을 수 없다고 생각한다는 점을 이해하지 못한 것이다. 사실 수집을 통해 어떤 기업이 내가 정한 15가지 포인트에 얼마나 적합한지 정확히 파악한 적은 수없이 많았고, 그래서 내가 경영진을 만나려고 하는 시점이 되면 이 회사의 주식을 매수할 가능성이 상당히 높다. 이 시점은 이미 매력도가 떨어지는 수많은 기업들을 옆으로 제쳐놓은 다음이다.

내가 어떻게 성장주를 발굴하는지 요약해보겠다. 내가 처음으로 조사를 시작하는 기업 가운데 5분의 1 정도는 산업 현장에서 일하는 친구들로부터 아이디어를 얻는다. 나머지 5분의 4는 이보다 훨씬 숫자가 적은 투자 업계의 아주 똑똑한 친구들로부터 단서를 구한다. 이 단계에서의 내 결정은 아주 신속하고 단도직입적이다. 어떤 회사에 내 귀중한 시간을 투입할 것이며, 어떤 회사는 무시할 것인가를 판단하는 것이다. 그리고는 증권감독위원회에 제출된 사업계획서 등을 빨리 훑

위대한 기업에 투자하라

어보면서 핵심적인 사항들을 체크해본 뒤 내가 정한 15가지 포인트에 얼마나 근접하는지를 염두에 두고서 사실 수집 작업을 열심히 진행한다. 그렇게 해서 투자 대상이 될 수 없는 기업을 하나씩 지워나간다. 이런 기업들 가운데는 수집한 증거들이 너무 평범해 보이는 경우도 있고, 정확한 상황을 합리적으로 판단할 상당한 증거를 수집할 수 없는 경우도 있다. 내가 만족할 만한 자료를 충분히 확보했을 경우에만 마지막 단계인 경영진과 만나는 작업을 진행한다. 경영진을 만나 설명을 들으면서 앞서 기대했던 사항들을 확인하고, 또 걱정했던 문제들 역시 경영진의 대답과 함께 사라졌다면 비로소 나는 지금까지 기울였던 모든 노력에 보상을 받을 수 있다는 느낌을 받는다.

몇몇 사람들은 나의 이런 성장주 발굴법에 이의를 제기할 것이다. 사실 이런 말은 수없이 들었다. 평범한 투자자라면 고작 투자 대상 기업을 하나 찾아내는 데 그렇게 많은 시간을 투입할 수 있느냐고 말이다. 혹은 투자 업계에서 일하는 사람에게 어떤 종목을 매수해야 할 것이냐고 물어보면 쉽게 해결할 수 있는 문제가 아니냐고 말할 수도 있다. 이런 사람에게는 한번 주위를 둘러보라고 묻고 싶다. 1만 달러를 투자해서 10년 뒤 적게는 4만 달러에서 많게는 15만 달러까지 재산을 불릴 수 있는 분야가 어디 있느냐고.(물론 뛰어난 경영진이 이 기간 동안 계속 최고 의사결정권을 유지하고 있어야 한다.) 성장주를 정확하게 선정했을 때 받을 수 있는 보상은 이 정도다. 일주일에 몇 시간 소파에 편히 앉은 채로 증권회사에서 공짜로 제공하는 리포트를 읽는 정도로, 그리 힘들이지 않고 이런 보상을 얻을 수 있다면 논리적이지도 합리적이지도 않을 것이다. 증권회사에 소액의 거래 수수료를 지불하면서 증권회사 직원이 알려주는 종목으로 이 같은 높은 투자 수익을 거둘 수 있겠는가? 내가 알기에 이런 엄청난 보상을 해주는 분야는 어디에서도 찾기 어렵다 주식시장 역시 다른 분야와 마찬가지로 그만한 보상을 받기 위해서는 마땅히 투입해야 하는 노력을 해야 비로소 수익을 거둘 수 있다. 이를 위해서는 능력과 함께 부단한 노력이 필요하고, 판단력과 앞날에 대한 비전을 갖고 있어야 한다. 이런 자세를 갖추고, 또 이 책에서 설명한 원칙을 기초로 15가지 포인트를 충족시키고 있지만 아직 증권가에서 제대로 평가 받지 못하고 있는 기업을 찾아낸다면 틀림없이 엄청난 투자 수익을 안겨줄 성장주를 발굴할 수 있을 것이다. 이것은 과거의 기록이 분명하게 보여준다. 그러나 이런 성장주는 부단한 노력 없이는 발굴할 수 없고, 또 매일같이 찾아낼 수도 없다.

위대한 기업에 투자하라

11

요약과 결론

우리는 이제 20세기의 후반을 살아가고 있다. 이미 시작된 새로운 반세기 동안 인류가 이뤄낼 생활수준의 향상은 지난 오천 년간 이뤄낸 것을 훨씬 능가할 것이다. 투자에 따르는 리스크는 최근 들어 갈수록 확대되고 있다. 성공적인 투자에 따르는 보상 역시 더욱 커졌다. 그러나 지난 한 세기 동안 리스크와 보상이 아무리 커졌다 해도 앞으로 50년간 우리가 목격하게 될 리스크와 보상에 비하면 아무것도 아닐 것이다.

이런 시대에는 그에 상응하는 주식을 보유하는 게 좋을 것이다. 우리는 아직 경기 변동을 완전히 극복하지 못하고 있다. 경기 순환 사이클의 극심한 변동성조차 순화시키지 못하고 있다. 그럼에도 불구하고 우리는 주식 투자의 영역에 결정적인 영향을 미칠 새로운 요인들을 만들었다. 현대적인 기업 경영진의 출현이 그 중 하나다. 이것은 주식 투자의 성격을 더욱 투자답게 만들어주었다. 과학적인 연구개발을 기업의 가치를 높이는 데 활용하는 것 역시 또 하나의 중요한 요인이다.

이런 요인들이 새로 나타났다고 해서 성공적인 주식 투자의 기본적인 원칙이 변한 것은 아니다. 오히려 기본적인 원칙의 중요성은 더욱 커졌다. 이 책에서는 바로 이 같은 기본적인 원칙이 무엇인가를 설명하고자 했다. 어떤 종류의 주식을 매수하고, 언제 매수해야 하며, 또 가장 중요한 사항으로 주식의 본질이라고 할 수 있는 기업이 성공적인 사업체로서의 성격을 유지하는 한 절대 매도해서는 안된다는 점을 설명했다.

아주 뛰어난 투자자들조차 자주 저지르는 투자 실수에 대해 설명한 제 8~9장도 도움이 됐으면 하는 바람이다. 그러나 이 책에서 제시한 원칙을 알고, 자주 저지르는 실수에 대해 이해한다 해도 인내심이 없거나 자기 단련을 하지 않은 사람에게는 아무런 도움도 되지 않는다는 점을 명심해야 한다. 내가 지금까지 만나본 가장 탁월한 투자 전문가 가운데 한 명이 오래 전에 이런 말을 해주었다. 주식시장에서는 머리가 좋은 것보다 신경이 좋은 게 훨씬 더 중요하다고 말이다. 셰익스피어는 비록 의도하고 한 말은 아니었겠지만 성공적인 주식 투자의 핵심을 이렇게 요약했다: "인간사에는 조류라는 게 있어서 시류를 잘 붙잡으면 큰 행운으로 이어질 수 있다."

나의 아버지 필립 피셔*

케네스 L. 피셔

이 책은 시대를 초월해 가장 사랑받고 있는 투자 서적 가운데 한 권이다. 처음 출간된 지 45년이 지났지만 여전히 베스트셀러로 자리매김하고 있는 투자의 고전이기도 하다. 이 책의 서문은 아버지가 1957년 9월 내가 어린시절 살았던 집에서 쓴 것이다. 그 서문은 이 책에 그대로 실려있다. 그로부터 45년이 지난 2002년 10월, 이제는 나의 집에서 수십 년이라는 세월을 뒤돌아보며 감히 내가 이 책의 새로운 서문을 진짜 서문보다 앞자리에 쓰고 있다.

몇 해 전 출간된 이 책의 개정판에 실린 내 서문을 읽은 독자라면 아버지가 지금쯤 돌아가셨을 것이라고 생각할지도 모르겠다. 아니다. 내가 글을 쓰고 있는 지금 아버지는 아흔다섯의 연세로 생존해 있다. 하지만 아버지는 인생의 말년에 찾아오는 노인성 치매와 아마도 알츠하이머병(확실하게 진단할 방법은 아직 없다)으로 인해 끔찍할 정도로 쇠약해졌다. 그 분은 집에서, 그것도 예전에 이 책《위대한 기업에

＊이 글은 원래 미국에서 출간된 2003년도 개정판에서 서문의 형식으로 수록된 것이다. 따라서 원서에서는 저자의 서문보다 앞에 나온다. 그러나 본문의 내용이 더 궁금한 국내 독자들의 이해를 돕기 위해 편집상 마지막 부분에 배치했다.

투자하라》를 비롯해 다른 많은 글들을 저술했던 서재에서 불과 10미터도 떨어져 있지않은 침대에 누워 있다.

아버지의 몸 상태는 계속해서 나빠져가고 있다. 그 분을 돌봐드리고 있는 우리 몇 사람들에게 병이 악화되어가는 속도는 너무나 빠르게 느껴진다. 어쩌면 독자들이 이 글을 읽고 있을 무렵에는 아버지가 이미 돌아가셨을지도 모르겠다. 그 분은 내가 지금 쓰고 있는 이 글을 결코 읽지 못할 것이다. 다른 사람이 읽어준다고 해도 엄습해오는 무서운 질병으로 인해 자꾸만 이야기의 실타래를 놓쳐버리고 한두 문장조차 이해할 수 없을 것이다. 아버지는 정말 대단한 분이었지만 지금은 인생의 마지막 순간에 다다른 가냘픈 노인일 뿐이다. 하지만 그 분은 나의 소중한 아버지다. 이 같은 질병이 인간에게 가하는 고통은 사실 부끄러워할 것은 아니다; 그것은 질병일 뿐이지 오점은 아니다. 내가 앞서 이미 유명을 달리한 미국 금융시장의 개척자 100명의 삶을 엮어서 내 자신의 세 번째 저서를 쓰면서 굳이 "고인이 된" 개척자들로 한정한 이유는 만약 책의 내용 가운데 틀린 부분이 있더라도 죽은 사람들은 소송을 걸지 못할 것이라는 계산이 있었기 때문이다. 그러나 내가 그렇게 한 또 다른 이유는 그 책에서 어떤 식으로든 나의 아버지를 다루고 싶지 않았기 때문이다. 나는 혹시라도 그 분이 바라는 것과 다르게 해석해서 괜히 아버지에게 상처를 주는 글을 쓰고 싶지 않았고, 그래서 이미 "고인이 된" 개척자들로 한정했던 것이다.

이제는 이런 문제에 대해 걱정하지 않아도 된다. 아버지는 내가 여기서 쓰는 글을 읽지 못할 테니 말이다. 그런 점에서 지금까지 가장 사랑 받았던 투자의 고전 가운데 한 권을 쓴 인물에 대해 약간이나마 말

위대한 기업에 투자하라

할 때가 된 것 같다. 나는 그 분을 사업적인 측면에서, 또 개인적인 문제에 관해 누구보다 더 잘 알고 있기 때문에 이런 글을 쓰는 데 가장 적당하다고 생각한다. 물론 어떤 면에서는 그 분의 부인이자 나의 어머니가 누구보다 아버지를 잘 알고 있다. 그 분의 여동생이자 나의 고모는 누구보다 아버지와 오랫동안 알고 지냈다. 하지만 어머니와 고모가 아버지에 대해 알고 있는 것은 개인적인 관계들이지 사업적인 문제는 아니다. 그리고 큰형 아서는 짧은 기간 동안 아버지와 함께 일했고, 한동안은 내가 하는 사업의 파트너였고, 나와 아주 가깝다. 그러나 큰형이 아버지와 같은 분야에서 직업을 갖고 일한 것은 얼마 되지 않는다. 아서는 곧 학문의 길로 들어섰고, 지금까지 상아탑에 몸담고 있다. 아버지는 늘 우리 세 형제 가운데 아서를 가장 좋아했고, 또 큰형 역시 감정적인 면에서는 나보다 아버지와 더 가까웠다. 그렇지만 내가 긴 세월 동안 아버지의 곁에서 같은 분야의 사업을 하며 더 많은 시간을 보냈고, 그 분과 일상적인 관계를 유지해왔다는 점을 가장 잘 아는 사람은 다름아닌 큰형일 것이다. 큰형은 더구나 거리상으로도 천 마일 이상 떨어져서 살았기 때문에 나처럼 할 수는 없었다.

아버지의 뿌리

아버지의 조상은 유대인이었다. 1850년대 초 체코슬로바키아의 프라하와 독일에서 미국으로 건너와 샌프란시스코에 정착했다. 아버지의 할아버지, 즉 나에게는 증조할아버지가 되는 필립 아이작 피셔는 청바지 회사로 유명한 리바이 스트라우스 최초의 회계원이었다. 증조할아버지는 스트라우스의 첫 번째 상점을 만들어 문을 닫을 때까지 일했고, 평생동안 스트라우스의 곁을 떠나지 않았다. 증조할아버지는 그렇게 부유하지는 않았지만 그 분이 돌아가실 때 집안은 재정적으로 넉넉한 편이었다. 증조할아버지는 일찍 아내를 잃었다. 그래서 큰딸인 캐롤라인, 즉 캐리 할머니가 집안일을 돌보며 동생들을 보살펴야 했다. 나의 할아버지인 아서 로렌스 피셔는 여덟 남매 가운데 막내였는데, 실질적인 어머니 역할을 했던 캐리 할머니가 무척 귀여워했다. 할아버지는 1875년 샌프란시스코에서 태어나 캘리포니아 주립 버클리 대학교를 거쳐 존스 홉킨스 의과대학을 1900년에 졸업하자 샌프란시스코로 돌아와 일반외과 의사로 의료활동을 했다. 나중에 (제 1차 세계대전 때거나 그 이전으로, 록펠러 대학교에서 장학금을 받으면서 박사후 과정의 연구원으로 일하는 동안) 할아버지는 정형외과 전문기술을 익혔고, 마침내 미국 서부 지역에서 사상 세 번째로 정형외과 의사가 되어 서부정형외과학회(Western Orthopedics Society)의 설립회원으로 활동했다. 증조할아버지인 필립 아이작 피셔가 1906년에 갑자기 돌아가시는 바람에 할아버지인 아서 피셔와 할머니 유지니아 사뮤엘스의 결혼식은 잠시 연기되기도 했다. 이 결혼식은 1906년의 샌프란시스코 대화재와 대지진 참사로 인해 다시 한번 연기됐다. 두 사람은 마침내 결혼에 성공했고, 이듬해인 1907년 9월 8일 아버지가 태어났다. 아버지에게는 당시 돌아가신 지 얼마되지 않는 증조할아버지의 이름인 필립 아이작 피셔라는 이름이 붙여졌다.

4년 뒤인 1911년에는 아버지의 여동생이 태어났는데, 캐리 할머니의 이름을 따라 캐롤라인으로 불렀다. 할아버지는 아버지와 캐리 고

위대한 기업에 투자하라

모, 이렇게 두 자녀만 두었다. 캐리 할머니는 부유한 집안에 시집을 갔는데, 남편은 리바이 스트라우스의 친척으로 증조 할아버지가 소개해준 헨리 사흐라인이라는 사람이었다. 캐리 할머니는 피셔 가문의 2대(代), 즉 할아버지와 아버지 대에 걸쳐 매우 중요한 역할을 했다. 캐리 할머니는 몰래 아버지의 학비를 대주었을 뿐만 아니라(아버지는 이 사실을 끝까지 몰랐다) 할아버지에게 따로 돈을 주어서 아버지에게 승용차를 한 대 사주기도 했다. 뒤에 소개하겠지만 이 차는 아버지의 앞날에 전혀 생각지도 않았던 결정적 계기를 제공했다. 캐리 할머니는 특히 어린 시절 감수성이 너무 예민했던 아버지가 건강하게 성장해 나갈 수 있도록 피셔 집안의 건전한 기풍을 만들어주었고, 이런 과정은 수십 년 동안이나 이어졌다. 만약 아버지가 딸을 두었다면, 틀림없이 캐리라는 이름을 붙여주었을 것이다. 결국 아버지는 처음으로 얻은 손녀딸에게 캐리라는 이름을 지어주었다.

할아버지는 의사였지만 돈에는 전혀 관심이 없는 분이었다. 그 분은 자선 활동과 의학 연구에만 정력을 쏟았을 뿐 사업이나 돈에는 아무런 신경도 쓰지 않았다. 개인적으로 치료해준 환자가 돈을 내지 못해도 그 분은 아무 관계 없이 계속해서 치료해주었다. 치료비 청구서가 그냥 되돌아와도 다시 청구서를 보낸다거나 치료비를 받아내려고 다른 방법을 쓰는 경우는 없었다. 그래서 할아버지는 수많은 사람들에게 친절하고 따뜻하며 관대한 품성을 지닌 성인처럼 여겨졌다. 다행히도 그 분에게는 보이지 않게 뒤에서 "몰래" 돈을 대주는 캐리 할머니가 있었다. 캐리 할머니가 없었다면 아마도 이 책은 세상에 나오지 못했을지도 모른다.

아버지는 처음부터 학교에 들어가지 않고 개인 교습을 받았다. 할아버지는 당시의 초등학교 교육과정을 신뢰하지 않았고, 캐리 할머니는 아버지가 더 나은 교육을 받을 수 있도록 돈을 대줄 수 있었다. 아버지는 샌프란시스코의 명문 로웰 고등학교에 들어가게 됐다. 하지만 아버지는 수줍음을 잘 탔고, 다른 아이들이 대개 초등학교를 다니면서 배우게 되는 사교적인 소양이 부족했다. 그 분은 몸도 약했고, 운동 경기에는 재주가 전혀 없었다; 로웰 고등학교의 같은 반 친구들에 비해 키도 작은 편이었다. 그래서 아버지는 바깥에 나서면 다소 불안해 했는데, 이런 성격은 매사에 트집을 잡고 부정적이었던 할머니에 의해 더 심해졌다. 아버지는 열여섯 살 때 캘리포니아 주립 버클리 대학교에 입학했다; 그러나 얼마 뒤 캐리 할머니의 학비 지원과 역시 할머니가 승용차를 사준 덕분에 캠퍼스는 작지만 훨씬 친근한 분위기의 스탠포드 대학교로 옮기게 됐다. 대학교를 옮긴 것 역시 그 분의 인생에 큰 획을 긋는 계기였다.

아버지는 주말마다 샌프란시스코로 와야 했다. 매주 금요일 밤마다 캐리 할머니 집에서 열리는 가족 만찬에 참석해야 했기 때문이다. 가족 만찬은 아버지가 태어나기 전부터 시작돼 50년 가까이 계속된 의식이었는데, 이 자리에는 먼 일가 친척들까지 모두 참석했다. 가족들과의 만찬은 젊은 시절 아버지가 사회적인 소양을 쌓는 데 결정적인 역할을 했다.(가족 만찬 의식은 내가 어렸던 시절에도 열렸다.) 할아버지와 할머니도 이 자리에는 꼭 참석했다. 아버지는 버클리 대학교에서, 나중에는 스탠포드 대학교에서 곧장 캐리 할머니 집으로 왔다. 잭슨 스트리트에 있던 캐리 할머니 집은 1890년대에 헨리 샤흐라인 할

위대한 기업에 투자하라

아버지가 직접 지은 것으로 지금도 남아있다면 대저택으로 불렸을 것이다. 저녁 만찬에서는 다양한 코스 요리의 정찬을 들면서 참석한 사람들끼리 온갖 이야기를 나눴는데, 식사가 끝난 뒤 이어지는 토론은 종종 가족들간의 격렬한 논쟁으로 발전하기도 했다. 할아버지는 이런 모습을 즐겁게 지켜봤다. 어린 아이들 대부분은 딸이었고, 사내 아이는 아버지가 유일했기 때문에 헨리 샤흐라인 할아버지는 아버지를 특히 좋아했다. 아버지가 저녁 만찬을 유별나게 소중한 기억으로 간직하고 있는 것은 어린시절 유일하게 자신이 돋보였던 자리였기 때문인지도 모르겠다. 만찬이 모두 끝나면 아버지는 할아버지, 할머니와 함께 집으로 돌아와 주말을 보낸 뒤 월요일 아침에 다시 대학교로 돌아갔다.

스탠포드 대학교는 아버지에게 딱 맞는 곳이었다. 스탠포드는 캘리포니아 주립 대학교는 물론 다른 어떤 대학교에서도 느낄 수 없는 따뜻하고 한가로운 분위기와 아름다운 캠퍼스, 명문 대학이라는 자부심을 만끽할 수 있게 해주었다. 아버지는 스무 살에 대학교를 졸업했지만 스탠포드만큼 안정감을 주는 곳을 바깥에서는 발견하지 못했고, 그래서 설립된 지 얼마 되지 않은 스탠포드 대학교 비즈니스 스쿨의 1학년 과정에 들어가게 됐다. 캐리 할머니가 몰래 학비를 지원해준 것은 물론이다. 아버지는 캐리 할머니가 자신을 위해 재정적으로 그렇게 큰 지원을 해주고 있다는 사실을 전혀 알지 못했다. 가족들 가운데 몇몇은 알고 있었는데도 말이다. 캐리 할머니와 할아버지는 아버지가 받는 상당한 액수의 학자금이 돈 많은 집안에 시집간 부유한 친척에게서 나온 것이 아니라 할아버지가 저축한 돈이라고 생각하도록 하는 편이 본인에게 더 나을 것이라고 믿었다.

　당시 스탠포드 비즈니스 스쿨에는 지금과 같은 투자론 과정이 없었다; 하지만 아버지가 《나의 투자 철학Developing an Investment Philosophy》(《보수적인 투자자는 마음이 편하다》의 제 2부)에서 자세히 밝혀놓았듯이 그 시절에는 매주 가까운 지역의 기업체를 하나씩 직접 방문해 사업성을 분석해보는 수업이 있었다. 아버지는 승용차를 갖고 있었고, 자청해서 그 수업을 지도했던 보리스 에머트 교수를 옆자리에 태워 모시고 다녔다; 아버지와 에머트 교수는 그렇게 해서 매우 많은 시간을 함께 보내게 됐고, 이 때의 경험은 아버지에게 정말로 큰 영향을 미쳤다. 아버지는 스탠포드의 다른 수업 시간에 배운 내용 전부를 합친 것보다 더 많은 가르침을 이 차를 타고 에머트 교수와 여행하면서 배웠다고 술회했다. 이 부분은 아버지가 《나의 투자 철학》에서 자세하게 이야기하고 있으니 여기서는 이 정도로 그만두겠다. 아버지의 사업 초창기 시절 이야기도 이 책 《위대한 기업에 투자하라》의 원래 서문에서 아버지가 밝히고 있으므로 역시 여기서는 언급하지 않겠다.

인생의 절정기

제 2차 세계대전이 발발하면서 아버지는 사업에 대한 관심을 일단 접고 군대에 들어갔다. 아버지는 전선에 나가 싸우기에는 나이도 많고, 고학력자라 비교적 편한 보직을 받게 됐다. 오랫동안 아버지에게 조언을 해주었던 에드 헬러라는 분이 군에 먼저 입대해 있었는데, 이 분이 약간 영향력을 행사했다. 어쨌든 아버지는 곧장 장교 계급장을 달았고, 전선에는 나가보지도 않았다. 아버지는 대신 미국 대륙을 전전하면서 육군 항공대의 회계와 자금부서에서 일했다. 책상 머리맡에서 전쟁을 치른 셈이다. 중위 계급장을 단 아버지는 부대에 처음 배치된 날부터 자신이 군대 체질이 아니라는 사실을 알았다. 군대 규정에 따라 제복을 입은 부하 장병이 아버지에게 와서 경례를 하면 아버지는 어떻게 해야 할지 몰랐다. 선임 장교는 아버지에게 절도와 품위를 갖춘 행동을 기대했지만 이것 역시 어떻게 해야 하는지 몰랐다. 적응하는 데는 시간이 필요했다. 아버지는 군대를 싫어했고, 비록 군대에서 근사한 대접을 받았다는 점은 인정했지만 그래도 군대 생활은 시간 낭비라고 여겼다. 아버지는 아칸소 주 리틀록에 주둔할 때 역시 그곳에서 근무하고 있던 어머니 도로시 화이트를 만났다. 어머니는 빌 클린턴 대통령이 자란 곳이기도 한 아칸소 주 캠던 출신이었다. 어머니를 처음 본 순간 한눈에 반해버린 아버지는 만나기 시작한 지 불과 몇 주 만에 청혼했고, 어머니는 기꺼이 받아들였다. 어머니는 결혼 후 첫 아이를 임신하자 의사인 할아버지에게서 출산에 따른 검진을 받기 위해 샌프란시스코에 머물렀다. 큰형인 아서는 1944년에 태어났고, 어머니는 아버지가 제대할 때까지 계속 샌프란시스코에서 살았다. 아버지는 집으로 돌아오자마자 다시 사업을 시작했는데, 이 이야기는 아버지가 쓴 《나의 투자 철학》에 자세히 기술돼 있다. 둘째형 도널드는 1947년에, 나는 1950년에 태어났다. 도널드와 나 사이에는 원래 여자아이가 하나 태어났었는데, 세상에 나오자마자 죽었다.

내가 태어난 뒤 얼마되지 않아 부모님은 지금 살고 있는 캘리포니아

주 샌머테이오의 집을 장만했다. 이 집은 샌프란시스코에서 남쪽으로 20분 거리에 있었다. 부모님은 멀리 내다보이는 전망이나 정원의 나무들, 주변 경관 등은 무척 마음에 들었지만 건물 자체는 좋지 않았던 모양이다. 아버지는 기존의 주택을 허물고, 새로 집을 지었다. 이 집에서 내가 자랐고, 부모님은 그 후 줄곧 여기서 살았다. 새 집을 짓는 동안 우리 가족은 한 블록쯤 떨어진 곳의 주택을 한 채 빌려서 살았다. 새로 지은 집은 온통 하얀 빛깔의 깨끗하고 꾸밈이 없는 큰 주택이었다. 아버지의 집에서는 모든 것이 깔끔하고, 일체의 흐트러짐도 없었다. 모든 가구나 장식들은 드문드문 배치돼 있었고, 정확히 그 자리에 있어야 그렇지 않으면 아버지를 화나게 만들었다. 아버지는 정원을 좋아했다. 자리에 눕기 전까지 아버지는 매 주말이면 거의 하루종일 정원에서 시간을 보냈다. 정원은 억지로 꾸미지는 않았지만 아주 멋진 참나무들이 서있었고, 들꽃들이 만발해 있었다. 아버지는 있는 그대로의 정원을 돌보며 잡초를 뽑기도 하면서 온갖 걱정거리들, 즉 가족 문제와 주식시장, 정치나 그 밖의 것들까지 전부 생각했다; 그 분에게 이런 시간은 자신을 성가시게 하는 모든 것들을 치유할 수 있는 신비한 영약과도 같았다. 치매가 시작되고 자주 넘어지는 사고를 겪은 뒤에야 아버지는 정원 돌보는 일을 그만두었다.

1950년대 말부터 1960년대까지는 내가 생각하기에 아버지의 인생에서 절정기였다. 《위대한 기업에 투자하라》가 1958년에 처음 출간되자 아버지는 하루 아침에 전국적인 유명인사가 됐다. 아버지가 활동하고 있던 서부 지역에서는 단연 샌프란시코 투자업계의 최고인사로 대접 받았다. 주식 투자에 관한 책을 단 한 권 썼다고 해서 이처럼 순식간에 사회적 지위가 높아진 경우를 나는 지금까지 보지 못했다. 당시 유명세로 따지자면 벤저민 그레이엄도 대단했지만 그의 책 《증권분석Security Analysis》이 세상에 널리 알려지는 데는 상당한 시간이 걸렸다. 서부 지역에서는 특히 그랬다. 서부에 본사를 둔 증권회사를 설립해 최고 경영자까지 지낸 딘 위터의 경우 1960년대에 유명세를 탔지만, 그의 본거지는 어디까지나 뉴욕이었다. 아버지와 마찬가지로 샌프란시스코 출신의 유대인으로 주식 중개인이었던 제랄드 로우브는 전국적인 지명도에서는 아버지보다 훨씬 앞섰지만, 그 역시 이미 오래 전에 뉴욕으로 떠나 샌프란시스코 사람은 아니었다. 간단히 말해 1960년대가 끝날 때까지 샌프란시스코에는 아버지의 명성에 필적할 만큼 주목 받는 투자 자문가가 없었다. 요즘은 달라졌지만 당시만 해도 캘리포니아 주 북쪽 지역에서 증권업을 하는 회사나 사람들은 지리적으로 샌프란시스코의 몽고메리 스트리트와 부시 스트리트가 있는 몇 블록에 몰려있었다. 바로 이곳에서 아버지는 어린 시절의 소심한 성격으로는 상상조차 할 수 없는 대단한 존재로 대접 받았던 것이다.

그 시절 캘리포니아 주 법률 가운데는 아직도 남아있는 이런 규정이 있었다. 투자 자문가가 고객의 수를 15명 미만으로 유지하고, 대외적으로 투자 자문가라는 사실을 광고하지 않을 경우 증권감독위원회(SEC)에 등록하지 않고도 투자 수익의 1%를 투자 자문 수수료로 받을 수 있었다. 사실 지금 대부분의 투자자들에게 투자 수익의 1%라고 하면 아무것도 아니겠지만 이렇게 수수료를 받는 행위는 1940년에 금지됐다. 그 이전까지는 사기꾼 같은 친구들이 여러 고객들로부터 돈을 받아 절반은 가령 오르는 데 투자하고, 나머지 절반은 내리는 데 투자해서 어느 쪽이든 이익이 나는 쪽의 투자 수익 가운데 20%를 챙겼는데, 이들은 결국 어떻게 되든 자기 몫을 가져간 셈이었다. 이로 인해 투자 수익의 몇 퍼센트를 수수료로 지급하는 투자 자문 계약은 40년 이상이나 불법화됐고, 다만 15명 미만의 고객과 투자 자문가 광고를 하지 않는 조건 아래서만 허가됐다. 아버지가 군대에서 제대한 뒤 다시 사업을 시작할 때도 이런 법 규정을 따라야 했다. 《위대한 기업에 투자하라》 출간 이후 얻게 된 명성 덕분에 아버지는 몇 명 되지 않는 고객을 유지하는 게 전혀 어렵지 않았다. 지역 유지들로 엄청나게 부유했던 이들 고객은 상당한 액수의 수수료를 지급하면서도 아버지가 별도의 자산 운용 조직을 갖고 있지 않은 것에 전혀 간섭하지 않았다. 이 점은 아버지로 하여금 고객들과의 관계를 유지하기 위해 대외적으로 과시해야 하는 다른 투자 자문가들보다 우월하다는 느낌을 갖게 해주었다. 또 모르는 사람들에게 수줍음을 타고 소심하기까지 한 아버지로서는 은둔하며 살아가는 방식을 그대로 유지할 수 있었다. 그 분은 높은 명성과 훌륭한 평판에도 불구하고 대중들 앞에 나서면 늘 불편해 했고, 그런 자리는 일부러 피했다.

1945년으로 돌아가 보자. 허버트 두걸 교수는 스탠포드 비즈니스 스쿨에서 처음으로 투자론을 강의한 인물이다. 스탠포드 비즈니스 스쿨 역사상 투자론을 가르친 사람은 단 세 명뿐이다. 두걸 교수는 1946년부터 1968년까지 22년간 가르쳤는데, 안식년으로 학교를 떠났던 1961년과 1962년에는 아버지가 임시 교수직을 맡아 투자론을 가르쳤다. 이때 아버지에게서 투자론을 배운 제자 가운데 한 명이었던 잭 맥도널드가 1968년 스탠포드 비즈니스 스쿨의 정식 교수로 임명돼 그 이후 지금까지 투자론을 가르치고 있다. 두걸 교수가 안식년으로 자리를 비웠을 때 아버지가 투자론 강의를 맡게 된 것은 《위대한 기업에 투자하라》 출간을 계기로 높아진 그 분의 명성과 같은 학교 동문이라는 점이 크게 작용했다. 2년 동안 시간제로 일한 것이었지만 아버지는 강의하는 일을 좋아했다. 젊은 시절 스탠포드 캠퍼스에서 느꼈던 애정 때문이었을 것이다. 만약 두걸 교수가 다시 학교로 돌아오지 않았다면 아버지는 비록 임시직이었다고 하더라도 투자론 강의를 계속 맡았을 것이다. 그러나 두걸 교수는 복귀했고, 잭 맥도널드 교수가 1968년에 교수직을 이어받았다. 잭은 자신이 주식시장에 관심을 갖게 된 것은 아버지 때문이었다고 말했다. 원래 휴렛-팩커드의 엔지니어 출신이었던 잭은 스탠포드 비즈니스 스쿨에 들어와 아버지를 만나면서 인생의 방향이 완전히 바뀌게 됐다. 아버지가 투자 분야에 남긴 가장 큰 족적은 《위대한 기업에 투자하라》에 잘 드러나있듯이 기업의 탁월한 경쟁력이라는 개념을 지속 가능한 성장 모델과 연결시킨 첫 번째 인물이라는 점이라고 잭은 줄곧 이야기했다. 지금은 당연한 것처럼 받아들여지지만 그 시절만 해도 그렇지 않았다. 잭은 아버지를 주식시장에서 활동하는 투자가나 개척자 정도로 생각한 것이 아니라 근원을 파헤치는 전략가로 여겼던 것 같다.

어쨌든 스탠포드 비즈니스 스쿨의 경영학 석사(MBA) 학위가 꽤 근사한 것이며, 이곳에서 가르치는 투자론이 상당한 보탬이 된다고 생각하는 학생과 기업인이라면 이런 점을 상기해 보라: 지난 수십 년 동안 스탠포드 비즈니스 스쿨의 투자론은 당신이 읽고 있는 바로 이 책의 저자(물론 2년 동안이다)와 그의 제자가 가르쳤으며, 그 이전에 단 한 명의 다른 교수가 가르쳤을 뿐이다. 많은 독자들이 이런 사실을 알지 못했겠지만 이것이야말로 정말 《위대한 기업에 투자하라》에 대한 최고의 검증이 아니겠는가. 잭 맥도널드 교수는 스탠포드 비즈니스 스쿨에서 가르치면서 이 책을 오랫동안 공식적이며 비공식적인 교과서로 써왔다.(내가 이 책의 저작권을 일시적으로 인수했던 적이 있는데, 그 무렵 나의 잘못으로 잭과 심하게 다투었지만 이런 다툼이 있은 후에도 그는 계속해서 이 책을 교재로 썼다.) 아버지는 상당히 오랫동안-매년은 아니었지만 한두 해에 한 차례씩은-잭의 초청으로 스탠포드 대학교에 가서 투자론 수업을 듣는 학생들을 상대로 연례 강의를 하고 질의응답 시간을 가졌다. 아버지의 치매 증상이 뚜렷해진 2000년 5월에도 잭은 몇 년 만에 처음으로 아버지를 초청해 강의를 부탁했다. 나는 아버지 스스로 자신이 예전과 같은 상태가 아니라는 사실을 잘 알고 있을 것이므로 안타깝게도 아버지가 이 부탁을 거절할 것이라고 생각했다. 하지만 아버지는 기꺼이 자리에서 일어나 스탠포드로 향했다. 그 분은 정말 오랜만에 최고의 시간을 보냈다. 아버지의 강의는 소용돌이치듯 격렬했고, 이 자리에 참석한 사람들이 던진 모든 질문에 전혀 막힘 없이 답했다. 이날 아버지의 강의 내용과 질의응답, 앞서 있었던 잭의 아버지에 대한 따뜻한 소개의 말 등은 〈아웃스탠딩 인베스터 다이제스트Outstanding Investor Digest〉의 제 15권 7호에 그대로 실려 있다.

아버지는 치매의 늪에 점점 더 깊이 빠져들어갔다. 그와 동시에 사업을 하면서 알고 지냈던 많은 사람들에 대한 기억을 천천히 잃어갔다. 대부분의 경우 그 분이 만난 지 오래된 지인일수록 더 오랫동안 기억했고, 최근에 만난 사람일수록 가장 먼저 기억에서 사라졌다. 가령 아버지는 1950년대부터 알고 지냈던 많은 사람들은 기억했지만 1970년대부터 만나기 시작했던 사람들은 거의 한 명도 기억하지 못했다. 치매란 그런 것이다. 하지만 그 분의 마음속에 깊이 담아둔 기억은 훨씬 오래갔다; 그리고 투자 사업과 관련해 알고 지냈던 사람들 가운데는 1961년에 스승과 제자로 처음 만나 아버지가 이 분야에서 활동한 72년의 세월 중 33년간이나 교류했던 잭 맥도널드 교수가 그 분의 기억 속에서 사라지지 않은 마지막 인물이었다. 그만큼 아버지는 잭을 마음속 깊이 담아두고 있었던 것이다.

1960년대를 지나면서 아버지는 대외적으로 이름이 알려지는 것을 더욱 꺼려하게 되었고, 점점 더 조용히 있고 싶어했다. 그 분은 스스로를 기업인들의 능력을 평가하는 심판관이라고 여겼다. 물론 실제로 그렇다고 할 수 있었지만 아버지는 이런 일을 순전히 개인적인 활동이라고 여겼다. 아버지는 지역 행사에 참석해달라는 요청에 몇 번 응하기는 했지만 거절한 경우가 훨씬 더 많았다. 이제 그 분은 공식적인 자리에 참석할 수도 없을 것이다. 1970년에 아버지는 예순셋이 됐지만 흰 머리카락 한 올 없었다. 균형된 시각을 가진 역사학도였던 큰형 아서가 아버지와 함께 일하기 시작한 것은 바로 그 해였다. 2년 뒤에는 나도 합류했다. 아버지는 우리가 몇 년쯤 함께 일하게 되면 서서히 자신의 사업을 물려주겠다는 계획을 갖고 있었다. 그런 일은 결코 일어날 수 없었다. 내가 그 이유를 알게 되는 데는 불과 1년밖에 걸리지 않았다. 아버지는 너무나 꼼꼼하고 아주 까다로운 분이었다. 더구나 워낙 매사에 주의하는데다 겁이 많고 불안해 하는 성격이어서 어떤 식으로든 다른 사람에게 일을 맡긴다는 게 불가능했다. 이로 인해 큰형과 나는 아버지의 사업에 도움이 될 만한 일을 전혀 하지 못했다. 나는 천성적으로 정력이 넘치고, 좀 반항적이며, 남들에게 거친 감정을 있는 그대로 털어놓는 성격이다; 나는 결국 아버지가 결코 자신의 권한을 자식들에게 위임할 분이 아니라는 사실을 깨닫자마자 우리 두 부자 (父子) 모두를 위해 그 분과는 일정한 거리를 두어야겠다고 생각했다. 나에게는 그것 외에는 달리 방도가 없었다. 그렇게 하지 않으면 아버지가 나에게 상처를 주든지, 혹은 내가 그 분께 상처를 입힐지도 몰랐고, 어쩌면 두 가지 불상사가 모두 일어날 수도 있었다. 큰형 아서는 나보다 4년이나 더 아버지와 함께 일했지만 결국 떠났다. 큰형은 처음에는 내가 운영하는 회사에 합류했지만 같은 파트너라고는 해도 동생의 회사에서 일한다는 게 형으로서는 힘들었던 것 같다. 큰형은 끝내 투자 업계를 영원히 떠났고, 나만 남게 됐다. 큰형은 그 이후에도 아버지와 계속 연락했지만 너무 멀리 떨어져 살았다. 이 시절은 《위대한 기업에 투자하라》가 출간된 뒤 사실상 처음으로 맞은 매우 실망스러운 시기였다. 1973년부터 1974년까지 그야말로 혹독한 약세장이 엄습했고, 아버지의 몸도 조금씩 노쇠한 기미를 보이기 시작했다. 1977년에 아버지는 일흔이 됐다; 아버지는 절대 자신이 나이 들었다는 사실을 인정하지 않았고, 실제로 그 정도 연세의 분으로는 생각할 수 없을 만큼 여전히 정력적이었지만 예전처럼 그렇게 힘이 넘쳐 나지는 않았고, 또 나이가 들면서 나타나는 몇 가지 초기 징후가 처음으로 드러나기 시작했다. 머리카락은 조금씩 희어졌고, 숱도 적어졌다. 오후에 기차를 타고 집으로 돌아올 때면 늘 잠에 빠져들었다. 때로는 점심 식사 후 사무실의 책상 앞에서도 잠이 들었다. 아버지는 이제 사업을 그만둘 때가 되었지만 그렇게 할 분이 아니었다.

이 시기에 아버지는 보유하고 있는 주식을 더 나은 종목으로 교체하기로 결정했다. 몇 종목 되지는 않았지만 이들 종목 가운데 수익성이 가장 떨어지는 것들을 처분하고, 더욱 뛰어난 주식에 집중해 보유 종목 수를 줄이는 것이었다. 뒤돌아보면 비록 아버지가 의도한 바는 아니었다 하더라도 체력이 떨어지는 데 따라 집중력도 감소했고, 이로 인해 자연스럽게 투자의 범위를 줄이려고 했던 것 같다. 아버지는 투자 사업 초창기에는 전부 30개 정도의 종목을 보유했다: 이미 유명해진 대형주 몇 종목과 처음에 매수할 때는 소형주였지만 계속 보유하면서 중형주로 성장해 앞으로도 몇 십 년은 더 보유할 여러 개의 종목들, 또 장기적으로 큰 기대를 갖고 보유한 소형주 여러 종목, 이밖에 완제품이라기 보다는 원재료를 산다는 생각으로 투자한 벤처 캐피털 류의 투자 지분 몇 가지 등이었다. 1970년대 중반으로 접어들면서 아버지는 꾸준히, 하지만 서서히 보유 주식 가운데 매력이 떨어지는 종목을 팔았고, 더욱 매력적인 종목에 집중했다. 그렇게 해서 1990년대에는 보유 종목이 전부 6개로 줄었고, 2000년에는 불과 세 종목만 보유하게 됐다. 세 종목의 수익률은 그리 좋지 않았다. 내가 모든 투자자들에게 하고 싶은 충고는 나이가 들어 늙게 되면 어떤 식으로든 투자 결정을 하지 말라는 것이다. "늙는다"는 말을 어떻게 받아들이건 말이다. 늙기 전에 투자에 대한 결정을 중단하라. 나는 훌륭한 투자자들이 나이 들어가는 모습을 많이 지켜보았다. 그러나 늙은 나이의 뛰어난 투자자는 보지 못했다. 지금은 나이 들었지만 과거에는 훌륭했던 분들은 얼마든지 있다; 하지만 투자의 과정은 너무 변화무쌍해 연세가 많으면서 동시에 뛰어난 장래성까지 갖추는 것을 불가능하게 만든다. 나이가 들어 노쇠해진다는 것은 과거의 뛰어난 실적보다 더 무서우며 결국 어리석게도 파멸을 초래할 수 있다. 의학 분야에서 "노인성 쇠약증"은 갈수록 수요가 늘어나는 새로운 질병이지만, 지금 이 질병은 나이든 위대한 투자가들을 망치고 있다. 80줄에 들어선 뒤에도 훌륭한 투자가로 활동하는 경우는 찾아볼 수 없다. 아버지는 노년으로 접어들어서도 여전히 대화를 잘 나누었고 생각도 잘 정리했지만, 중요한 결정을 앞에 놓고 분명한 판단을 내리지 못했다. 그 결과 노년에 이뤄진 아버지의 매각 결정은 계속해서 타이밍을 놓치고 말았다. 연세가 여든 다섯으로 접어들었을 무렵 아버지는 앞으로 30년 정도 보유할 수 있는 주식을 찾고 있다고 말했는데, 도저히 그 연세에 어울리지 않는 말이었다. 사람들은 아버지의 이런 말을 대단하다고 생각하지만 사실 상당히 우스운 이야기일 수 있다. 많은 사람들이 아버지가 이렇게 하는 것을 알고 있었다. 하지만 비록 금전적으로 아버지에게 좋지 않다고 해도 그 분이 이 일을 좋아하고 그만둘 수 없었기 때문에 그냥 넘어갔다고 생각한다. 나를 포함해 모두가 아버지에게 푹 빠졌던 셈이다. 내가 걱정할 게 뭐 있겠는가? 그렇게 해서 아버지가 행복하다면 나에게도 기분 좋은 일이다. 그러나 어떤 이들의 눈에는 너무 나이 들어 도저히 야구를 할 수 없는 노인이 글러브와 배트를 들고서 야구장을 어슬렁거리는 것처럼 비쳐졌을지 모른다. 아버지가 말년에 매수한 주식들은 거의 성공하지 못했다. 굳이 경제적인 손익만 따지자면 아버지는

위대한 기업에 투자하라

80세 무렵에 투자를 그만두었어야 했다. 보유 주식을 팔고 인덱스 펀드로 옮기던지, 아니면 돌아가실 때까지 보유할 주식만 갖고 있든지 했으면 차라리 더 나았을 것이다. 결국 아버지가 노년으로 접어든 뒤에 내린 결정은 보유 주식의 가치를 더 떨어뜨리기만 했다.

아버지가 오랫동안 투자자들에게 권했던 투자의 원칙은 위대한 기업의 주식을 매수해 "영원히"라고 해도 좋을 만큼 장기간 보유하라는 것이었다. 실제로 그 분은 위대한 기업의 주식을 보유했다. 아버지가 만약 자신의 이 같은 원칙을 말년에도 견지하면서 굳이 보유 종목을 교체하지 않았더라면, 그래서 과거 전성기 시절에 갖고 있었던 주식을 돌아가시는 순간까지 그대로 보유하고자 했더라면 차라리 더 나았을지 모른다. 나는 아버지가 보유했던 주식을 전부 기억하지는 못하지만 비중이 컸던 주요 종목들은 기억한다. 주식시장이 정점에 달했던 1973년 당시 아버지가 갖고 있던 대형주 가운데는 다우 케미칼과 FMC 코퍼레이션, 모토로라, 텍사스 인스트루먼츠가 꽤 큰 비중을 차지하고 있었다. 또 당시 중형주 가운데는 레이켐과 레이놀즈 앤드 레이놀즈에 대한 투자 금액이 컸다. 이들 6개 종목의 평가액은 순 투자 자산의 3분의 2를 차지했다. 그 중에서도 가장 큰 비중을 차지했던 종목은 모토로라와 텍사스 인스트루먼츠, 레이켐이었다; 아버지가 만약 이 주식들을 지금까지 그대로 보유했더라면 2000년부터 2002년까지 이어진 최악의 약세장을 겪은 뒤에도 꽤 좋은 투자 수익률을 기록했을 것이다. 그러나 모토로라 한 종목을 제외하고는 모두 팔았고, 매각 시점은 너무나 좋지 않았다. 그 분이 조금만 더 젊었더라면 절대 이렇게 하지 않았을 것이다. 아버지는 소형주도 많이 보유하고 있었는데, 전부가 1968년부터 1973년 사이에 매수한 것들로 몇 종목은 1973년 약세장 이후에도 높은 투자 수익률을 올려주었다. 이 가운데 가장 성공적이었던 것은 벤처 캐피털을 통해 매뉴팩처링 데이터 시스템즈에 지분 투자를 한 것이었다. 이 회사는 나중에 주식시장에 상장돼 1980년에 다른 회사에 인수됐는데 아버지는 100배 이상의 투자 수익을 올렸다. 소형주 가운데 가장 먼저 투자한 로저스 코퍼레이션은 아직도 보유하고 있다. 모토로라도 여전히 보유하고 있다. 아버지는 말년에 접어들자 오랫동안 하락세를 벗어나지 못하고 있는 종목들을 팔아버리기 시작했는데, 극적인 반등으로 주가가 다시 오르기 직전에 처분한 경우도 더러 있었다. 1980년대에 매각한 FMC 코퍼레이션과 텍사스 인스트루먼츠, 1990년대에 처분한 레이켐이 이런 주식이다.

아버지는 또 1970년대에 내가 도저히 이해할 수 없는 어떤 생각을 마음속에 담아두기 시작했다. 할아버지는 돌아가시기 직전까지 의사로 활동하다 1959년에 세상을 떠나셨다. 돌아가시기 몇 해 전에 할아버지는 치매와 비슷한 진단을 받았는데, 요즘식으로 말하자면 알츠하이머병인 것 같다. 할아버지의 병세는 급격히 악화됐고, 금방 기력을 잃더니 돌아가시고 말았다. 그러나 아버지의 분석은 달랐다. 할아버지가 하던 일을 그만두는 바람에 기력을 잃게 됐다는 게 아버지의 생각이었다; 따라서 아버지도 일을 그만두면 마찬가지로 기력을 잃고 죽을 것이라는 결론을 내렸다. 그리고는 무슨 수를 쓰든 자신은 죽을 때까지 일에 매달려야 한다고 결론지었다. 아버지의 남은 인생에서 삶은 곧 일이었다. 아버지는 나이가 들어감에 따라 어쩔 수 없이 자신이 할 수 있는 일의 양을 서서히 줄여나가야 했지만 최대한 많은 일을 하

위대한 기업에 투자하라

려고 자신을 채찍질했고, 맡은 일은 아주 멋지게 해냈다. 아버지는 삶을 근육 같은 것이라고 생각했다. 그것을 열심히 사용하면, 더욱 좋은 상태를 유지한다; 하지만 일단 느슨하게 풀어주면 더 약해지는 것이다.(그렇게 되면 몸도 망가지고 결국 죽음을 맞게 될 것이라고 그 분은 생각했다.) 마침내 아버지에게도 치매가 찾아와 사업을 완전히 정리해야만 했을 때에도 아버지는 일을 그만두라는 말에 엄청나게 화를 냈고, 그렇게 되면 다른 무엇보다 먼저 죽음을 맞게 될 것이라고 믿었다. 그러나 아버지가 일을 계속하는지 여부와는 관계없이 치매는 그 분을 덮쳐왔다. 아버지는 치매라는 진단을 받은 후에도 매달 한 번씩 신경외과를 찾아 몸 상태를 검진하면서 일은 계속했다. 치매가 더욱 악화된 1999년에도 아버지는 일을 그만 두지 않았다. 나는 할 수 없이 아버지의 사무실을 집으로 옮겨드렸다. 아버지의 사무실에 있던 모든 집기와 비품을 어린 시절 내가 썼던 방에 들여놓았다. 아버지는 이제 몇 명 남지 않은 고객들에게 자신의 몸 상태를 솔직히 이야기했지만, 이들은 그래도 계속 아버지에게 투자 자산의 관리를 맡겼다; 그러나 아버지의 기억이 희미한 상태로나마 유지된 것은 그로부터 18개월이 지났을 때가 마지막이었다. 마침내 2000년에 아버지는 일에서 완전히 손을 뗐다. 다음해에 아버지는 나를 부르더니 낮은 목소리로 사업을 다시 시작할 수는 없는지, 또 예전에 스탠포드 비즈니스 스쿨에서 그랬던 것처럼 전국의 대학교를 돌아다니며 강의할 수는 없는지에 대해 물어보았다. 또 책을 한 권 더 쓰고 싶다고도 이야기했는데, 제목은 《지난 25년 동안 내가 배운 것들에 대해What I've Learned in the Past Twenty-Five Years》로 미리 정해두고 계셨다. 그러나 아버지가 실제로 나에게 구술한 것은 전부 다해서 7페이지에 불과하다. 아버지는 달이 바뀔 때마다 체력이 눈에 띄게 약해져 갔고, 정신력도 서서히 빠져나 갔다. 치매 증상이 대개 그렇듯 아버지 역시 아침이 되면 자신의 이런저런 계획을 말했다가도 오후가 되면 모두 잊어버렸다. 아버지는 사업을 시작한 지 72년이 지나서야 처음으로 큰 시련을 겪게 된 셈이었다. 그 분 자신의 이미지가 바로 사업의 전부나 마찬가지였으니 말이다. 이미 돌아가신 내 장모님이 늘 했던 말씀이 떠오른다. "나이 먹는다는 건 장난이 아냐."

아버지는 어떤 분이었나?

아버지는 작은 체구였지만 스파르타인을 연상시킬 만큼 아주 다부졌고, 단어를 갖고 장난치는 이상한 유머감각을 지니고 있었다. 특히 동음이의어(同音異義語)를 사용한 말장난을 좋아했는데, 다른 사람들이 하는 말장난을 들으면 이렇게 말하고는 했다. "저건 말장난(pun)의 3분의 2에 불과해, 이를테면 '말짱(PU)' 이지!" 내가 어렸을 때 친구들은 모두 아버지를 끔찍할 정도로 무서워했다. 일부러 그런 것은 아니지만 아버지는 아주 차가운 눈초리로 상대방을 꿰뚫어보듯이 응시했다. 아버지를 잘 아는 사람이 아니면 누구든 무서워했을 것이다. 검은 머리칼, 어두운 안색, 크지는 않지만 (사실은 야윈 편이었다) 두렵게 보이는 체구, 게다가 옷까지 검은색으로 입는 경우가 많았으니 그럴 만하기도 했다. 만약 아버지가 서부 개척 시대에 태어났다면 스무 살 청년 때의 모습은 서부 영화에 나오는 검은 머리에 검은 망토를 걸친

위대한 기업에 투자하라

마른 체격의 전형적인 총잡이를 연상시킬 것이다. 그런 장면에서 아버지가 이렇게 말한다면 무척 어울릴 것 같다. "한 발짝만 움직이면 방아쇠를 당겨주지." 하지만 아버지는 실제로 아무에게도 "방아쇠를 당기지" 않았다. 아버지는 무섭지 않았다. 다만 무섭게 보였을 뿐이다. 아버지는 굳이 한마디도 말할 필요가 없었다. 내 친구들은 우리 집에 왔다가 아버지를 만나면 살금살금 기어서 최대한 빨리 그 분 곁을 벗어났다. 다시 말하지만 아버지는 무섭지 않았다. 그렇다고 따뜻하다거나 너그러운 성격도 아니었다. 태어날 때부터 너무나 귀여워했던 큰형 단 한 명을 제외하고 아버지는 절대 누구도 칭찬한 적이 없다. 사실은 나 역시 아버지가 꽤 존중해주었다는 점을 잘 알고 있다. 아버지는 아마도 주변의 누구보다도 더 나를 위해주었을 것이다. 다만 바깥으로 표시하는 방식이 좀 남달랐다. 아예 아무런 내색도 하지 않을 때도 많았지만 말이다. 정말로 그랬다. 한 예로 내가 열여섯 살 때 딱 한 번을 제외하고는 내 나이 마흔이 넘어설 때까지 아버지는 어떤 일에 대해서든 단 한 번도 직접적으로 나를 칭찬해준 적이 없었다. 어린 시절에는 좀 야속하게 느껴졌지만 나는 곧 여기에 익숙해졌다. 아버지는 그런 분이었다. 아버지는 무엇이든 대놓고 치켜세우는 그런 성격이 아니었다. 그 분은 다른 사람들 앞에서는 나에 대해 무척 자랑스러워 하고 있다는 말씀을 자주 했고, 나는 그런 사실을 다른 사람들을 통해 들었다; 하지만 아버지는 절대로 나에게 직접 얘기하지는 않았다. 한참 후에야 아버지는 나에게 그렇게 한 것이 후회되지만 사실 어떻게 칭찬해야 할지 몰랐다고 털어놓았다. 그런 식의 대화가 아버지에게는 상당히 어려웠던 모양이다.

독자들의 이해를 돕기 위해 아버지의 사업 방식 가운데 하나를 있는 그대로 소개하도록 하겠다. 주식 투자에 컴퓨터를 활용할 수 없었던 수십 년 전, 아버지는 새로운 종목을 발굴하는 색다른 아이디어를 찾기 위해 좀 특이한 기법을 사용했다. 투자 업계에서 일하는 젊은 친구가 만나자고 하면 딱 한 차례 만나서 투자에 관한 이야기를 나누는 것이다. 한 번 만난 사람은 대개의 경우 절대 다시 만나지 않았다. 물론 아버지가 생각하기에 상당히 비범한 능력을 갖춘 친구라고 생각되면 그 뒤에도 여러 번 만나서 아이디어를 교환했다. 아버지는 이런 사람들과 만나면 자신이 관심을 갖고 있는 것에 대해 이야기하고, 또 상대방의 생각을 들었다; 대화를 충분히 나눈 뒤 서로 상대방의 관심사가 괜찮다는 판단이 들면 비로소 아이디어를 교환했다. 아버지는 수십 년 동안 이런 사람들로부터 많은 아이디어를 얻었다. 하지만 이 책의 15가지 포인트에서 읽을 수 있듯이 아버지가 원하는 주식은 너무나 분명했고, 한 가지 종목에만 관심을 집중했기 때문에 그 분의 사업 기간을 통틀어 반드시 한 번에 한 사람으로로부터 한 종목에 대한 아이디어만 참고로 했다. 같은 사람에게서 들은 다른 아이디어들은 모두 버렸다. 그런 아이디어는 아버지가 생각하기에 당연히 최고로 좋은 것일 수 없고, 또 반드시 정확할 것 같지도 않았기 때문이다.

아버지가 같은 사람의 아이디어를 두 번 참고했던 경우는 두 사람 있었다. 두 명 가운데 한 명은 그 사람의 아이디어를 따라 투자했다가 모두 손실을 기록했다. 아버지가 같은 사람의 아이디어를 세 번이나 따른 경우는 유일한데, 다름아닌 내가 그 주인공이다. 아버지는 내 아이디어를 듣고서 고객들의 계좌는 물론 자신과 어머니의 계좌로 주식

위대한 기업에 투자하라

을 매수했고, 세 번 모두 1000퍼센트 이상의 투자 수익률을 올렸다. 다른 누구로부터 얻은 아이디어보다 더 높은 수익률이었으며, 덕분에 아버지의 투자 자산 전체 수익률도 꽤 좋아졌다. 아버지가 내 아이디어를 활용한 것은 전부 1970년대 중반과 후반이었다. 당시는 아버지의 투자 사업도 말년으로 접어들면서 점차 기울기 시작할 무렵이어서 내 아이디어는 그만큼 더 가치 있는 것이었다.

　다시 한번 아버지가 어떤 분인지 알려주겠다. 아버지는 내 아이디어로 매수한 세 가지 종목 가운데 두 종목은 절대 내 덕분이라고 인정하지 않았다. 세 번째 아디디어는? 15년이나 지난 뒤 내 나이도 마흔을 넘어선 다음에야 아버지는 나에게 짧은 쪽지를 보내 내 아이디어를 잘 활용했다고 전해왔다. 아버지는 내 아이디어로 산 주식을 그 때까지 보유하고 있었고, 그 이후로도 몇 년 더 갖고 있었다. 내가 다른 두 가지 아이디어에 대해서는 왜 아무 말씀도 없느냐고 묻자 내가 아이디어를 주었다는 사실은 인정했지만 더 이상 언급하지 않았다. 잘했다는 말이나 고맙다는 말 한마디도 없었다. 나는 다른 사람들만큼 그렇게 아버지를 무서워하지 않았기 때문에 몇 차례 아버지에게 따져 물었다. 도대체 누가 아버지에게 세 번씩이나 성공적인 아이디어를 준 경우가 있었느냐고 말이다. 아버지는 물론 그런 경우는 단 한 사람도 없었지만 그것은 중요한 문제가 아니라고 말했다. 아버지의 설명에 따르면 결정적인 열쇠는 당신 자신이 쥐고 있었다는 것이다. 어떤 아이디어를 따르고 어떤 아이디어를 버릴 것인지를 알고 있었고, 또 내가 준 나쁜 아이디어는 따르지 않았다는 설명이었다. 아버지의 이런 말이 나를 화나게 만들었다. 나는 그래서 아버지는 다른 사람들의 나쁜 아이디어를 여러 차례 따르지 않았느냐고 재차 따져 물었다. 그러자 아버지는 나에게 불같이 화를 냈고, 우리는 한 달 동안이나 서로 말을 하지 않았다. 그러더니 아버지는 언제 나에게 화를 냈냐는 듯 이 일을 모두 잊어버렸고, 다시는 그 이야기를 꺼내지 않았다. 아버지는 그런 분이다: 차갑고, 냉정하고, 딱딱하고, 강하고, 엄격하고, 사교적이지 못하고, 절대 굽히지 않으며, 바깥으로는 확신에 차있는 듯이 보이지만 안으로는 매우 조심스러워 하는 분이다. 그리고 참으로 놀라운 분이다. 아버지는 나를 무척 존중했다; 그러나 그 분은 자신이 훌륭하다고 여기는 사람에게 그 사실을 터놓고 말하는 것을 무척이나 어려워했다.

아버지의 하루 일과는 어떤 식이었을까? 이 책《위대한 기업에 투자하라》가 출간된 1958년 무렵을 예로 들어보자. 아버지는 일을 마치면 저녁이 되기 전 늦은 오후 시간에 집으로 돌아와 옷을 갈아입고, 가족들과 함께 식탁에 앉아 격식을 갖춘 저녁 식사를 한 다음 거실에 자리를 잡고 책을 읽기 시작했다. 아버지는 경제 경영서를 읽는 경우도 있었지만 대개는 도서관에서 빌려온 미스터리 소설을 읽었고, 잠자리에 들기 전까지 줄곧 독서에 빠져 있었다. 내가 어렸을 적에 아버지는 우리들 방으로 와서 재미있는 이야기를 자주 들려주었는데, 특히 내가 이런 이야기를 좋아해서 두 형들보다 나에게 더 많이 해주었다. 아버지가 들려준 이야기들은 잔다르크와 나폴레옹의 일대기, 남북전쟁 등 영웅이나 대사건을 소재로 한 서사적인 것들도 있었고, 아버지가 지어낸 허구적인 것들도 있었다. 그 분은 우리에게 들려준 이야기들로 동화책을 만들어볼 생각도 했지만 끝내 그렇게 하지는 못했다. 아버지가 들려준 이야기들은 전부 아주 대단했다. 두 형과 나는 각자 따로 방을 썼는데, 아버지는 우리들 방으로 들어오면 침대의 한쪽 구석에 걸치고 앉아 이야기를 들려주었다. 그러면 우리들 가운데 한두 명은 침대에 눕고, 나머지는 그냥 바닥에 누운 채로 이야기를 듣다가 잠이 들었고, 아버지는 잠든 우리를 다시 각자의 침대에 눕혔다. 아버지와 어머니가 잠자리에 드는 시간은 밤 열 시였다. 아침이면 아버지는 낡은 푸른색 올스모빌 승용차에 우리들을 태워 오전 7시 30분에 학교에 데려다 주었고, 여기서 반 마일쯤 떨어져 있는 샌머테이오역으로 향했다. 아버지는 역 근처의 주차장에 차를 세워놓고 기차를 타고 샌프란시스코 시내의 사무실로 출근했다. 샌머테이오역 주변의 상점 주인들은 아버지가 이른 아침에 워낙 빠른 걸음으로 기차역을 향해 걸어가는 모습을 보고 "번개"라고 불렀다. 요즘 유행하는 "파워 워킹(power walking)"을 아버지는 이미 한참 전부터 실행했던 셈이다. 비가 내리려면 세차게 내려야 좋고, 걸으려면 빨리 걸어야 시간을 낭비하지 않는다는 게 아버지의 믿음이었다. 그 분은 기차 타는 것을 좋아했고, 어렸을 때부터 줄곧 기차를 타고 다녔다. 아침 출근 기차는 8시 정각에 출발했다. 기차는 샌프란시스코의 3번가와 타운센드 스트리트에 있는 역에 오전 8시 30분에 도착했다.(이 역은 지금 한 블록 정도 떨어진 곳으로 이전했다.) 기차를 타고 가는 동안 아버지는 늘 사업과 관련된 책이나 신문 같은 것을 읽었다. 누가 아버지에게 다가와 말을 걸면 보다시피 일 때문에 바쁘다면서 읽던 것을 계속 읽어갔다. 차갑고, 고독을 즐겼다. 역에서 내리면 부시 스트리트와 샌섬 스트리트가 만나는 모퉁이에 자리잡고 있는 밀스 타워의 사무실까지 1마일 정도를 걸어갔다. 어떤 사람이든 아버지와 함께 걸어가려고 했다면 도저히 보조를 맞출 수 없었을 것이다. 그만큼 아버지는 빨리 걸었다. 정말 차갑고, 고독을 즐긴 분이었다. 아버지가 들려준 이야기 속에 나오는 외로운 총잡이와 비슷했다. 밀스 타워 건물에 들어오면 엘리베이터를 타고 18층에 있는 당신의 사무실로 향했다. 언제나 혼자서. 사실 아버지는 오랫동안 두 개의 사무실만 썼다. 제 2차 세계대전 이후 1970년까지는 1810호를 썼고, 그 뒤에는 1820호로 옮겼다. 아버지의 사무실에는 《보수적인 투자자는 마음이 편하다》의 뒷표지 그림을 액자로 만들어 걸어놓았는데, 지금 이 그림은 내 회사의 본사 회의실 벽에 걸려있다.

사무실은 단 한 번 옮겼지만 가구는 전혀 바꾸지 않았다. 지금은 내가 어린시절에 쓰던 방으로 옮겨져 있는 책상과 의자들, 온갖 집기들 모두가 40여 년 동안 단 한 번도 교체되지 않았고, 전부가 아주 검소한 것들이다. 아버지도 검소한 분이었다. 사치스러운 것은 없었을까? 창밖으로 보이는 샌프란시스코만(灣) 전경이 유일할 것이다. 건물의 모퉁이에 자리잡고 있는 1820호로 사무실을 옮긴 뒤에는 두 면을 통해 탁 트인 샌프란시스코만을 바라볼 수 있었다. 그러나 내가 사무실을 다시 옮겨드린 1980년대 중반에는 주변 거리에 더 높은 건물이 들어서는 바람에 어느쪽 방향으로도 바다를 볼 수 없었다. 샌프란시스코에 오피스 빌딩 건축붐이 불었던 1970년대에 이 도시는 아버지 주위로 훌쩍 커버린 셈이었다. 샌프란시스코만을 바라볼 수 없게 되면서 서서히 아버지의 열정도 함께 스러져갔다.

아버지는 매일 퇴근 시간이 되면 기차역까지 1마일 거리를 걸어갔고, 집으로 향하는 기차 안에서 더 많은 것들을 읽었다. 하지만 말년에

위대한 기업에 투자하라

는 앞서도 말했듯이 오후가 깊어 가는 기차 안에서 잠에 빠져드는 경우가 많았다. 아버지는 사무실에 오전 9시에 도착해 오후 4시에 일을 마치고 집으로 출발했다. 비가 내리면 기차역까지 버스를 탔지만 아버지는 버스를 좋아하지 않았다. 버스를 타게 되면 온갖 사람들과 얼굴을 맞대야 하는데-버스야 누구나 탈 수 있으니까-아무리 가까운 사람을 만나더라도 아버지는 원래 사교적인 성격이 아니므로 상당히 불편해 했다. 사업에서 성공한 대부분의 사람들과는 달리 아버지는 결코 오랜 시간 일하지도 않았고, 미친 듯이 일에 매달리거나 무리하지도 않았다. 나는 처음에 어떻게 아버지처럼 적은 시간 동안 일을 하면서, 또 그렇게 힘들여 일하지도 않으면서 성공할 수 있는지 신기하게 느껴질 정도였다; 그것은 아버지의 천재성 때문이었다. 아버지의 시선은 이따금 투명한 레이저 광선처럼 아름답게 느껴질 때가 있다. 아마도 사업을 하면서 단 몇 번이라도 이런 눈으로 대상을 볼 수 있다면 다른 큰 실수를 자주 저지르지 않는 한 누구든 대단한 성공을 거둘 수 있을 것이다. 아버지는 이런 눈을 갖고 있었고, 큰 실수를 저지르지 않았으므로 잘 해나갈 수 있었던 것이다.

그 분은 늘 혼자였다. 큰형이 아버지 사업에 합류했던 1970년까지 아버지 사무실에는 일주일에 며칠, 그것도 반나절만 근무하는 시간제 비서 외에는 다른 직원이 전혀 없었다. 시간제 비서도 1970년대 초까지 수십 년 동안 단 한 명의 여성, 델포소 여사가 줄곧 근무했다. 내가 젊었을 때 왜 델포소 여사와 좀 더 친해지지 못했는지 지금 생각하면 무척 후회가 된다. 그녀에게 이야기를 들었다면 아버지에 대해 좀 더 많은 것을 알 수 있었을 텐데 말이다. 아버지는 어쨌든 고독한 분이었다. 사람들과 전혀 어울리지 않았다. 생각하고, 읽기만 했다. 전화기를 들고 통화는 했지만 상대방과는 늘 거리를 두었다. 정말 지독할 정도로 다른 사람들과 어울리지 못하는 분이었다.

아버지는 텔레비전으로 선거 개표 방송을 시청하는 것을 무척 좋아했다. 선거 때마다 매번 그랬고 광적이었다. 치매가 엄습하기 전까지 아버지의 기억력은 가히 초인적이었다. 아버지는 연방 하원의원 435명과 상원의원 100명 전부의 이름을 바뀔 때마다 항상 기억했다. 밤에 잠자리에 들 때면 각 주별로 하원의원과 상원의원의 이름을 외우다 잠에 빠져들곤 했다. 아버지는 또 50개 주의 주도(州都)를 전부 기억했고, 내가 어렸을 적에는 나에게도 외우도록 했다. 주도를 기억하는 것은 아버지에게 일도 아니었다. 주도야 어차피 바뀌지 않으니까 말이다. 하지만 하원의원과 상원의원의 이름을 외우는 것은 항상 새로운 일거리였다. 아버지의 비상한 기억력이 전혀 예기치 못한 결과를 낳은 것은 딱 한 번 있었다. 워렌 버핏이 아버지와 만나기 시작할 때였다. 워렌 버핏의 아버지로 오마하 출신의 하원의원을 지낸 하워드 버핏의 이름이 그 분의 기억 속에 워낙 오래 전부터 깊이 자리잡고 있었기 때문에 아버지는 자꾸만 워렌 버핏을 "하워드"라고 불렀고, 뒤늦게 이름을 착각했다는 사실을 알아차리고는 미안해 했다. 워렌은 하지만 아버지에게 한번도 이 문제를 지적하지 않았다. 내가 오히려 아버지에게 주의하시라고 말씀드렸지만, 아버지는 그건 내가 상관할 바가 아니라고 말했다. 아버지는 선거 개표 방송을 지켜보는 것을 너무나 좋아했다. 다음 기억 사이클의 새로운 시작이었기 때문이다. 이것은 또 늘 아버지의 관심을 사로잡았던 정치판의 분석과도 연결됐다. 그 분

위대한 기업에 투자하라

의 정치판 분석은 나쁘지 않았다. 남들보다 뛰어난 기억력을 갖고 있었으니 일단 한 발 앞서갈 수 있었다. 상원의원과 하원의원의 이름을 전부 정확하게 기억하고 있다는 점만으로도 다른 정치평론가들보다 한 수 위의 능력을 가진 셈이었다. 아마도 미국에서 하원의원과 상원의원의 이름을 전부 알고 있는 사람은 기껏해야 500명도 안될 것이라고 나는 자신한다. 그런데 아버지는 전부 기억했다. 그것도 바뀔 때마다 늘 그랬다.

더구나 아버지는 의원들의 이름을 전부 외우고 있었기 때문에 선거철이 되면 어느 곳의 경쟁이 치열하고, 어느 곳이 쉽게 판가름 날지를 누구보다 잘 알 수 있었다. 정치분석가로 유명해진 찰스 쿡이 나름대로의 선거 구도 예측을 내놓기 훨씬 이전부터 아버지는 각 선거구별로 어느 당 후보가 안정권이고, 우세하며, 치열한 경합을 벌이고 있는지를 나눠놓았다. 선거가 치러진 날 밤이 되면 아버지는 어느 후보가 이길지 모르는 경합 선거구를 되풀이해서 중얼거리곤 했다. 개표 결과가 속속 드러나면 아버지는 밤 늦게까지 각 당의 새로운 의석 수를 계산해보고, 또 새로 당선된 의원들의 이름을 적어가면서 향후 2년간 의회의 세력 구도는 어떻게 변할 것이며, 대통령과 미국 정치 전반에 어떤 영향을 미칠 것인지를 다시 헤아려보았다. 그렇다고 해서 아버지가 치열한 경합 선거구에서 누가 당선될 것인지 정확하게 예측한 것은 아니었다. 그 분도 그렇게 생각하지 않았다. 하지만 어느 선거구가 막판까지 엎치락 뒤치락 할 것인지는 알았고, 날카로운 눈초리로 결과를 지켜봤다. 나는 아버지가 당선자를 잘 예측하지 못한다는 사실을 알고 있었다. 그래서 나는 좀 성장하자 이런 예측을 할 수 있도록 나름대로 특별한 훈련을 쌓았다. 나로서는 아버지가 잘 하지 못하는 것을 배우고 싶었기 때문이다. 아버지는 한참 뒤 누구도 그런 예측은 할 수 없을 것이라고 생각했는데 내가 그렇게 하는 것을 보고 참 대단하게 여겼다고 털어놓았다. 하지만 그것은 간단한 기술 몇 가지를 조합한 데 불과했다. 그 분도 젊은 시절에 누군가로부터 어떻게 하는지 배웠다면 분명히 그렇게 했을 것이고, 당연히 나보다 훨씬 더 뛰어난 예측 결과를 내놓았을 것이라고 나는 확신한다. 그러나 아버지의 삶을 보여주는 또 다른 면이 있다. 그 분은 어떤 기술이든 50세가 되기 이전에 배웠고, 그 이후에는 거의 하나도 새로 배우지 않았다는 점이다. 아버지는 그 연세가 될 때까지 정말 많은 것을 배웠고, 바로 그 해에《위대한 기업에 투자하라》가 세상에 나온 것이다.

이 책의 출간은 아버지의 또 다른 기인 같은 면모를 그대로 보여주고 있다.《위대한 기업에 투자하라》의 맨 앞에 나오는 헌사(獻辭)를 읽어보라. "주식 투자 규모가 크건 작건 이런 철학에 집착하지 않는 모든 투자자들에게 이 책을 바치고자 한다: '나는 이미 굳게 결심했으니 더 이상 어떤 사실을 제시하며 나를 혼란스럽게 만들지 말아주시오.'" 내가 알고 있는 아버지는 투자를 제외한 어떤 분야에서도 절대 새로운 사실이 개입하는 것을 원치 않았다. 그 분은 자신이 다른 무엇보다 습관의 산물이며, 따라서 그의 삶은 어떤 외부적인 이유로도 혼란을 겪어서는 안된다고 생각했다. 모든 것은 늘 그 자리에 그대로 있어야만 했다. 어떤 것도 새 것으로든, 더 나아진 것으로든 교체할 수 없었다. 이런 분이 처음에 집을 산 후 허물고 다시 지었다는 것은 기적과도 같은 일이다. 아버지는 새로운 사실들이 당신에게 변화를 가져오는 것

위대한 기업에 투자하라

을 원하지 않았다. 이런 성격은 그 분이 가꾼 정원에서 자동차, 의복, 가구, 친구들에 이르기까지 모든 부분에 영향을 미쳤다; 그것이 무엇이든 아버지는 바꾸는 것을 좋아하지 않았다. 대학교를 졸업한 뒤 짧은 기간 동안 아버지와 함께 일했던 초기 무렵 나는 사업적인 측면에서는 그 분에 대해 전혀 알지 못했지만 사무실이 완전히 골동품 그 자체라는 점은 알 수 있었다. 그래서 나는 사무실을 약간 개선하기로 마음먹었다.

1972년까지도 그 분의 책상 위에는 다이얼을 돌리는 구식 전화기 세 대가 놓여있었다. 아버지는 이 전화기들을 사용하는 데 애를 먹고 있었다. 수화기 하나를 들고 통화하고 있는데 다른 전화기의 벨이 울리면 어느 전화기에서 벨이 울렸는지 알 수 없었다; 그래서 잘못된 전화기를 들었다가는 도로 던져버리고 다른 전화기를 집어 드는 경우가 심심치 않게 있었다. 나는 버튼을 누르는 방식의 근사한 신형 전화기 한 대를 장만해 드렸다. 이 전화기에는 여러 회선의 전화를 연결할 수 있었고, 신호가 들어오는 전화기 번호에는 빛이 깜박거리게 돼있어서 아주 편리했다. 아버지는 내가 이 전화기를 들여놓자 불같이 화를 냈고, 몇 달 동안이나 화를 풀지 않았다. 내가 그 분의 세계에 끼어 든 셈이었고, 아버지는 그것을 개선된 것으로 받아들일 수 없었다. 하지만 아버지는 그것이 사업적인 것이라는 점을 알게 되자 사업을 위해서는 변화를 받아들였다; 그리고 마침내 그 전화기를 사용하는 데 익숙해졌다. 그 전화기는 아버지의 새로운 습관이 됐고, 그 분은 나에게 화를 냈다는 사실조차 잊어버렸다. 하지만 내가 열네 살 때 시간제 아르바이트를 해서 번 돈으로 그 분께 재킷을 사드렸던 경우는 그렇지 않았다. 가족 여행을 떠나면서 나와 함께 숲으로 나갈 때 입으시라고 사드린 것이었는데, 아버지는 절대로 그 옷을 입지 않았다. 믿기지 않을지 모르겠지만 아버지는 지금도 갖고 있는 오래된 스포츠 코트를 더 좋아했다. 그 분은 지독히도 변화를 싫어했다.

아버지의 사무실에는 공룡 가운데서도 가장 큰 티라노사우루스가 처음에 사용했을 법한 큼직한 구형 수동식 계산기가 한 대 있었다. 아버지가 이 끔찍한 물건을 힘들여서 치는 모습을 내가 맨 처음 보았을 때는 책상이 무너져내리든지 아니면 그 분의 손목이 부서질지 모르겠다는 생각이 들 정도였다. 내가 지금 앉아 있는 자리에서 1미터 위에는 추억의 수집품들이 진열돼 있다. 그 중 하나는 원래 아버지의 사무실에 있던 것으로 1961년 10월 20일자 〈월스트리트저널Wall Street Journal〉의 기사다. 덧셈과 뺄셈, 곱셈, 나눗셈 등 4칙 연산이 가능한 계산기가 나왔다는 내용이지만 당시에는 그렇게 불리지 않았다. 그 시절에는 그냥 포켓 컴퓨터라고 불렀는데, 당시 "고체 회로 반도체 네트워크"로 알려졌던 집적회로(1950년대에 텍사스 인스트루먼츠의 잭 킬비가 공동 발명한 것으로 킬비는 훗날 이 공로로 노벨상을 수상했다)를 내장한 것이었다. 이 계산기는 우주개발 프로젝트용으로 만들어진 것으로 한 대의 무게가 약 280그램쯤 나갔고, 가격도 2만9350달러나 했다. 아버지는 《나의 투자 철학》에서도 썼듯이 텍사스 인스트루먼츠의 초창기 투자자 가운데 한 명이었다; 내가 아버지의 사업에 합류했을 무렵에는 텍사스 인스트루먼츠의 진짜 예찬론자가 되어있었다. 그래서 나는 1973년에 새로 선보인 일반 소비자용 전자계산기를 사드렸고, 오래된 구형 수동식 계산기 대신 이것을 쓰도록 했다. 나는

위대한 기업에 투자하라

그 분도 당연히 좋아하실 것이라고 생각했다. 신형 전자계산기는 그 분이 그토록 칭찬하는 텍사스 인스트루먼츠가 만든 것인데다 구형 계산기보다 성능이 훨씬 뛰어났고, 이전에는 할 수 없었던 온갖 종류의 계산도 다 할 수 있었기 때문이다. 하지만 아버지는 조금도 좋아하지 않았다. 왜냐하면 그것은 변화를 의미했기 때문이다; 아버지는 습관을 바꾸기까지 1년 가까이 걸렸고, 그 동안 줄곧 신경질을 냈다. 마침내 그 분도 전자계산기에 익숙해지자 마치 예전부터 이 물건을 써왔던 것처럼 아주 편하게 사용했다. 아버지는 20여 년이나 보유했던 텍사스 인스트루먼츠의 주식은 1980년대에 매각했지만 이제는 구형이 되어버린 텍사스 인스트루먼츠의 전자계산기는 그 이후 사업을 접을 때까지 계속 사용했다. 변화를 워낙 싫어한 분이었으니까.

아버지는 평생 다섯 분의 친구만 두었다. 아버지도 인정하는 것이다. 데이비드 사뮤엘스(아버지의 바로 아래 사촌 동생이다), 에드 헬러, 프랭크 슬로스, 루이스 랭펠드, 존 허쉬펠더 이렇게 다섯 분인데, 모두 아버지와 만난 지 매우 오래 됐고, 또 한 분을 제외하고는 전부 우리 집안과 연결돼 있다. 이 분들은 성인이 되어서도 전부 아버지와 같은 지역에 살았지만 실제로 만나는 일은 거의 없었다. 아버지는 데이비드 사뮤엘스와 평생 알고 지냈고, 자주 전화통화를 했지만 얼굴을 맞대는 일은 1년에 고작 한두 번뿐이었다. 앞서 소개한 것처럼 에드 헬러는 아버지보다 10년쯤 연배가 위인데다 아버지가 사업을 시작하기 전에 이미 사업에서 성공을 거두고 부유한 상태였기 때문에 처음부터 아버지의 믿음직한 조언자 역할을 했다. 두 분은 에드 헬러가 아버지의 사촌과 결혼하면서 처음 만났다. 헬러는 주식 투자자로서 뿐만 아니라 기업가로서, 또 벤처 캐피털리스트로서 대단한 성공을 거두었다. 아버지는 1950년대 초까지 헬러를 대단한 인물이라고 여겼지만 여색을 너무 밝히는 인물이라는 결론을 내린 뒤 다시는 만나지 않았다. 헬러는 그로부터 얼마 되지않아 세상을 떠났다. 프랭크 슬로스는 스탠포드 대학교에서 아버지와 같은 기숙사 방을 썼던 분으로 그 이후에도 두 분은 줄곧 매우 가깝게 지냈다. 프랭크 역시 아버지의 사촌과 결혼했고, 두 분은 프랭크가 1980년대에 사망할 때까지 친구 관계를 유지했다. 프랭크는 요즘 식으로 말하자면 부동산 관리 전문 변호사였는데, 샌프란시스코에서 활동하면서 주식과 관련 없는 아버지의 모든 법적인 업무 대부분을 평생 동안 맡아 처리해주었다; 그래서 일 문제로 두 분은 자주 대화를 나누었다. 하지만 다른 일로는 거의 만나지 않았다. 루이스 랭펠드는 아주 먼 친척으로 오랫동안 아버지의 고객이었고, 샌프란시스코로 아버지와 함께 출근하고는 했다. 나는 아버지의 다른 친구들보다 이 분을 훨씬 자주 보았는데, 우리집과 가까운 곳에 살아 출근길에 아버지를 태워 기차역까지 함께 갔기 때문이다. 루이스 렝펠드가 1950년대에 사망했을 때의 일이다; 이 분의 아들이 아버지의 마지막 청구서를 결제하지 않자 아버지는 아들을 고소했고, 결국 승소했다. 정말 차갑고 냉정한 분이었다. 그리고 끔찍할 정도로 고독한 분이었다. 그 아들은 어떻게 됐을까? 그도 지금은 이 세상 사람이 아니다. 아버지의 가장 오랜 친구는 누구일까? 어린시절부터 가깝게 지냈던 존 허쉬펠더였다. 그러나 엔지니어였던 이 분 역시 성인이 되어서는 4년에 한번 만나서 이야기를 나눌 정도였다. 아버지는 이 분의 부인이 당신을 돌게 만든다며 도저히 참지 못했다. 하지만 이 분

위대한 기업에 투자하라

이 죽음을 앞두고 병원에 입원해 있을 때 아버지는 정기적으로 그를 찾아가 함께 있었다. 존 허쉬펠더는 아버지에게 중요한 분이었다. 그렇지만 이 분 역시 살아가는 동안은 아버지가 워낙 혼자 있고 싶어했기 때문에 함께 어울리는 방법을 찾지 못했다. 아버지는 어머니를 제외하고는 늘 혼자였다. 그 분은 사람들을 그리 좋아하지 않았다. 사람들 대부분은 친구들과 어울리기를 좋아하고, 함께 있는 것만으로도 즐거워하고 행복해 한다. 아버지는 그렇지 않았다.

아버지는 혼자 있거나 아니면 어머니와 함께 있는 것을 좋아했다; 아버지가 어머니와 함께 있는 시간 대부분도 실은 따로 있었다. 어머니는 가족 서재에, 아버지는 거실에 자리를 잡았다. 아버지는 바로 그런 분이었다. 하지만 그 분은 일을 하거나 정원에 있을 때를 제외하고는 어머니가 옆에 없으면 매우 불안해 했다. 다른 사람은? 아버지는 다른 사람들이 주위에 있는 것을 좋아하지 않았다. 아버지는 나를 좋아했지만 내가 곁에서 너무 오래 있다 보면 불편하게 느꼈다. 아버지는 큰형 아서를 어머니 다음으로 좋아했다. 둘째형 도널드는 나보다도 신경을 덜 썼는데, 이로 인해 도널드는 상처를 입었다. 그러나 아버지는 어쨌든 고독한 남자였다. 그 분이 누구를 만나고, 누구와 이야기를 나누든 그것은 고독의 정도에 관한 것일 뿐이었다. 1970년대 초 처음에는 큰형 아서가, 뒤이어 내가 아버지의 사업에 합류한 것은 그 분에게 상당한 부담이 되었을 것이다. 아버지는 너무 오랫동안 혼자 지냈고, 사업을 하는 동안 내내 혼자였는데, 갑자기 우리가 그 분 주위에서 지내게 된 것이었다. 나는 그것이 아버지의 신경을 거슬리게 만든다는 사실을 알게 됐고, 내가 아직도 그 분을 제대로 이해하지 못하고 있다는 점을 깨닫게 됐다. 그 분은 결코 당신의 일을 다른 사람에게 넘겨줄 분이 아니므로 나는 아버지의 사업을 함께 하면서 기회를 얻을 수 없다는 점을 금세 파악하게 됐다. 나는 아버지와 나 모두를 위해 즉시 멀리 떨어져 있어야겠다고 결심했다. 나는 아버지의 회사를 그만두고 1년도 채 되지 않아 내 회사를 시작했다. 하지만 아버지 회사와 같은 건물에 내 사무실을 얻었다. 나는 다른 사람들과는 달리 아버지의 기인(奇人) 같은 성격에 별로 신경 쓰지 않는 별난 능력을 갖고 있었는데, 덕분에 그 분과 떨어져 있으면서도 비교적 가깝게 지낼 수 있었다. 큰형 아서는 그렇게 하지 못했다. 큰형은 감정이 풍부한 사람이었다. 큰형은 나만큼 강한 성격이 아니었다; 나는 그 이유를 모르겠다. 큰형과 나는 늘 아버지를 너무 어렵게 대했지만 큰형은 나만큼 아버지와 잘 지내지 못했다고 생각한다. 결과적으로 아버지는 큰형에게 감정적으로 너무 큰 상처를 주었고, 큰형은 끝내 1977년 투자 업계를 완전히 떠나 시애틀로 가서 학문의 길을 걷기 시작했다. 아버지는 사람들과 가깝게 지내는 그런 분이 아니었다.

아버지는 매우 검소한 분이었다; 내가 젊었을 때 사업상의 일로 아버지와 함께 출장을 가면 반드시 방 하나를 같이 써야 했다. 나중에 내가 충분히 따로 방을 쓸 수 있을 만큼 경제적 여유가 생긴 다음에도 아버지는 내가 돈을 "쓸데없이" 쓰는 것을 용납하지 않았다. 내 나이 서른이 넘어서는 도저히 더 이상 그렇게 할 수 없었다. 1970년대 초 몬터레이에서 첨단 기술주를 소개하는 흥청거리는 모임이 열렸을 때의 일이다. 이 모임은 전미 전자협회(American Electronics Association)가 주최한 "몬터레이 컨퍼런스"였는데, 아버지는 이 자리에서 평생 잊지

위대한 기업에 투자하라

못할 또 하나의 특별한 모습을 나에게 보여주었다. 컨퍼런스에서 저녁 만찬을 하면서 주최측은 주가지수 맞추기 대회를 하겠다고 발표했다. 테이블 위에는 1인 당 한 장씩 돌아가도록 카드가 놓여 있었는데, 우스운 일이었지만 참석자들에게 다음날 다우존스 산업평균 주가가 어떻게 될지 써넣으라고 했다. 그리고는 카드를 걷어갔다. 다음날 다우 지수의 변동폭을 가장 정확하게 맞춘 사람에게는 상품으로 당시 아주 인기 높았던 제품인 컬러 텔레비전을 한 대 준다고 했다. 수상자는 다음날 점심 식사를 하면서 뉴욕 주식시장의 마감 시간인 미국 서부시간 낮 1시 정각에 발표할 예정이었다. 뒤늦게 밝혀진 사실이지만 참석자 대부분은 변동폭이 크지 않을 것이라고 예상했다. 나의 경우에도 그랬던 것처럼 기껏해야 5포인트 정도 오르거나 내릴 것이라고 적었다. 대개 주식시장이 하루 동안 그렇게 큰 폭으로 변동하지는 않으므로 이 날도 등락폭이 엄청나게 크지는 않을 것이라고 생각한 것이다. 당시 다우 지수는 약 900포인트 수준이었으므로 5포인트면 그렇게 크지도 작지도 않은 변동폭이었; 그 날 밤 나는 호텔방으로 돌아와 아버지에게 어떻게 썼는지 물어보았다. 그 분의 대답은 "30포인트 상승"이었다. 전날보다 무려 3% 이상 급등한다는 말이었다. 나는 다시 왜 그렇게 썼는지 물어보았다. 아버지는 내일 시장이 어떻게 될 것인지에 대해서는 전혀 생각해보지 않았다고 대답했다; 사실 아버지는 어느날 주식시장이 어떻게 움직일 것인지를 전망하는 그런 분이 절대 아니었다. 그러나 아버지는 이렇게 덧붙였다. 만약 아버지가 다른 사람들이나 나처럼 그저 그런 변동폭을 적었는데 1등이 됐다면 사람들은 아버지를 단지 운이 억세게 좋은 분이라고 생각할 것이다. 가령 5.57

포인트로 적어내서 5.50포인트나 5.60포인트를 적어낸 사람을 따돌렸다면 그럴 만도 했다. 그것은 정말 운이 따르지 않으면 안되는 일이었다. 그러나 "30포인트 상승"이라고 적었는데도 1등을 차지한다면 사람들은 아버지가 뭔가를 알고 있었으며, 따라서 단순히 운이 좋았기 때문은 아니라고 생각할 것이다. 1등을 차지하지 못한다고 하더라도 어차피 게임이므로 그럴 수 있는 일이고, 실제로 사람들은 아버지가 어떤 숫자를 적었는지도 모를 것이므로 손해 볼 것은 전혀 없다는 게 그 분의 생각이었다. 그런데 다음날 기가 막히게도 다우 지수는 26포인트 상승했다. 아버지는 무려 10포인트 차이로 2등을 따돌리고 1등을 차지했다.

  그 날 점심 시간에 주최측에서 필립 피셔가 1등을 차지했으며, 얼마를 적어냈다고 발표하자 몇 백 명 정도 되는 참석자들 사이에서 "아!" 내지는 "오!"하는 감탄사가 절로 새어 나왔다. 물론 그 날 주식시장에는 큰 폭의 상승을 뒷받침해줄 만한 뉴스가 있었다; 그리고 참석자들 앞에서 아버지는 어떻게 해서 당신이 그런 뉴스를 미리 파악하게 됐는지, 또 주식시장이 그렇게 움직일 수 밖에 없었는지에 대해 꽤 근사한 말솜씨로 조목조목 설명했다. 물론 전부 지어낸 이야기였고, 단순히 그럴듯하게 보이기 위한 것에 불과했지만 말이다. 하지만 나는 아버지의 말을 모두 귀담아 들었고, 참석자 모두가 그 분의 말에 푹 빠져들었다. 비록 그 분은 어디서든 사람들과 어울리지 못하고 불편해 하는 편이었지만, 나는 그 날을 계기로 아버지가 이전까지 생각했던 것보다 훨씬 더 뛰어난 말솜씨를 가졌다는 사실을 알게 됐다. 그리고 아버지는 당연히 컬러 텔레비전을 원하지 않았다. 개인적인 삶에서 일체의

위대한 기업에 투자하라

변화도 원하지 않는 분이었으니까. 그래서 아버지는 상품을 나에게 주었고, 나는 그것을 집으로 가져와 어머니에게 드렸다. 어머니는 그 텔레비전을 아주 오랫동안 사용했다.

걷기, 걱정하기, 일하기

아버지가 특별히 즐겼던 것은 없을까? 세 가지가 있다: 걷기, 걱정하기, 일하기다. 아버지는 이 세 가지를 모두 좋아했다. 나는 그 분이 다른 사람들처럼 느긋하게 휴식을 취하는 모습을 단 한 번도 본 적이 없다. 걱정하는 것을 너무 좋아했기 때문일 것이다. 그 분의 마음속에는 끊임없이 초조해 하는 에너지가 숨어있었고, 아버지는 이런 에너지를 걱정하는 데 쏟았다. 그 분은 어떤 것이든 걱정할 수 있는 분이었다. 그렇게 하면 편하다고 느꼈다. 마치 당신이 충분히 걱정하게 되면 모든 리스크를 상쇄할 수 있고, 따라서 좋지 않은 일이 절대 일어나지 않을 것이라고 믿었던 것 같다. 똑같은 문제를 몇 번이고 되풀이해서 걱정하고는 했다. 그 분은 언제나 이렇게 걱정을 너무 많이 했고, 나는 늘 그 분에게 반항적이었기 때문에 나는 그렇게 걱정하는 편이 아니다. 그게 아버지의 신경을 건드렸다. 나는 어떤 문제든 일단 최선을 다해 한 번 철저하게 생각한 다음에는 내 결정을 그대로 밀고 나가는 성격이다. 내가 틀렸다는 판단이 들면 나는 내 결정을 바꾸었다. 그게 아버지에게는 못마땅했다. 아버지는 나에게 이렇게 말하곤 했다. "켄, 나는 네가 좀 더 신중하게 행동했으면 좋겠구나. 너는 딱 한 번만 생각하지 않니? 나는 네가 좀 더 신중해지기를 바랄 뿐이다." 나는 왜 내가 그렇게 살아야 하는지 도저히 알 수 없었다; 하지만 그 분은 나에게 그렇게 했으면 하고 바랐을 뿐만 아니라 당신 자신에게도 그렇게 하기를 원했다.

정원에 나가 있을 때면 아버지는 앉아서 그 분이 걱정할 수 있는 모든 것들을 걱정했고, 그래야 더 편해지는 것 같았다. 이것은 그 분이 왜 대부분의 투자자들보다 훨씬 더 적은 실수를 했는지 설명해주는 이유가 될 것이다. 그 분은 모든 것을 되풀이해서 걱정했고, 정말 끝까지 걱정했다. 그렇게 했기 때문에 그 분은 리스크를 줄여나갈 수 있었을 것이다. 그러나 그랬기 때문에 그 분은 당신의 뛰어난 능력에 비해 그렇게 큰돈을 모으지 못했는지도 모른다. 아버지는 신용을 얻어서 투자했다가 실수를 저지르는 따위는 아예 걱정하지도 않았고, 따라서 그런 리스크는 감수할 필요도 없었다. 그런 점에서 아버지는 절대 높은 리스크를 선호하는 투자자가 아니었다. 진짜로 큰돈을 번 거부들은 아버지가 감수하고자 하는 것보다 훨씬 더 큰 계산된 리스크를 감수하는 사람들이다.

걷기는 어땠을까? 아버지가 걷고 있는 동안은 과도하게 오르락내리락 하던 신체 에너지도 일정한 수준을 유지했다. 내가 지금까지 본 그 분의 모습 가운데 가장 편안하게 느껴진 것도 걷고 있을 때였다. 아버지는 시내 거리든 숲속 길이든 오랫동안 걸을 수 있었고, 마음도 편안해졌다. 그 분은 하루 일과를 기차역으로 걸어가서 다시 기차역에서 사무실까지 걸어가는 것으로 시작했고, 또 그렇게 하루 일과를 마쳤다. 그 분에게 빨리 걷지 않는다는 것은 생각할 수 없었다. 큰형과 내가 아버지와 함께 기차를 타고 출퇴근을 했을 때 우리는 온몸이 땀에

위대한 기업에 투자하라

젖었고, 힘들었고, 화가 날 지경이었다. 그 분은 땀 한 방울 흘리지 않았다. 아버지는 걷는 것을 너무나 좋아하는 분이었다. 하지만 걷지 않았다면 절대로 하지 않았을, 그 분의 마음속에 담아두고 있던 이야기를 한 적도 있었다. 말년에 내가 아버지의 사무실을 샌머테이오로 옮긴 뒤 아버지는 사무실까지 걸어서 출퇴근했는데, 샌머테이오의 집집마다 정원에 피어있는 환한 꽃망울들을 바라보면서 걸었을 때가 성인이 된 뒤 가장 평온함을 느낀 순간이었다고 나에게 말했다. 아버지는 걷는 것을 대단히 좋아한 분이었다. 정말 대단했다. 아버지의 몸은 아주 단단했고 다부졌다. 아버지는 아무리 먼 길이라도, 또 아무리 험준한 산길이라도 두 발로 끝까지 걸어갈 분이었다. 그 분은 걷기를 좋아했다.

　나는 지금 멀리 태평양이 내려다 보이는 해발 600미터 높이의 붉은 숲으로 덮인 산 꼭대기에 살면서, 이곳에 함께 있는 우리 회사의 본사에서 일하고 있다. 내가 여기서 산 지는 30년이나 되는데, 우리 회사 직원 500명 가운데 200명이 이곳에서 일한다. 나는 또 산 정상 부근에 있는 5000에이커 넓이의 탁 트인 사냥 금지 구역 안에 하나밖에 없는 멋진 농장을 갖고 있다. 아버지가 여든이 되던 해에 작은형 도널드가 오레곤에서 이곳으로 놀러왔다. 아버지와 도널드, 당시 열두 살 된 내 둘째 아들 네이산, 그리고 나 이렇게 네 명은 농장에 나머지 가족들을 놔둔 채 언덕을 따라 내려가 태평양으로 뻗어있는 퓨리시마 캐니언의 한가운데를 향했다. 숲길을 헤쳐가며 걷는 동안 아버지는 마치 어린 아이처럼 휘파람을 불기도 하고 이런저런 이야기를 하기도 했다. 걱정은 전혀 없었다. 걷기만 했다. 걷기는 걱정거리를 날려버렸다. 나는 이 지역의 산길을 거의 평생 오르내렸고, 누구보다 길을 잘 알았으며, 이곳에서 살게된 이후부터 내 두 발은 언덕길을 오르내리는 데 익숙해 있었다. 산길이 만나는 지점에 닿을 때마다 나는 이렇게 말했다. "아버지, 여기서부터 이쪽 길은 더 가깝고, 덜 경사지고, 나중에 돌아올 때도 더 빠른 반면 저쪽 길은 더 멀고, 계곡 깊숙이 더 들어가고, 경사도 더 가파른 곳입니다. 어느쪽 길로 가시겠습니까?" 이런 물음을 던질 때마다 아버지는 더 힘들고, 더 먼 길을 택했다. 우리는 그렇게 해서 해발 400미터를 내려왔고, 거리로 따져 5마일을 걸어 내려온 다음 그 지점에서 다시 산 정상의 농장으로 올라가기 시작했다. 나는 약간 걱정이 됐다. 연세가 여든인 아버지와 과체중에 운동부족, 그리 강하지 않은 심장 혈관계를 가진 작은형이 있었기 때문이다. 도널드는 특히 그 무렵 간호 치료사 공부를 하고 있었다. 언덕길을 올라가면서 도널드는 가쁜 숨을 몰아 쉬었고, 규칙적으로 자신의 맥박을 쟀다. 아버지는 어느 정도 올라간 다음에는 도널드 쪽을 내려다 보면서 기다려 주는 게 좋겠는지, 혹은 속도를 좀 늦추는 게 좋을지 물어보곤 했다. 도널드는 어느 정도 올라가면 멈춰 서서 쉬어야 했다. 우리가 멈춰도 아버지는 멈추지 않았다. 아버지는 다시 걱정하기 시작했던 것이다. 그 분은 사실 아무것도 걱정할 필요가 없었지만 얼마 되지 않아 모든 것을 큰 걱정거리로 만들어버렸다. 아버지는 곧 어머니가 마음 졸이고 있을 것이라고 걱정했다. 우리가 돌아가는 데 너무 시간이 많이 걸리게 되면 숲에서 길을 잃었거나 다치지나 않았을지 걱정하고 있을 것이라는 게 아버지의 생각이었다. 그래서 아버지는 도널드에게 어머니가 걱정하고 있으니 쉬지 않고 가야 한다며 계속 재촉했다. 작은형은

위대한 기업에 투자하라

안쓰러울 정도였다; 언덕길을 올라가는 그의 발걸음은 무거웠고, 호흡은 가빠져 숨이 턱밑에까지 차 올랐고, 그 와중에 맥박을 쟀다. 산에서 자란 네이산은 한 마리 어린 사슴처럼 달리듯 산길을 올라갔다. 해가 기울기 시작하자 아버지는 더욱 초조해 했고, 우리에게 속도를 더 내라고 재촉했다. 물론 어머니는 전혀 걱정하지 않았다. 어머니는 그런 일로 초조해 하는 분이 아니었다. 그 날 밤 도널드는 아버지의 집에서 머물렀다. 나중에 나에게 말하기를 다음날 일어나보니 다리가 너무 아파 침대에서 일어나기도 어려웠고 서있을 수도 없었는데, 아버지가 그 날은 자신을 기다려주었다고 했다. 물론 하루종일 걱정하면서. 그것이 그 분이 좋아했던 전부다. 걷기와 걱정하기, 일하기.

내가 아버지와 함께 했던 최고의 순간은 전혀 예기치 않게 찾아왔다. 내가 열네 살 때였다. 아버지와 어머니, 도널드, 나, 이렇게 네 가족이 여름 휴가로 와이오밍의 서부 스타일 농장에 놀러 갔다. 당시 큰형 아서는 집을 떠나 있었다. 아버지와 나는 매일 하이킹을 했다. 도널드는 하이킹을 별로 좋아하지 않았다. 나는 어린 시절 자연 속에서 호흡하는 것을 즐겼고, 온갖 종류의 동물과 식물을 좋아했다. 하루는 아버지와 함께 하이킹을 하다가 사슴을 찾아보기로 했다. 아버지는 줄곧 이야기를 하면서 걸었고, 나는 계속 사슴을 찾았다. 어느새 우리는 차가 있는 곳에서 너무 멀리 떨어져 나왔다. 수풀도 거의 없는 높은 고원 지대를 4마일쯤이나 걸었다. 한여름의 구름이 갑자기 하늘을 뒤덮기 시작하자 우리는 서둘러 차를 향해 발길을 돌렸다. 구름은 곧 칠흑처럼 어두워졌다. 순식간에 온 세상이 추워지더니 번개가 치고 우박이 쏟아졌다. 골프공 크기의 큼직한 우박이 우리 주위로 쏟아져 내리며 머리와 등을 때렸다. 우리는 차를 향해 달렸다. 여기저기서 번개가 내려쳤다. 우리는 몸을 낮춰 땅바닥에 누워있어야 했다; 그러나 나는 너무 어려서 잘 몰랐지만, 아버지 역시 잘 몰랐는지 우리는 계속 달렸다. 번개는 우리와 불과 몇 미터 떨어진 곳에 떨어지기도 했다. 우리는 공포에 사로잡혔다. 큼직한 우박은 아버지의 머리를 계속 때렸고, 아버지는 머리를 감싸 쥔 채 계속 달렸다. 나는 열네 살이었으니 육상선수처럼 아주 잘 달렸다. 당시 쉰아홉 살이었던 아버지도 아무런 문제 없이 나만큼 달렸다. 그 분은 절대 멈추지 않는 다리를 가졌으니까. 우리는 마침내 자동차가 있는 곳에 도착해 차 안으로 뛰어 들어갔다. 번개는 계속 내리쳤지만 우리는 이제 안전했다. 나는 아버지가 그렇게 큰 소리로 웃는 것을 본 적이 없었다. 그 분은 너무 열심히 달렸고, 덕분에 한 시간 동안 아무런 걱정도 하지 않았던 것이다.

1980년대 초 아버지는 샌프란시스코 기차역과 사무실 사이를 걸어다니면서 몇 차례 좋지 않은 경험을 했다. 한번은 방향을 잃기도 했고, 철제 기둥에 머리를 부딪치기도 했으며, 목적지를 그냥 지나치기도 했고, 강도 같은 친구가 접근하기도 했다. 그래서 어머니와 나는 이미 내가 1977년에 회사를 옮긴 샌프란시스코 반도 남쪽으로 아버지의 사무실을 제발 옮기라고 설득했다. 결국 한참 뒤에야 나는 샌머테이오의 5번가에 있는 작은 오피스 빌딩에 아버지의 사무실을 마련해 드릴 수 있었다. 아버지는 그 후 매일같이 집에서 걸어서 출퇴근했고 무척 좋아했다. 출퇴근길에 정원을 볼 수 있었고 강도도 없었다. 신호등이 있는 건널목이나 난폭한 택시 운전기사를 조심할 필요도 거의 없었다. 아름다운 꽃은 많았고, 걱정할 일은 없었다.

위대한 기업에 투자하라

앞서 이야기했듯이 아버지는 노년으로 접어들자 일요일에 정원으로 나갔다가 쓰러져 있는 모습이 눈에 띄기 시작했다. 치매가 찾아왔다는 초기 경고였지만 당시는 아무도 그것을 눈치채지 못했다. 뒤돌아보면 그 때 치매의 다른 증상들도 나타났던 것 같다. 하지만 나는 그 무렵 치매에 관해 아무것도 몰랐고, 당연히 아버지에게 치매가 찾아왔는지도 알지 못했다. 할아버지도 돌아가시기 전에 아버지와 마찬가지로 알츠하이머병에 걸렸던 것 같지만 그 시절에는 그런 병명조차 없었다. 이 병은 초기에 뭔가 잘못됐다는 생각을 갖고 아주 자세히 관찰하지 않으면 그 증상이 점차 악화되는 것조차 알아채기가 매우 힘들다. 그런데 아버지 주위에 있는 우리 누구도 그렇게 하지 않았다. 설혹 우리가 그렇게 했더라도 이 다부진 노인네는 우리가 하는 어떤 말도 들으려 하지 않았을 것이다. 그 분은 늘 독불장군 식으로 혼자 해냈고 누구보다 의지가 강한 분이었으니 말이다.

아버지가 스탠포드 비즈니스 스쿨에서 가르친 제자 가운데 토니 스페어라는 분이 있다. 토니 스페어는 졸업 후 뱅크 오브 캘리포니아의 자산운용 사업부를 이끌다가 자신의 자산운용 회사를 설립해 성공한 사람이었는데 아버지를 대단히 존경했다. (그의 회사는 매각됐지만 아직도 예전의 모습이 그대로 남아있다.) 1998년 11월 5일 토니 스페어는 샌프란시스코에서 고객들을 상대로 한 세미나를 열면서 아버지에게 저녁 만찬 연설을 해달라고 부탁했다. 아버지는 그 날 오후 샌머테이오의 사무실을 떠나 샌프란시스코행 기차를 타기 위해 역까지 걸어갔다. 샌프란시스코 기차역에서 내리면 세미나가 열리는 시내까지 택시를 타고 갈 생각이었다. 저녁 만찬 후에는 토니 스페어가 집까지 아버지를 모셔다 드릴 예정이었다. 그 날 오후에는 이슬비가 약간 내려 보도가 젖어있었다. 아버지는 샌머테이오의 시내를 가로질러 가다가 앞의 신호등 불빛이 초록색에서 노란색으로 바뀌려 하는 것을 보았고, 그 분이 평생 그렇게 해왔듯이 신호등이 바뀌기 전에 건너기 위해 뛰기 시작했다. 가까운 모퉁이를 다 돌았을 무렵 아버지는 갑자기 미끄러지면서 넘어졌고, 오른쪽 엉치뼈에 금이 갈 정도로 심하게 다치고 말았다. 아버지는 이날 입은 부상에서는 비교적 빨리 회복했지만 이날 사고로 심한 정신적 충격을 받았고, 이때부터 치매는 마치 댐이 무너지듯 빠른 속도로 아버지를 덮쳐왔다.

부상에서는 회복했지만 아버지의 기억력과 사고능력은 예전 같지 않았다. 나는 아버지의 건강을 돌볼 수 있도록 짜여진 프로그램을 진행했고, 건강이 빨리 회복되는 것을 보니 정말 마음이 편해졌다. 그러나 엉치뼈를 다친 노인에게는 급성 폐렴이 상당히 자주 발생하는데, 아버지도 1999년 1월 15일 급성 폐렴에 심하게 걸려 거의 목숨이 위태로울 지경까지 갔다. 1월 19일에는 중환자실로 옮겨졌고, 우리는 다음 날 아침까지 아버지가 운명할지도 모르니 임종을 준비하라는 통보를 받았다. 어머니는 몹시 슬퍼해서 아버지의 곁에서 물러나 있도록 했다. 큰형 아서가 시애틀에서 급히 비행기를 타고 와서 그 날 밤 아버지의 곁을 지켰다. 새벽 3시 무렵 강철 같은 노인네가 마침내 의식불명 상태에서 깨어났다. 핀으로 아버지의 발가락을 찔러대자 처음으로 반응하기 시작했다. 오전 5시께 아서는 나를 불러 중환자실로 와보라고 했다. 오전 8시에는 내가 어머니에게 전화를 걸었다. 어머니는 이미 아버지가 돌아가셨을 것이라고 생각하며 슬피 울고 있었다. 나는 아

위대한 기업에 투자하라

버지가 아직 인공 호흡기를 착용하고 있지만 의식불명 상태에서 깨어났으며 눈도 맑은 상태로 돌아와 어머니가 다시 한번 아버지와 이야기를 나눌 수 있으니 중환자실로 오라고 말씀드렸다. 나는 하루 종일 아버지를 돌봐드릴 수 있는 간호원 팀을 짜서 내 주치의의 감독 아래 이제 중환자실에서 나온 아버지를 24시간 간호할 수 있도록 했다. 병원에서는 최선을 다해 노인 환자를 치료했지만 이런 상태에 있는 환자를 돌보는 방식으로는 전혀 맞지 않았다; 단지 자기가 맡은 기능에 따라서만 움직이다 보니 별로 보살펴주는 게 없었다. 차라리 가족들이 아버지를 돌봐드리는 게 훨씬 나아보였다. 아버지가 입원한 병원에서는 그 이전까지 한번도 외부 의료진에게 환자를 맡겨본 적이 없었다. 하지만 내가 그렇게 하겠다고 하자 병원측은 승낙했고, 내가 기대했던 것보다 훨씬 더 많은 재량권을 주었다. 아버지에게는 그렇게 하는 것이 필요했다. 아버지는 완전히 의식을 회복할 때까지 두 차례나 더 사경을 헤맸고, 주사기로 폐에서 1쿼트 반의 물과 공기를 빼내는 응급 처치를 받기도 했다. 아버지의 폐에는 곧 다시 물이 찼다. 우리가 데려간 외부 의료진이 재빨리 응급 처치를 하지 않았다면 아버지는 생존하기 힘들었을 것이다. 하지만 아버지의 몸과 정신은 이로 인한 충격으로 인해 허물어져 갔다.

치매 환자에게 찾아오는 몇 차례의 혼수 상태를 포함해 큰 위기가 다시 물밀듯이 몰려왔다. 나이는 들었지만 여전히 단단한 아버지의 신체는 이를 극복했고, 다시 하루에 몇 마일을 걷고 긴 시간 동안 이야기도 나눌 수 있을 정도로 회복했다. 하지만 아버지는 많은 것을 기억하지 못했다. 이미 아버지의 뇌리 속에는 1968년 이후에 일어난 거의 모든 일들의 기억이 다 지워져 있었다. 치매가 진행됨에 따라 아버지의 기억은 서서히 점점 더 오래된 사건들로만 채워져 갔다. 그 분은 이제 아주 적은 몇 가지 일들만 기억하고, 사람들도 거의 알아보지 못하는 단계까지 진행됐다. 전형적인 치매의 말기 증상이었다. 기억력 감퇴는 천천히 진행됐고 불규칙적으로 일어나 우리들은 몇 달에 한 번씩 깜짝깜짝 놀랐다. 지금 아버지가 언제든 알아볼 수 있는 사람은 어머니와 나 둘뿐이다. 아버지가 세 아들 가운데 가장 좋아했던 큰형 아서를 알아보지 못하는 것을 처음 봤을 때 나는 큰 충격을 받았다. 아버지는 가끔씩 큰형을 알아보기도 하지만 알아보지 못할 때도 있다. 그런데도 나는 기억했다. 나를 더 자주, 또 오랫동안 보았기 때문일 것이다. 아버지는 이제 침대에 누운 채로 24시간 재가 치료를 받으며 걷지도 못한다. 그 분이 살아가면서 가장 좋아했던 세 가지 활동들, 즉 걷기와 걱정하기, 일하기를 모두 할 수 없게 된 것이다. 나는 아버지의 건강과 재정 문제, 그리고 부모님에게 필요한 모든 일들을 최대한 돌봐드리고 있다. 어머니는 여전히 활력이 넘치지만 아버지는 더 이상 내가 알고 있는 분이 아니다. 전혀 아니다. 내가 알고 있는 아버지는 이미 오래 전에 사라지셨다.

오늘은 어머니가 하루종일 아버지 곁에 있었지만 그것은 어머니에게 무척 힘든 일이었다. 아버지의 건강 유지를 위해 온갖 궂은 일을 마다하지 않는 간병인을 따로 두고 있지만 어머니는 늘 그 사람만으로는 충분하지 않다면서, 규칙적으로 직접 아버지를 돌봐드리는데 결과적으로 이로 인해 어머니는 진이 빠지고 있다. 그렇지만 어머니가 어디 나가고 없으면 아버지는 어머니를 부르기 시작한다. 어머니는 물론

위대한 기업에 투자하라

모든 사람들에게 무척 힘든 일이다. 차라리 아버지가 끝내 저 세상으로 가시게 되면 어머니에게는 말할 수 없는 슬픔이자 축복일지 모른다는 생각이 든다. 하지만 이런 말을 입 밖으로 꺼낼 수는 없다. 어쨌든 내가 아는 한 가지 분명한 사실은 노년은 결코 장난이 아니라는 것이다.

부모님에게는 열한 명의 손자와 네 명의 증손자가 있다. 첫째 손자는 작은형 도널드의 장녀 캐리로 캐리 할머니와 또 그 이름을 이어받은 캐리 고모의 이름을 물려받았다. 둘째 손자는 큰형 아서의 장남 필립 A. 피셔로 아버지의 이름을 이어받았다. 윗분의 이름을 물려받은 손자는 이들 두 명뿐이다. 아버지는 늘 손자들 가운데 어머니의 이름을 따라서 이름을 지은 경우가 없다는 점을 아쉬워했는데, 어머니는 전혀 개의치 않았다. 어머니는 그런 문제에 신경을 쓰는 분이 아니었다. 아버지는 상당히 늦은 나이에 자녀를 보았기 때문에 처음에 태어난 손자들과 아주 가깝게 지냈다. 반면 어머니는 막내였기 때문인지 늦게 태어난 손자들에게 더 애정을 주었다. 증손자들 가운데 두 명은 부모님이 겨우 아는 정도다. 나머지 두 명은 너무 멀리 살고 있어서 얼굴도 본 적이 없다. 아마도 부모님의 손자들 가운데 겨우 몇 명 정도만 내가 알고 있는 아버지를 제대로 기억하고 있을 것이다. 이들은 결코 거울을 본 적이 없을 것이니 말이다.

정말로 중요한 것-거울 속의 이미지

아버지는 많은 사람들에게 영향을 미친 대단한 분이다. 그들이 이름난 사람이었든 보통 사람이었든, 대기업을 이끌어가는 리더였든 다른 분야로 진출한 그의 제자였든, 또 그 제자의 제자였든 모두 그 분의 영향을 크게 받았다. 아버지는 다른 사람들로 하여금 그 분을 만나지 않았다면 전혀 보지 못했을 것을 보게 만드는 재주를 가지고 있었다. 그것도 사람들에게 어떻다고 말을 해서가 아니라 그들이 아버지를 만나기 전까지는 전혀 생각할 수도 없었던 것을 떠올리도록 함으로써 그렇게 만들었다. 아버지는 사람들의 머리 속에 들어있는 거울과도 같은 존재였다.

지난 수십 년 동안 내가 얼마나 많은 사람들로부터 이런 말을 들었는지 모르겠다. "당신 아버지를 한번 뵌 적이 있습니다. 잠깐이었지만 그 분은 이런 저런 것에 관해 말씀하시더군요. 그게 나를 생각하도록 만들었습니다. 그리고 아이디어가 떠올라 지금 제가 하고 있는 이 회사를 만들게 되었지요." 물론 그것은 그 사람들의 아이디어였다. 하지만 그 사람들은 그 같은 창조적인 생각을 하게 된 데 아버지가 어느 정도 기여했다고 여겼다. 그 사람들의 뛰어난 능력을 아버지가 일깨워 준 것이었다. 어쩌면 그들이 어떤 식으로든 도출해 낼 수 있었던 아이디어를 아버지가 생각하게 만들었을 수도 있다. 하지만 분명한 사실은 그들 스스로 아버지와 만났기 때문에 그런 아이디어를 떠올렸다고 생각한다는 점이다. 나는 이렇게 말하는 여러 사람들을 생생하게 기억한다. 또 내가 아는 한 아버지가 그들에게 말했다고 생각하는 것들을 그 분은 얘기하지 않았다. 그러나 어쨌든 그들이 아버지로부터 들었다는 이야기는 정확한 것이었고, 그들에게는 그게 가장 중요했다. 아버지의 책 또한 많은 사람들에게 그렇게 여겨졌다. 지난 수십 년 동

위대한 기업에 투자하라

안 많은 투자자들이 《위대한 기업에 투자하라》에서, 혹은 《보수적인 투자자는 마음이 편하다》에서 읽은 내용 덕분에 이런 저런 성과를 올릴 수 있었다고 나에게 말했고, 지금도 그런 말을 계속 듣고 있다. 물론 그 사람들이 전적으로 아버지의 책 덕분에 그렇게 된 것은 아니다. 그들이 무엇을 했든 그들의 내부에, 그들의 마음속에 있는 것 때문에 그렇게 할 수 있었던 것이다. 하지만 그들은 아버지의 책에 쓰여있는 내용을 읽고 영감을 얻었다고 믿고 있다. 아버지가 쓴 책들은 좋다. 책에서 얻어지는 영감은 더욱 좋다.

그리고 그것은 정말 좋은 일이다. 아버지의 책을 읽고 그 분이 문장으로 표현하지 않은 어떤 영감이 떠오른다면, 또 그 영감에 자극을 받아 행동하게 된다면 훨씬 더 좋을 것이다. 이것은 아버지의 책을 몇 번이고 다시 읽는 게 유용한 또 다른 이유이기도 하다. 어떤 면에서 아버지는 많은 사람들에게 거울과도 같은 존재다: 아버지는 어떤 식으로든 그들 자신을 스스로 볼 수 있게 해주었다. 그렇지 않았다면 전혀 볼 수 없었을 것이라고 믿는 자신의 모습을 말이다. 이제 《위대한 기업에 투자하라》가 처음 출간된 지도 45년이 지났다. 아버지는 더 이상 직접적으로는 누구에게도 이렇게 큰 충격을 다시 줄 수 없게 됐다. 하지만 그 분의 책들은 그렇게 하고 있다. 아버지를 읽은 적이 없다면 이제 아버지를 즐겁게 감상하기를 바란다. 이전에 아버지를 읽은 적이 있다면 다시 한번 읽으라고 적극 권하겠다. 지난 45년간 아버지의 책들을 향해 쏟아진 무수한 찬사를 생각하면 이 책은 당신이 삶을 마칠 때까지, 어쩌면 그 뒤로도 한참 동안 당신을 위해 이렇게 자리를 차지하고 있을 것이다. 그 분에 대한 기억이 나에게 그대로 살아있는 것처럼.

투자의 고전을 펴내면서

어느 분야에나 고전은 있다. 문학과 역사, 철학, 과학 분야의 고전은 우리 인간이 쌓은 지식의 보고(寶庫)다. 고전은 세월의 검증을 받은 책이고, 고전이기에 틀림없이 우리에게 무언가 좋은 것을 말해줄 것이다. 수많은 독자들로부터 위대한 책으로 인정받았기 때문에 고전이 된 것이다.

투자 분야의 고전도 마찬가지다. 투자의 고전을 통해 우리는 투자 이론과 투자 심리를 이해할 수 있고, 투자 역사와 투자 산업을 통찰할 수 있다. 우리나라 주식시장에서 외국인 투자자가 활개를 치는 이유는 자금력이 우세해서도, 정보력이 뛰어나서도 아니다. 이들이 늘 한 발 앞서 갈수 있는 것은 다름아닌 지식이라는 힘을 가졌기 때문이다. 이 지식은 투자의 고전에서 나온 것이다.

우리나라 투자자들도 이 지식으로 무장할 수 있다. 그러기 위해서는 훌륭한 투자의 고전이 한국어로 번역돼야 한다. 처음부터 우리말로 쓰여지지 않았다고 해서 우리의 것이 아니라고 여겨서는 안된다. 기본적으로 저자가 쓴 글이 어떤 의미를 가진 텍스트라면 그것은 어떤 언어를 통해서든 이해하고 소화할 수 있어야 한다. 제대로 된 번역이 절실히 요구되는 이유이기도 하다.

모든 분야의 고전이 한국어로 번역돼야 하는 것처럼 투자의 고전도 반드시 한국어로 읽을 수 있어야 한다. 고전 읽기는 뿌리를 찾아가는 여행이다. 투자의 분야도 예외일 수 없다.